MÊME LES TUEURS
ONT UNE MÈRE

DU MÊME AUTEUR

Chez le même éditeur :

La Kleptocratie, 1982. Document. Prix Albert Londres, 1983.
Les mains coupées de la Taïga, 1984. Document.

Aux éditions J.C. Lattès :

L'Italie de Berlinguer, 1976. Document.

Aux éditions Mazarine :

Niet ! 1985. Roman. Prix des Maisons de la Presse, 1985.

PATRICK MENEY

MÊME LES TUEURS ONT UNE MÈRE

Document

LA TABLE RONDE
40, rue du Bac, Paris 7e

« Si le Christ avait été armé,
il n'aurait pas été crucifié. »

Un Chrétien du Liban.

A MARION

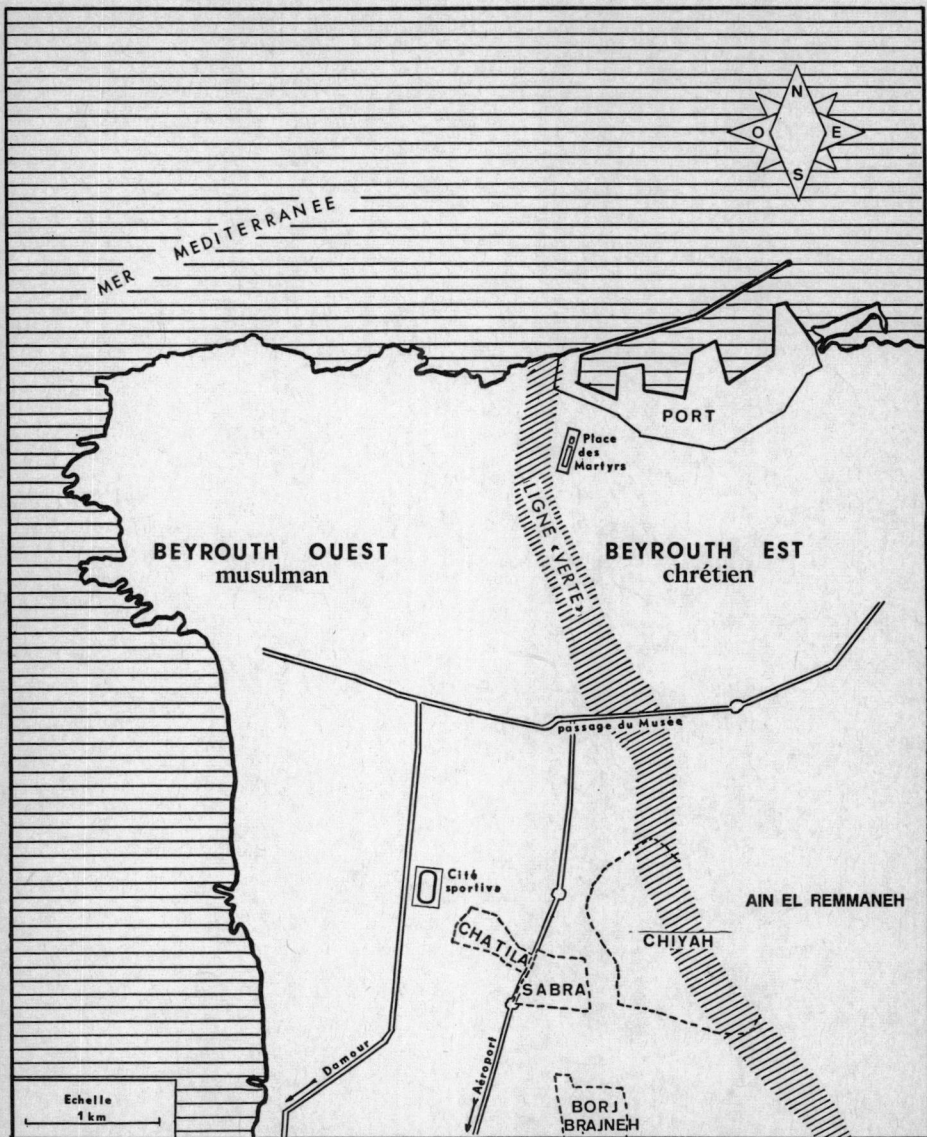

MER MÉDITERRANÉE

N
O E
S

PORT

Place
des
Martyrs

BEYROUTH OUEST
musulman

BEYROUTH EST
chrétien

LIGNE «VERTE»

passage du Musée

Cité
sportive

AIN EL REMMANEH

CHATILA

CHIYAH

SABRA

Damour

Aéroport

BORJ
BRAJNEH

Echelle
1 km

INTRODUCTION

Ce jour-là, j'avais rendez-vous avec un tueur. Un homme qui avait tué plus d'hommes qu'il n'avait aimé de femmes. Marwan, 26 ans. La guerre du Liban. Je voulais comprendre : la haine, la sauvagerie, la barbarie. La mort était son métier, son ordinaire. Il allait à la tuerie comme nous allons au travail. Je voulais savoir si ces choses-là étaient très loin de nous ou, au contraire, en nous. Savoir comment il les vivait et si cela pouvait aussi nous arriver. Savoir si, à l'opposé, nous sommes à l'abri, définitivement, d'un retour à des comportements primitifs, d'une de ces folies qui emportent régulièrement les peuples au point de les priver de tout sens critique, de toute morale, de toute retenue, de toute nausée. Au point de renier ces valeurs communes que l'homme civilisé s'est imposées depuis des siècles pour édifier une société vivable et viable : *tu ne tueras pas*.

Il s'est assis en face de moi.

Ses yeux noirs n'exprimaient rien. Ni cruauté ni amour. Nulle émotion, ou plus exactement aucun sentiment. Le vide. Le regard n'était pas absent. C'était deux pierres noires, à peine brillantes. Indécryptables. Une grande lassitude peut-être. Etrange impression, à moins que je n'aie voulu y déceler ce qui n'y était point : sadisme ou défi, humanité ou remords. J'attendais quelque chose. On n'aborde pas un tueur, un milicien, un franc-tireur, sans préjugés, sans appréhensions... sans agressivité ou vague répulsion. Lui, m'offrait la sérénité :

— Me voilà ! lança-t-il.

Ce fut tout. *Me voilà*, moi le tueur de Beyrouth. Moi qui ai grandi dans la guerre et qui ne connais qu'elle. Avec mes centaines de morts, avec les souffrances que j'ai causées. Car il fut, il est, de tous les combats, de tous les massacres. L'horreur, il l'a remisée au fond de sa mémoire. Elle n'a pas eu le temps d'effleurer sa conscience :

— Je tue, je suis un tueur.

La voix de Marwan était comme les yeux. Elle n'avait pas de timbre, ils n'avaient pas de réel éclat. Ni chaude ni froide, ni triste ni gaie. Et surtout pas brisée. Par la suite, au cours de nos rencontres, quelles que soient la nature et l'intensité de l'aveu, elle garderait la même intonation, c'est-à-dire le même détachement. Une voix neutre.

Marwan économisait les mots, comme il économisait les balles. Il avait dit *je tue*. Ça sonnait comme : *il fait beau*. Une banalité. Il n'y avait même pas l'accent de la provocation ou de la fanfaronnade. C'était une sorte de présentation. Ni honte ni fierté : simplement un fait connu, reconnu et attesté.

Marwan comprit que je cherchais à lire en lui. La perversité était de mon côté : trouver Marwan normal, tout simplement normal, n'aurait pas été moral. L'assassin paraissait pourtant *très convenable*. Ainsi dit-on du voisin meurtrier soudain projeté à la Une de l'actualité. Je crois que Marwan voulut me rassurer en précisant :

— Pendant les combats, mon visage est affreux.

Question de déontologie ! En réalité, il soulignait surtout qu'ici, en dehors de la guerre, à quelques pas des excès, il était de notre monde. Je mis quelque temps à m'habituer. Je refusais cette banalisation du monstre. Ses images en action me revenaient. Je les appelais : Marwan enragé à la mitrailleuse et les innocents, en face, fauchés, déchiquetés. Marwan et son poignard. Marwan et sa hache...

— Dans ma vie, je n'ai rien fait de mal, prétendait-il.

C'était un bon fils dont la mère, amoureuse plus qu'admirative, caressait la belle chevelure noire et ondulée. Il aurait été un bon mari et un bon père, sans les *événements* comme on dit pudiquement à Beyrouth. En regardant son visage lisse et régulier où l'on cherchait en vain l'esquisse d'une cicatrice, en s'étonnant de son air sage, de ses bonnes manières, des mots qu'il choisissait, en voyant ses mains qu'il entretenait avec soin, en découvrant son assurance — sa bonne conscience — en le trouvant là, dans un café où il passait inaperçu, dans son jean et en chemisette, on aurait pu s'y laisser prendre.

Hélas ! Marwan me parla d'une récente partie de football. C'était à la fin juin. La *guerre des camps* avait duré trente-deux jours[1]. On s'était battu contre les Palestiniens, les amis d'hier, ceux-là mêmes qui avaient appris à manier les armes à Marwan. Trente-deux jours et trente-deux nuits de pilonnage sur Sabra et Chatila où vivaient quarante mille réfugiés, en bordure de Beyrouth. Offensives et contre-offensives. L'enfer de feu, de fer et de sang, écrivaient les journaux libanais qui, en onze ans de conflit, ont appris à mesurer les mots. Trente-deux jours de férocité, de bestialité. La consigne était : *liquider l'autre*. Au diable l'ambiguïté !

Des tonnes de bombes. Batailles rue après rue, maison après maison, homme après homme. En un mois, on avait oublié les lois et perdu la foi. Il ne restait que l'état sauvage. On arrêtait les ambulances. On refoulait les journalistes : le monde extérieur n'existait plus et les actes étaient vraiment trop laids pour être montrés.

Un matin, pourtant, ce fut la paix.

A neuf heures trente, il fallut s'embrasser sur un millier de cadavres. Les chefs, très loin, en avaient décidé ainsi. Les guerriers ne sont pas rancuniers :

— J'étais plutôt content, se souvient Marwan. Cette bataille, contre les Palestiniens, n'était pas la mienne.

C'est là qu'a commencé la partie de football, avec le fusil posé contre un dernier pan de mur. Trois copains qui avaient grandi ensemble. Ils se retrouvaient, intacts, pour taper dans un ballon, comme autrefois :

— Tu te souviens de nos matchs, au lieu d'aller à l'école !

Marwan avait rêvé d'être footballeur. Sa mère l'imaginait médecin, pour sortir de la misère. Le destin en fit un milicien.

Deux ou trois passes sous les regards ahuris d'enfants miracu-

lés. Marwan, d'un grand coup de pied, avec un cri de défoule-
ment, dégagea, très haut. Le ballon s'envola avec un bruit étrange
et il termina sa course, s'écrasa contre une façade émergeant des
ruines. Récit, jeu, sans importance. Marwan, guettant ma réaction, crut utile de préciser :

— Le ballon, c'était un bébé. Il avait trois mois et, avant le coup
de pied, il était vivant.

Le sang se glaça. Le mien, pas le sien.

Après un silence, Marwan dit :

— Ne me jugez pas. Nous sommes tous capables d'en arriver
là.

En guise d'excuse, ou de circonstance atténuante :

— J'étais un adolescent plutôt calme, se souvint-il. J'étais
même craintif. Ma mère prétendait que j'étais incapable de faire
du mal à une mouche.

Et le récit de Marwan a commencé.

Marwan, je l'ai revu pendant deux mois. Soixante heures
d'entretiens. En tête à tête d'abord, en anglais. Puis en arabe, avec
un interprète, quand les souvenirs, les sentiments et les faits ne
souffrent pas l'imprécision. Quand le tueur, si difficile à approcher, si réticent à la confession, revendique enfin, de lui-même,
d'aller au fond des choses. Quand, après onze ans de folie, il
demande à comprendre. Ainsi a-t-il parlé de lui, de la guerre, de
sa guerre. De lui et des autres au milieu des combats. De ce
mystère qui nous intrigue tous : le comportement humain face à
la violence.

A chaque aveu, à chaque révélation, je voulais savoir et, moi
aussi, comprendre. Savoir ce qui le motivait et ce qu'il ressentait
au moment de l'horreur. Comprendre le pourquoi de cette horreur. Ce qu'il y trouvait. A Beyrouth, j'ai réalisé en effet qu'on
nous cachait l'essentiel : les hommes. On nous propose des
bilans, trop globaux, trop répétitifs, trop abstraits. On nous livre
des analyses, trop lointaines, trop complexes. Mais des hommes,
de nous, de notre attitude dans la guerre, on ne nous dit rien.

Marwan allait répondre à ces questions, avec la précision de
l'huissier, preuve de son entière lucidité au moment des actes.

Les faits, il les restituait sans délectation mais sans dégoût non plus. C'était un inventaire. Je vérifierai ensuite, à Beyrouth et dans les montagnes du Liban, partout où Marwan le combattant était passé, qu'il n'avait pas menti, hélas ! Il n'avait ni embelli, ni noirci la réalité. Plus il se confiait, plus nous plongions dans l'atrocité — elle n'était que la chronique des choses et des individus — et plus je comprenais que Marwan était en nous. Plus proche que nous ne le soupçonnons. Non pas que nous aspirions à la violence et à la déchéance, mais il est des circonstances où nous sommes, où nous serions happés. J'ai ressenti alors le besoin de le dire, d'expliquer l'itinéraire de Marwan, car il nous concerne directement. Il fallait raconter ce qui sépare le lycéen *plutôt tranquille*, 15 ans, le Marwan *incapable de tuer une mouche*, du milicien, 26 ans, qui confond bébé palestinien et ballon de football.

L'épopée de Marwan ne doit donc pas être lue comme la ballade d'un paumé, d'un détraqué, d'un étranger. Après l'avoir écouté, nous analyserons son discours et sa conduite. Aidés par de grands psychiatres, par des historiens, par des sociologues, nous replacerons cette expérience individuelle dans un contexte plus large : par quel processus les frontières séparant l'homme civilisé de l'être primitif, construites sur des millénaires, peuvent-elles disparaître, s'écrouler l'une après l'autre, sans que personne n'y puisse rien ? Comment s'effectue cette régression à l'état primitif ?

Dans cette optique, le Liban n'est que le reflet de nos propres fantasmes[2]. Le Français, l'Américain, l'Allemand moyens se moquent d'une poignée d'Arabes qui s'étripent entre eux sur une parcelle de terre grande comme un département. Mais, quelque part en nous, quelque chose de confus nous trouble, nous interpelle. Nous savons que nous ne sommes pas immunisés. Cette folie-là nous guette peut-être. Certains d'entre nous l'ont vécue ou frôlée. Nous jouons avec.

Il serait dangereux, suicidaire, d'oublier cette vérité. Ce serait de l'inconscience que de voir en la barbarie un phénomène très éloigné géographiquement, culturellement et dans le temps. Il serait aveugle de nier le cycle infernal dans lequel l'humanité s'est enfermée : raison-convulsion-destruction[3]. Il est mince, au contraire, le vernis de la civilisation.

Nous verrons comment tous les dérapages de l'Histoire ont la même origine et procèdent des mêmes déviations. Comment les guides, Führer, empereurs et autres pères des Peuples ont sollicité les mêmes lois, les mêmes réflexes, les mêmes instincts, les mêmes alibis, pour sécréter, à tous les siècles, sous tous les régimes, sur tous les continents, des Marwan, des millions de Marwan dont ils s'étaient approprié la volonté et chez qui ils avaient détruit l'homme.

Nier cette analyse reviendrait à dire que tous les Marwan du Liban, que tous les tortionnaires du monde, que tous les combattants, que tous les fanatiques de la terre, sont prédisposés au crime. Si cela était, nous pourrions dormir sur nos deux oreilles ! Et la barbarie, et la guerre, et la violence, et la torture, et la dictature ne seraient que des phénomènes marginaux. Marwan tend au contraire à nous montrer que l'individu sombre dans la sauvagerie par accident plus que par tempérament. Quand, après avoir suivi Marwan, pas à pas, viendra le temps de la réflexion, nous serons tentés de formuler :

L'être civilisé est celui qui a la chance d'être épargné par l'Histoire.

Chance de ne pas avoir 15 ans en 75 au Liban, chance de ne pas être né en Allemagne sous Hitler, en URSS sous Staline, en Chine sous Mao, chance de ne pas avoir été mobilisable pendant la guerre d'Algérie pour les Français et pendant la guerre du Vietnam pour les Américains.

J'ai écrit ce livre, sans excès d'illusion, pour que nos enfants aient la chance de naître dans une France où Marwan n'aurait pas sa raison d'être. Ni dans les faits, ni dans les cœurs. Car les peuples ont bien des occasions de perdre leur âme. Cela se produit généralement là où on ne s'y attend pas. Nous ne choisissons ni l'heure ni le terrain de la barbarie. Aucune société ne peut prétendre à la protection absolue, car aucune société n'échappe à la crise, qu'elle soit morale comme en 68, ou économique comme aujourd'hui. Prenons garde de ne jamais avoir notre raison de déraisonner !

En cela, Marwan nous effraye. Comme la guerre nous révolte et nous fascine. Nous devinons qu'au premier imprévu, qu'au premier déséquilibre dans notre société désormais fragilisée, les plombs peuvent sauter. L'hypothèse nous dérange. Plutôt que d'avouer cette hantise, nous préférons la refouler. Nous évitons, nous esquivons ou nous différons l'analyse des dangers qui nous menacent. Face aux folies collectives, nous avons une réponse confortable :

— Ça n'arrive qu'aux autres ! Ce sont des sauvages ! Ils ont ça dans le sang !

Nous n'osons pas formuler, mais nous le pensons fondamentalement :

— Ils aiment ça.

Et nous voilà rassurés sur notre propre sort. C'est oublier que le Liban était une terre de raffinement, de culture, de tolérance, de *dolce vita*, il n'y a pas si longtemps encore. Un paradis. C'est nier nos propres dérapages, nos propres fantasmes, nos errements et nos tendances à fleur de peau. C'est tirer un trait sur les délires, tout proches, de nos voisins civilisés : nazisme allemand, fascisme italien, guerre d'Espagne.

Malgré cela, nous relâchons la vigilance. Nous adoptons la stratégie de l'autruche : *advienne que pourra ! Après nous le déluge !* Les dégâts causés par de tels renoncements — l'Histoire l'a montré — ne se mesurent qu'à long, qu'à très long terme. Il est temps de crier : attention ! Danger, puisque nos hommes politiques eux-mêmes jouent avec le feu.

Dans cet esprit, reconstituer l'itinéraire de honte et de sang de Marwan, l'un des tueurs les plus redoutés de Beyrouth, ne signifie pas réhabiliter l'assassin, ni banaliser le crime, ni justifier la torture, ni relativiser ses actes. Lui et les siens, ces hommes souvent très jeunes qui pourraient être nos frères, nous-mêmes, nos enfants, ont tué entre 100.000 et 150.000 Libanais. Ils en ont blessé ou mutilé à vie un million. Ils en ont fait fuir 300.000. Laissons donc aux Etats le privilège d'élever le combattant au rang de héros, pourvu qu'il sorte vainqueur de l'épreuve. Non, il ne s'agit pas pour nous de déculpabiliser Marwan. Au contraire, nous voulons démasquer, montrer du doigt, dénoncer tous les Marwan de la terre. Surtout, par cette enquête et par l'analyse qui en découle, nous voulons désamorcer tous les Marwan latents, en sommeil, y compris chez nous. Par définition, personne n'est à l'abri de l'accident.

Se trouver un suspect, qui devient adversaire, puis ennemi, puis homme à abattre, à supprimer, à liquider, est à la portée de tous. L'alibi à la haine rôde, couve ou nous guette. S'inventer un Juif, un Palestinien, un ennemi du Peuple, un traître, un salaud, un Viet, un Bougnoul est non seulement aisé mais rassurant. Comme apprendre à mépriser, puis à tourmenter, puis à tuer sont choses faciles. Viennent ensuite le besoin de tuer, la routine de tuer et enfin le bonheur de tuer, comme il y a, selon les circonstances et les caractères, besoin, routine ou bonheur de donner la vie. Voyez la facilité des peuples à absoudre les criminels de guerre, et vous conviendrez du risque : on pardonne ce qui paraît dans le domaine du possible.

Je ne suis pas certain que vous sortirez intacts de la fréquentation de Marwan. A sa façon, ce franc-tireur nous blesse. Il nous révèle trop de choses sur nous-mêmes, sur l'individu et sur les sociétés humaines pour que nous gardions sérénité et conscience tranquille. Il nous force, il doit forcer ceux qui ont la responsabilité de notre sort collectif à envisager les garde-fous à tout débordement, à toute démence, à toute névrose. Le psychiatre et philosophe Henri Ey résume notre trouble face à de tels personnages[4] :

« Là Dieu, là Diable. Bon et méchant. Là noir, là blanc. Il vit dans le contraste. Il saute de l'avenir plein de promesses au passé sans espoir, incapable de rester en place et en équilibre pondéré dans le présent. C'est dire que cet homme ressemble à beaucoup d'hommes. »

NOTES DE L'INTRODUCTION

1. La *guerre des camps*, à Sabra, Chatila et Borj Brajneh, dans la banlieue de Beyrouth, a duré du 19 mai au 23 juin 1985. Elle fit 1.360 morts et 6.300 blessés, selon les journaux libanais.

2. Le Liban n'est pas le thème central de cet ouvrage, mais seulement le cadre d'une histoire vécue qui aurait pu se dérouler ailleurs. Nous avons donc volontairement gommé les références aux événements libanais non indispensables à la compréhension du récit.

3. Cf. *De la horde à l'Etat*, Eugène Enriquez, Gallimard.

4. Henry Ey, psychiatre et philosophe français (1900-1977).

1

LE MATIN, C'ETAIT LA PAIX

« J'ai deux amours, mon pays et Paris.
Par eux toujours, mon cœur est ravi. »
La voix de la *Vénus noire* se répand dans les ruelles grouillantes de Chiyah. Joséphine Baker est morte. Sans se concerter, on a poussé le son des postes de radio. On vit ainsi à Chiyah, dans la ceinture de misère de Beyrouth, là où viennent s'échouer tous les pauvres du Liban : incapables de cacher leurs émotions. Une manière d'être l'un chez l'autre, avec les fenêtres et la porte toujours ouvertes.

Joséphine, on l'aimait. C'était un rêve vaguement refoulé : le music-hall, l'Amérique et la France. L'écouter une dernière fois, fredonner le refrain familier, d'un balcon à l'autre, c'est une manière de se dire : nous sommes une grande famille. Ils viennent de tous les coins du pays, chassés par le dénuement plus qu'attirés par l'opulence. Mais, déjà, ils se sont donné une culture : musique arabe, musique américaine, musique française. Une solidarité de palier, des enfants qui apprennent la vie ensemble, dans la rue. Des souvenirs de déracinés et un espoir de chercheur d'or qui ne revendiquerait que la poussière des pépites.

Etrange peuple, que celui de Chiyah ! Pas vraiment une nation, plutôt une juxtaposition, un brassage, un mélange de destins dans un petit jardin, entre la montagne et la mer. Quelque chose qui se forme, pas encore une société. Des hommes à la recherche d'eux-mêmes, pour que leurs enfants aient une vie. Cela signifie un toit et du pain. La paix ? On n'y pense même pas : c'est une évidence. Ainsi marche Chiyah : la certitude, la volonté d'un avenir commun. Ils s'inventent un projet, se trouvent une identité. Vous verrez que demain, les enfants de Chiyah seront heureux !

Sur son tabouret tiré sur le balcon, le père de Marwan, petit fonctionnaire discret, parlant peu, lit le journal. Joséphine, en habit de scène, est en première page. Aznavour en entrefilet : ennuis avec le fisc. Frangié, chef de l'Etat, a été opéré de la vésicule biliaire. Les dirigeants de tous les partis politiques lui ont rendu visite. Au Liban, la cohabitation est une tradition. *L'Orient-le Jour* titre : « Tout est bien qui finit bien. » Il ne peut pas en être autrement au paradis.

Quelques lignes pour un fait divers :

« Une dispute dans un café de Tripoli, sur les mérites comparés des leaders religieux libanais, a dégénéré. On déplore un blessé. »

Le père hausse les épaules :
— Si c'est possible !

Ces derniers temps, à Tripoli et à Saïda, on a signalé quelques incidents. Il ne comprend pas. Lui est musulman. Sa femme est chrétienne. Et alors ? Il ne fréquente pas la mosquée. Elle ne va pas à l'église, même si Chiyah possède l'une et l'autre. Le minaret et le clocher. De religion, on ne parle pas. Simplement, quand Marwan se dissipe à l'école, quand il se laisse aller, on le menace :
— Nous allons te mettre chez les Sœurs.

N'y cherchez pas un choix d'éducation. Il s'agit d'une mesure de dissuasion : les murs du couvent des Saints Cœurs impressionnent le gamin par leur hauteur. Ils symbolisent la suprême hantise. Pour le reste, on n'accorde pas trop d'importance à la chapelle des voisins. Si ce dimanche est béni, c'est pour son soleil. Le premier beau jour du printemps : 13 avril 1975. Tous les Libanais s'en souviendront, dix ans plus tard. A cela, une bonne raison...

En attendant, dans le petit appartement, un salon et deux chambres, c'est la fête. Marwan a eu quinze ans dans la semaine et il célébrera l'événement sur l'herbe : première sortie de jeune homme, première escapade avec les amis et surtout avec les filles. A Chiyah, on ne pense pas à mal. Ils seront une quinzaine d'adolescents à aller pique-niquer à Damour, un joli bourg dominant la mer, à une dizaine de kilomètres de Beyrouth. Pour revendiquer une place à l'ombre, près d'une source sous les oliviers ou les bananiers, il faut partir tôt. Marwan a prévu deux heures de marche.

Depuis la rue, on l'interpelle :

— Marwan ! Marwan !

Il reconnaît la voix : Georges s'impatiente. Georges, brun à la tête ronde, *marrant* comme on dit, l'ami, le copain, le frère. Ils sont arrivés en même temps à Chiyah. Ce n'était pas un choix, impossible de tricher. Ils y ont grandi. Ils y ont joué : parties de billes, puis de foot-ball, école buissonnière, chapardage dans les vergers qui, de jour en jour, cèdent du terrain, se livrent aux bulldozers, se rendent. Les immeubles de trois à six étages poussent à la place des arbres fruitiers. Marwan et Georges assistent à l'accouchement de Chiyah. Ils lui inventent une âme, lui trouvent une raison d'être et presque une beauté. Ils ont déjà des souvenirs : le proviseur du lycée leur infligeant dix coups de bâton devant les camarades (ça crée des liens), les discussions devant la fontaine du palais interdit dont ils ont escaladé les murs en cachette. Ils s'y bâtissent un avenir à partir d'une certitude : *nous serons toujours ensemble.*

Maman poule a bouclé le sac à dos. Elle embrasse Marwan. De son geste habituel, elle lui caresse les longs cheveux et répète l'éternelle formule :

— Je pleurerai le jour où tu seras triste.

Il prend son tambourin et dévale les escaliers. En avant ! La joyeuse troupe traverse Chiyah comme on défile un jour de joie, au milieu des étals du marché. Joseph, l'épicier toujours assis à l'entrée de sa boutique — « C'est à croire qu'il y dort ! » — glisse quelques fruits dans les besaces des gamins. *Papa Abou*, majestueux vieillard, une canne comme unique compagne, bien des malheurs dans la tête, appelle gentiment Marwan. Ils se connaissent. Ils ont de l'affection :

— Tu es la consolation de la fin de ma vie, prétend le vieux.

Ils n'ont pas de liens de parenté. Le vieillard et l'enfant. *Papa Abou* ouvre son jardin à Marwan qui le respecte. Il y a une vigne et des palmiers, un bassin et des poissons rouges, une maison blanche avec une terrasse. C'est une oasis au milieu de Chiyah à laquelle personne n'ose toucher, qu'aucune pelleteuse n'attaque. Quand Marwan oublie d'aller au lycée, c'est là qu'il trouve refuge. *Papa Abou* ne sait pas s'emporter. Mais, par un regard, par un sourire, il force Marwan à s'asseoir et à lire un livre de la bibliothèque. Pour le gamin de Chiyah, c'est un autre monde. Il aimerait, un jour, ressembler au vieillard. Il voudrait pouvoir, demain, rendre la pareille. *Papa Abou* sait, à son âge, qu'il n'y a pas de place pour un plus tard. Cela n'empêche pas ses yeux de briller :

— Si j'avais vos jambes, je vous accompagnerais à Damour ! lance-t-il aux adolescents.

Un dernier signe des mères, en robes longues et légères, foulards blancs ou noirs noués sur la tête, marmots dans les bras. Et voilà la campagne. Ils prennent la route du sud, le long de la mer. Une mosquée isolée, des roseaux, des lauriers et l'odeur d'eucalyptus. Marwan aime les chapelets de collines, parsemées de villas, le relief paisible qui va mourir vers la plage. La terre est rouge et la roche à fleur d'herbe. Sur les hauteurs, on élève les moutons et quelques pins essayent de pousser. Dans la plaine, étroite, les bananeraies s'étirent à perte de vue.

L'église de Damour est perchée sur un mamelon, majestueuse comme un palais oriental. Ici, on passe pour avoir de l'aisance. On vit chacun chez soi, dans d'élégantes villas. Les enfants de Chiyah, émus plus qu'envieux, s'enfoncent dans les terres, à l'assaut de la montagne. Marwan connaît un bon emplacement où il est venu avec ses parents. C'est là qu'on dépliera les couvertures, avec la mer et les immeubles blancs de Beyrouth à l'horizon.

Les garçons préparent le feu et les filles les brochettes. On improvise un *dabke*, danse locale où les partenaires se font face. Premiers regards, premiers appels. Sur le *transistor*, on cherche les airs à la mode : chansons langoureuses de l'Egyptien Hamad Adawiye, rocks de Presley, de Tom Jones ou de Sex Machine. C'est le temps des amourettes, des minijupes, des pantalons pattes d'éléphants, des cheveux longs que lisse Marwan pour plaire aux filles. On ne sait trop comment, une jeune Américaine fait partie du groupe. Elle approvisionne Marwan en Kent et en Marlboro, à l'unité. Il paie avec une pièce volée dans les poches du père. Ses forfaits ne prêtent jamais à conséquence. Marwan regarde ses amis. Il voit Georges danser. *Papa Abou* lui a appris à contempler un paysage : avec les yeux, avec les narines, avec les oreilles. Il se dit qu'il connaît le bonheur : ressembler à un Américain et vivre au Liban. Il n'y a rien d'autre à espérer. Pour contenter *maman poule*, il fera des efforts et sera médecin. Au pire, ingénieur. Toute la famille quittera Chiyah pour s'installer sur la corniche. Pas par nécessité, pas par désir, mais parce que c'est l'usage quand on réussit. De toute façon Georges ne sera pas loin. Ils seront toujours, quelque part, des enfants de Chiyah. Projet plein de sagesse.

Ainsi passe la journée. Ainsi Marwan fête ses quinze ans. A dix-sept heures, comme on l'avait promis, on plie les couvertures, on rassemble les affaires, on nettoie les lieux. Les pauvres ont de ces pudeurs quand ils se permettent une incursion sur la terre des riches. Marwan prend le tambourin. En chantant, il entraîne ses compagnons vers la vallée :

> « Take me back to morrow down river...
> Conduis-moi encore à la rivière, demain... »

Des files de voitures, des Mercedes surtout, arrivent de la montagne. Au pas, elles regagnent Beyrouth. Bras dessus, bras dessous, les adolescents s'amusent à les doubler. Plaisanteries, taquineries et baisers volés. Deux ou trois heures de marche en perspective : ils seront accueillis par le bâton, s'ils tardent trop. Marwan suggère de tenter l'auto-stop mais dans la plaine, les voitures ne s'arrêtent plus.

Ils atteignent la ville à la tombée de la nuit.

La silhouette arrondie de la Cité sportive annonce enfin Chiyah. Sur ce stade des années 50, Marwan et Georges assistent souvent aux matchs de football qui dégénèrent parfois en bagarres, jamais très graves. Les Libanais savent se reprendre à temps. Récemment, les deux copains étaient venus pour le concert de Ray Charles, en resquilleurs, évidemment. Ils avaient été refoulés, mais cette voix dans la nuit, captée ou plutôt volée de l'extérieur, les avait bouleversés.

Une vieille Simca s'arrête à la hauteur de la joyeuse troupe :

— Vous allez où ? s'inquiète l'automobiliste.

— A Chiyah.

— Mes pauvres enfants ! N'allez pas là-bas, ça barde !

Marwan éclate de rire :

— Qu'est-ce que ça veut dire ?

— C'est dangereux... ça barde, répète l'automobiliste, paniqué.

— Ce matin, tout était normal.

— Ce matin, c'était la paix, dit l'inconnu.

Et la Simca reprend sa route.

*
**

Onze ans plus tard, Marwan me fixe de ses yeux noirs, sans émotion, pour énoncer :

— Les guerres commencent ainsi. Un type vient vous dire que ça barde. Je n'y comprenais rien. J'étais innocent et heureux. Nous n'avions pas d'ennemis. Pourquoi ça aurait dû changer ?

— Tu n'as pas cru à la guerre ?

— Non. Je ne savais même pas ce que c'était. J'ai pensé à une plaisanterie. Mais il y avait des tirs au loin. Nous nous sommes mis à courir.

Il se souvient :

— Nous nous tenions par la main, nous nous serrions les uns contre les autres. Nous avons contourné la Cité sportive...

Il s'interrompt puis, comme s'il revivait l'instant :

— Après, il y avait Sabra, le camp des Palestiniens. D'habitude, c'était plein de vie, plein de cris. Là, c'était sinistre, tout noir. Personne dans les rues.

*
**

Depuis 1948, les réfugiés palestiniens affluaient ici. Ils avaient construit des maisons basses, cubes de pierre ou de ciment, coiffés de tôle rouillée. Jamais Marwan ne s'était enfoncé dans les ruelles tortueuses, dans les sentes de Sabra. Ce n'était pas la peur, ni même l'antipathie. Il n'en avait pas ressenti le besoin. C'était un autre monde, un autre peuple avec ses malheurs, qui s'était échoué là, comme Marwan et les siens, déplacés de l'intérieur, avaient fait naufrage un peu plus loin. Cela crée une vague solidarité, sans parler de l'arabité mythique. Pourtant, à la maison, on ne parlait guère plus des Palestiniens que d'Allah ou du Christ. A l'opposé, les arguments de ceux qui s'inquiétaient, ouvertement, de cet *Etat dans l'Etat* n'étaient pas parvenus à Marwan, trop jeune, trop insouciant, trop étranger à tout cela.

Dans la nuit, retentit un cri guerrier, lancé par cent voix viriles :

— Saïka !

Marwan comprit quelque chose comme :

— Nous sommes la foudre !

La formule lui plut. Avec ses compagnons, il reprit :

— Saïka[1] !

Ils abordèrent Chiyah le cœur léger. Mais, là aussi, c'était le silence. Personne dans les rues. Pas une voiture, pas une lumière. Il n'y avait plus de vie, plus de souffle. Simplement, toujours au loin, des coups de feu.

Il y eut un grincement de volets, puis une ombre et la voix affolée d'une femme :

— Jeunes gens, vous êtes fous ! Vous voulez mourir ?

— Que se passe-t-il ?

— Depuis midi, on tire sur Chiyah !

Comme une volée de moineaux, les adolescents se dispersèrent. Marwan laissa échapper le tambourin. Les tirs et des explosions sourdes qu'il ne pouvait pas identifier se rapprochaient. Il courut de plus belle, coupa à travers les vergers, les immeubles, sautant les clôtures, défonçant les portes. Il atteignit la maison en appelant *maman poule*. Comme une fusée, c'était son expression, il grimpa les escaliers, cogna à la porte et vit apparaître le petit visage défait de Randa, la sœur trop jeune exclue du pique-nique. Dans un coin, apeurés, se blottissaient l'autre sœur et le frère.

Maman poule était en larmes, écroulée sur le sol. Elle regarda son fils, yeux exorbités, sans comprendre, comme si elle ne le reconnaissait pas, comme si elle ne le croyait pas. Il y eut un éclair dans le regard, et elle se jeta à ses pieds, l'enserrant, lui embrassant les jambes, le mordant :

— J'ai cru qu'ils t'avaient tué, mon pauvre Marwan !

Marwan éclata en sanglots. Sans même savoir de qui ni de quoi il était question, il confirma :

— Ils ne m'ont pas tué, ils ne m'ont pas tué.

Le père s'approcha, calme mais le regard triste. Marwan s'étonna de l'entendre parler. Ce n'était pas son habitude :

— J'ai connu cela en 58, dit-il. Ne vous en mêlez pas. Il n'y a que du malheur à espérer de ces situations.

Le discours déplut à Marwan. Il lui gâcha la journée : trop sombre, trop solennel, trop dramatique. Le gamin voulait raconter son dimanche à Damour. Un événement important. Ce qui se passait dehors ne durerait pas, il en était convaincu. Ce devait être un coup de fièvre, une querelle de familles... il ne savait pas. Il ne voulait pas savoir. D'ailleurs, si cela avait été sérieux, le père l'aurait expliqué. Pas de risque en tout cas pour Marwan, qui ne pensait qu'au jeu, qui se lançait dans la vie, qui avait Georges, de jouer au soldat. Demain, peut-être, il pointerait le nez à l'extérieur, par curiosité. Ce serait tout. Il ne pensait, ce soir, qu'au tambourin abandonné à l'entrée de Chiyah. Il se le reprochait. Enfin il sourit : à l'aube, avant même l'ouverture de l'épicerie de Joseph, il irait récupérer l'instrument.

— Mon tambourin ! protestait Marwan.

— On ne sort pas ! répliquait *maman poule*.

Le père, lui, était retourné à son silence, à son secret peut-être. Un signe : il n'était pas allé travailler. Et Marwan n'irait pas au lycée.

Depuis la fenêtre, l'adolescent, risquant un regard — arc-bouté dans un premier réflexe de peur — vit pour la première fois des combattants en action. Ils couraient, d'une entrée à l'autre. Ils s'abritaient, surgissaient à nouveau, se figeaient au milieu de la rue, lâchaient une rafale et disparaissaient encore. Les façades rapprochées des immeubles renvoyaient le bruit des balles. Deux ou trois fois, en écho, elles claquaient, de plus en plus proches. Puis le silence. Et à nouveau les armes.

Sur qui tiraient-ils ?

Marwan n'avait pas de réponse : ni lui, ni sa famille, ni Georges, ni les autres voisins ne se connaissaient d'adversaires ou de contentieux.

L'attente dura toute la journée. La nuit porta de nouveaux coups de feu. On se battit encore le matin suivant. C'était mardi. Le tambourin était toujours là-bas, oublié à l'entrée de Chiyah.

Le soir, dans la montée d'escaliers, il y eut des pas et des cris :

— Eteignez les lumières.

Quelqu'un frappa. Un signe du père et Marwan ouvrit. Il y avait là un milicien, un Palestinien, l'accent le trahissait :

— Nous sommes sur le toit. Donnez-nous à boire.

Maman poule alla remplir une cruche, bouscula Marwan et claqua la porte. Cette nuit-là, le père parla :

— Je crois que tu peux oublier ton tambourin.

Ce fut tout.

Marwan aurait voulu comprendre. Apparemment, il n'y avait ni réponse ni explication. Dehors, ce devait être un jeu auquel il n'était pas convié. Quelques hommes tenaient le quartier. Les autres, les habitants, avaient disparu. Marwan pensait à d'étranges choses : où était papa Abou ? Avait-on, aussi, fermé le lycée — ce qui lui paraissait impossible ? Son père serait-il payé à la fin de la semaine ? Il pensait surtout qu'une mère, même poule, ne peut pas éternellement séquestrer un garçon de quinze ans dans un appartement de Chiyah. Demain, il s'aventurerait dans la cage d'escalier.

L'ENFANT TRAHI

En-bas, c'était un lieu indéfinissable. Il n'avait de sens que pour l'enfant :
— Je joue *en-bas*, je suis *en-bas*.

C'était un pays, ou un royaume, ou une cour que les adultes ne voyaient pas avec les mêmes yeux. Plus tard, quand Marwan aurait grandi, *en-bas* serait différent. La rue serait plus étroite, les boutiques moins exubérantes, moins riches, moins accueillantes. L'épicerie de Joseph sentirait le renfermé, le moisi, ou elle n'aurait plus d'odeur. Et son propriétaire, toujours sur son tabouret, n'aurait plus la dimension d'un personnage. Il ne serait qu'un commerçant, ratatiné. La montée d'escaliers serait sombre et sale. Jusqu'au ciel qui serait moins bleu.

Plus tard, les cris de Chiyah ne seraient plus une chanson. Et la pauvreté ne serait plus éclatante. *En-bas* ne serait plus ce monde rassurant où l'on s'avance, doucement, vers la vie en sachant que *maman poule* n'est pas très loin, qu'à la moindre alerte on peut se réfugier dans ses jupes, sans honte. Sans doute que tous les enfants du monde ont un *en-bas*. On devrait en faire un mot.

Pour Marwan, c'était le petit bout de Chiyah qu'il apercevait depuis l'entrée de l'immeuble. Avec, juste en face, la boulangerie directement ouverte sur la rue, avec les flammes sortant du four et les galettes de pain, molles comme des crêpes. Marwan ne pouvait rien concevoir de mieux, de plus sécurisant, que cet *en-bas*. Rien, sauf la maison de papa Abou... mais ne faisait-elle pas partie, par dérogation ou extension, d'*en-bas* ? De ce bout du monde réduit au champ de vision d'un enfant, Marwan aurait voulu faire un musée, où tout serait figé à jamais. Inviolable ou, s'il avait soupçonné l'expression, site protégé. Il aurait voulu que cela reste toujours en l'état, pour venir y respirer le bonheur, plus tard, quand il serait médecin.

Ce matin (c'était mercredi, déjà. Troisième jour de troubles), Marwan était descendu *en-bas* dès six heures. Une sorte d'évasion. Georges aussi s'était échappé. Enfermés, ils n'en pouvaient plus :
— Où étais-tu ?

— Coincé à la maison !
— Comme moi !
— Et les autres ?
— Pas de nouvelles.
— Le lycée est ouvert ?
— Je ne sais pas.
— Tu comprends quelque chose ?
— Rien du tout.
— Que va-t-on faire ?
— On ne peut même pas aller chez papa Abou !

Les réverbères avaient volé en éclats. Au milieu de la rue, les combattants avaient fait rouler de grands bidons. Les balles avaient atteint les façades et les rideaux de fer des magasins. Une voiture avait brûlé. *En-bas* n'était plus comme avant. Marwan le ressentit ainsi. Des intrus avaient forcé la porte de Chiyah. Ils avaient escaladé la clôture. Ils s'étaient invités, imposés. Ils avaient piétiné quelque chose qui ne repousserait plus. Marwan — et sans doute Georges — le vivait ainsi. Il comprit confusément qu'il ne pourrait pas remettre de l'ordre dans son jardin, c'est-à-dire dans son enfance. Ce n'était peut-être pas dramatique, mais on avait cassé son *en-bas*.

Un combattant, assis dans l'encoignure de la porte, nettoyait son arme. Un drôle d'instrument : un fusil d'assaut, court, mat, avec la crosse en bois verni. Il sentait la graisse. Les deux adolescents observaient, mi-inquiets, mi-intéressés :

— Vous n'avez rien d'autre à faire ? demanda le milicien.

— Je vous ai vu hier, on vous a donné de l'eau, répliqua Marwan, sans trop savoir pourquoi.

Le Palestinien sourit :

— Ne restez pas plantés là. Aidez-moi.

Il y avait d'autres armes, et des caisses de munitions. Il y avait des chiffons. Georges et Marwan, sans conviction, se mirent à astiquer les fusils.

— Le canon, le guidon, le viseur, la crosse, le chargeur, la détente, ça vous intéresserait de connaître tout cela ? plaisanta le combattant.

Marwan et Georges se consultèrent du regard. On les prenait

LE MATIN, C'ÉTAIT LA PAIX

au dépourvu. Si l'un avait dit *non*, l'autre aurait suivi. Mais il y avait le regard, le sourire du Palestinien. C'était un jeu plus qu'un défi. Surtout, il n'y avait rien de mieux à faire. Marwan prétendit :

— Ça nous intéresse.

Le milicien lui flanqua son arme dans les mains :

— Je vais vous apprendre à le démonter et à le remonter.

Jamais Marwan n'avait tenu de fusil. Il le soupesa, le retourna, le regarda sans rien éprouver de particulier. Pour lui, ce n'était qu'un jouet et on sifflerait bientôt la fin de la récréation.

Une récréation ! Comment aurait-il pu en être autrement ? Marwan, comme Georges, comme leurs parents retranchés depuis trois jours dans les appartements, attendaient l'éclaircie. Tout avait commencé dimanche, vers midi (à l'heure du pique-nique), à Aïn-Remmaneh, à deux pas de Chiyah. La presse parlait d'un « incident ». Les versions différaient, forcément. Les Palestiniens accusaient les Phalangistes — « militants de droite », précisaient encore les journaux — d'avoir tiré sur leur autocar : 26 morts et 19 blessés. Les autres accusaient, évidemment, les Palestiniens d'avoir ouvert le feu. Les autorités, elles, ne savaient pas. Toujours était-il qu'en trois jours, on dénombrait des dizaines de morts. *L'Orient-le Jour* avait oublié la vésicule biliaire du Président et se découvrait de nouveaux mots : « Un enfer de balles, de roquettes et d'explosions[2] ». Il annonçait pourtant l'apaisement :

« On aperçoit l'issue. Une issue politique négociée par les médiateurs arabes. Un instant envisagé, le recours à l'armée a été finalement écarté. »

Comme on l'avait écrit récemment, à propos de la santé du Président, tout était bien qui finirait bien, au pays de la raison.

On ne s'alarmait ni à l'intérieur ni à l'extérieur du pays. *Le Monde* résumait le sentiment général :

« L'impression prévaut, ce mercredi à Beyrouth, que l'on s'achemine vers un compromis susceptible de sauver la face des groupes en présence[3]. »

Ce jour-là, les regards étaient tournés vers le lointain Cambodge. Phnom-Penh s'apprêtait à tomber. Demain, les forces communistes entreraient triomphalement dans leur nouvelle capitale. Elles feraient un *malheur*, même si le mot prendrait, à l'épreuve du temps, une autre signification. A Paris, à Washington, à Bonn et ailleurs, la *déchirure* de Chiyah était reléguée en dernière page.

En France, Billancourt venait de décrocher une prime de 150 francs. Cela méritait la Une. A chacun son destin. A chacun ses hauts et ses bas[4].

*
**

Je vous ai prévenu : Marwan est économe en mots. Evoquant cet épisode, il dit seulement :

— Les analystes du monde entier et nos dirigeants se sont tous trompés. Seul Arafat parlait alors de risque de guerre civile. Moi, à 15 ans, un vrai gamin, il aurait fallu que je devine !

Il se souvient :

— Le Kalachnikov, pour la première fois entre mes mains, ne m'a causé aucune sensation particulière. Ni fierté, ni frisson. C'était du bois et du métal. Je n'en voyais ni l'utilité ni la nécessité.

La guerre avait pourtant bel et bien éclaté.

NOTES DU CHAPITRE 1

1. Saïka : division palestinienne équipée de matériel lourd.
2. *L'Orient-le Jour*, 15-4-75.
3. *Le Monde*, 17-4-75.
4. *Le Monde*, 16-4-75.

2

ELLE TENDAIT LES BRAS...

Hani, le Palestinien, avait 25 ans. C'était un enfant de Chatila. Il avait eu pour école les camps d'entraînement. Profession : réfugié, éternel réfugié. Il portait cheveux longs et barbe, bandeau noir sur le front, T-shirt déchiré au combat et jean. Sur le flanc droit, un poignard. A gauche, deux grenades. Sa stature et ses biceps impressionnaient Marwan. L'admiration n'allait pas au-delà.

Le visage d'Hani disait le tourment d'une vie que l'on soupçonnait sans espoir ou trop vite brûlée. Le sourire, quand il s'esquissait, par accident, toujours fugitif, exprimait l'amertume plus que la joie. Les yeux, enfin, étaient insondables. Ils refusaient de se livrer. Ils n'étaient faits que pour épier, que pour jauger l'autre, que pour se défendre. Pas pour se confier, pas pour parler.

Les gestes étaient précis, religieux. Hani ne s'animait que pour soigner son arme. Marwan l'observait, à la manière de l'élève devant le professeur. Mais il n'y avait ni sympathie, ni attirance, ni complicité ou solidarité. Du côté de Marwan, il devait y avoir au contraire méfiance ou prévention. Il se souvenait de l'avertissement du père :

— Il n'y a que du malheur à espérer...

Le spectacle de la rue ne disait pas autre chose : une soixantaine d'appartements avaient été atteints par des roquettes, plusieurs magasins avaient été pillés et incendiés, une station-service était calcinée. Marwan ne s'habituait pas à ces images.

Chiyah, avec ses enfants aimant la vie, avec ses pauvres et simples gens, avec son peuple sans histoire et sans raison de déchirement, ne méritait pas cela.

Hani, au contraire, ne voyait pas le décor. Il parlait à son fusil. Il le caressait. Il devait évoluer dans un autre univers, avec d'autres interlocuteurs. Marwan comprit qu'il ne savait rien, en définitive, de ce combattant solitaire, tombé là par hasard : quelle mission lui avait-on confiée ? De quel droit s'était-il installé là ? Allait-il rester longtemps ? Pourquoi était-il armé ? Marwan n'osa pas interroger le Palestinien. Par une phrase, par une exclamation échappée, Hani entrouvait à peine la porte de son royaume :

— Kalach[1] ! Ton nom chante comme une rafale ! Ta seule évocation donne l'espoir. Tu es un symbole unique et universel. Tu es gravé sur tous les étendards des opprimés.

Il prenait Marwan à témoin, et répétait avec bonheur :

— Kalach ! Kalach ! Tu es, depuis trente ans, de toutes les bonnes causes, de toutes les justes luttes. Compagnon des fedayin et des guérilleros. Plus fort que le napalm au Vietnam, plus fort que la torture en Amérique latine, plus fort que les chars israéliens... grâce à toi, nous retrouverons notre terre !

Marwan ne comprenait pas.

Hani lui brandit le fusil sous le nez, frappant la crosse de sa main solide, en proclamant :

— Une sacrée machine ! Un sacré guerrier !

Il y avait de l'ambiguïté dans l'apologie, tantôt virile, tantôt amoureuse :

— Le Kalachnikov ne te trahira jamais : il est fidèle plus qu'un frère, il est rustique, il a été éprouvé sur tous les continents, dans les pires conditions. Jamais il n'a flanché.

Hani embrassa le fusil. Le serrant bien en mains, il expliqua :

— On fait corps avec. On le sent. Contre soi, en soi. Il vibre sur la hanche. Il nous secoue, il nous parle, il nous répond. On bande avec, on se décharge avec...

Le discours était exalté. Marwan ne comprenait toujours pas. L'autre, retrouvant son calme, affirma :

— Tu ne peux pas savoir. Mais quand tu auras tiré, tu ressentiras la même chose. Après, ce sera pour la vie.

La prophétie effraya Marwan. Pourtant, il trouvait quelque accent romantique aux paroles du combattant. Quelque souffle, quelque enthousiasme nouveau qui, inconsciemment, le touchait au plus profond de lui-même. Le sentiment, inavoué et inavouable, était proche du frisson qu'il avait éprouvé dans la bibliothèque de papa Abou, en lisant une épopée guerrière. Peut-être avait-il simplement l'impression de toucher l'âge adulte en fréquentant ces deux personnages qu'étaient Hani et papa Abou, tellement opposés, mais qui tous deux s'adressaient en hommes à Marwan.

Hani, d'un geste de la main, souligna la forme arrondie du chargeur :

— J'aime cette courbe, j'aime cet arc de cercle vers l'avant, dit-il. C'est magnifique. Tout le monde reconnaît le Kalach à son chargeur. C'est une légende, c'est un mythe. Cette pièce de tôle réjouit le cœur des opprimés et fait trembler les oppresseurs !

Ni Marwan ni Georges n'osèrent demander ce qu'étaient un opprimé et un oppresseur.

— Trente millions de Kalachnikov sur terre, s'écria Hani. Il y a bien une raison, non ? Aucune arme n'a eu un tel destin !

— Ça vient d'où ? hasarda Marwan.

— De partout. Le Kalach franchit toutes les frontières. Il se donne, il s'échange, il se vend et se revend. Ce sont les Soviétiques qui l'ont inventé, pendant la guerre contre Hitler. Mikhaïl Kalachnikov l'a mis au point en 42, mais c'était tellement révolutionnaire que personne n'y a cru au début. La fabrication en série n'a débuté qu'en 47... c'est pour cela qu'on l'appelle AK 47. Après, les Chinois, les Tchécoslovaques, les Hongrois l'ont construit sous licence... trente millions d'exemplaires ! Mikhaïl Kalachnikov et un *héros de l'URSS*. Et moi je vous dis qu'il est bienfaiteur de l'Humanité. Il vit encore. Il doit avoir dans les soixante ans.

Hani tendit l'arme à Marwan :

— Tu le veux ? Il est à toi !

L'adolescent eut un mouvement de recul :

— Non, non ! Garde-le, ce n'est pas pour moi !

— Pourquoi ? Tout le monde peut en avoir. Il n'est pas difficile de s'en procurer. C'est pour la bonne cause, tu peux le prendre.

— Non, je n'en veux pas. Je ne pourrais pas le garder chez moi. Mes parents ne voudraient pas.

Le Palestinien éclata de rire :

— Chez nous, les bébés naissent avec !

Marwan réalisa combien sa réponse avait été dérisoire. Il n'y avait pourtant pas d'autre raison à son refus : il ne voulait pas contrarier *maman poule*. Et le père n'aurait pas laissé entrer un Kalachnikov à la maison. Drôle de situation !

Hani n'insista pas. Marwan apprécia la délicatesse.

— Allons, reprenons le cours, décréta le Palestinien, en posant le fusil à plat sur le trottoir.

La leçon dura cinq heures. Avec Hani comme instructeur, minutieux et patient. Puis avec Marwan et Georges à l'entraînement du montage ou du démontage de l'arme. Le jeu s'était, petit à petit, transformé en un exercice sérieux.

Hani plaisanta :

— On ne vous apprend pas cela à l'école !

— Non.

— Vous allez épater les copains.

Marwan s'appliquait :

1 — retirer le chargeur.

2 — démonter la baguette de nettoyage.

3 — dégager le couvre-culasse.

4 — retirer le ressort récupérateur et la tige-guide.

5 — enlever la culasse mobile et le porte-culasse.

6 — démonter le garde-main supérieur et le cylindre des gaz.

7 — déposer le garde-main inférieur.

8 — séparer la culasse de son guide.

Marwan admira les pièces alignées sur le sol :

— C'est beau.

Le Palestinien sourit et conseilla :

— Il faut en prendre soin. Que tout soit impeccable et bien graissé.

Il leur enseigna le principe de fonctionnement du fusil d'assaut, vérifia leurs connaissances et leur habileté respectives. Marwan et Georges se prenaient au jeu :

— Vous êtes doués, commenta Hani.

Oui, cinq heures pour se familiariser complètement avec le Kalachnikov — « le Kalach », plaisantait déjà Marwan. Heureusement, tout cela touchait au seul domaine de la théorie. C'était de la banale mécanique. Ils connaissaient les caractéristiques et les performances de l'AK 47 : le fusil pesait un peu plus de quatre kilos. Il mesurait 87 centimètres de longueur. Il tirait 100 coups à la minute. Le chargeur contenait 30 balles dont la vitesse initiale était de 710 mètres à la seconde. La leçon s'arrêtait là. Ni Georges ni Marwan ne s'étaient représenté l'instant où la balle — ce petit morceau de fer d'un diamètre de 7,62 mm — rencontrait... la chair humaine. Ils n'avaient établi aucun lien entre cette machine dont ils maîtrisaient désormais le mécanisme, et sa finalité : tuer.

Pour meubler cinq heures d'inactivité, après plusieurs jours de séquestration, au milieu d'événements nouveaux auxquels ils ne comprenaient rien, les deux adolescents avaient répondu à l'invitation d'un inconnu leur proposant de satisfaire leur curiosité. Ils auraient pu, pareillement, apprendre le moteur à explosion ou le développement de la photographie. Le hasard avait placé sur leur chemin un combattant plutôt qu'un mécanicien, qu'un photographe, ou qu'un musicien. Après, on pourrait toujours parler de prédisposition, de prédestination ou de vocation...

Dans l'escalier, il y eut des pas. Marwan, trop occupé, n'y prêta pas attention. Quand il sentit enfin une main décidée l'agripper au col, le tirer, le soulever, il était trop tard. Il tourna la tête et reçut une gifle à l'étourdir :

— Que fais-tu là, malheureux ? Rentre immédiatement à la maison. Nous t'avons interdit de jouer avec ça ! Et toi aussi, Georges, va-t'en !

Marwan obéit sans protester. Georges s'éclipsa. Le Palestinien ne s'interposa pas. On n'échappait jamais très longtemps à *maman poule*.

Dans la montée d'escaliers, elle proféra la vieille menace :

— Je vais t'envoyer chez les Sœurs !

Les voisins, alertés par les cris, étaient sur les paliers. Ils approuvaient *maman poule*. Au passage, ils tiraient les oreilles à Marwan, *leur* enfant. Chacun avait un mot :

— Ne fréquente pas ces gens-là, nous n'avons rien à faire avec eux !

— Eloigne-toi des armes !

— Tu es trop jeune pour penser à te battre !

— Tu cours à ta perte et tu vas nous causer des ennuis !

Marwan était honteux. Il tentait de se défendre :

— Je n'ai rien fait de mal. Je nettoyais seulement les armes...

— On commence comme ça, on finit par tuer, lâcha *maman poule.*

Tuer ? Le mot avait résonné dans tout l'immeuble. Il y eut un silence. Tuer ? Dans la bouche de *maman poule*, parlant de son fils, pas encore un homme, c'était choquant, effrayant. L'idée de tuer, la mort, le simple geste d'appuyer sur une gâchette étaient inconcevables pour Marwan. Cela paraissait tellement loin de son âge, de son univers et de ses préoccupations. Le Palestinien lui-même n'avait pas parlé de tuer.

Marwan se rebella :

— Tu crois vraiment que je pourrais tuer !

Maman poule eut peur de ses propres paroles. Elle eut un regard de tendresse, d'absolution. Non, elle ne le croyait pas. C'était idiot, c'était impossible. Mais, en ces jours agités, on perd vite la raison. Avec le bruit de la canonnade, avec les nerfs à vif, elle tremblait pour sa couvée. Elle la voulait dans ses jupes.

La radio, seul lien avec le monde extérieur, mettait en garde contre les francs-tireurs postés sur les toits. Depuis dimanche, plus de cent personnes avaient été tuées. La police tentait de débusquer les tueurs fous. En attendant, Marwan n'irait plus *en bas*. Il fallait laisser passer l'orage, comme on répétait à chaque instant de la journée. Déjà, on apercevait l'éclaircie. Des Palestiniens et des Phalangistes, à l'origine des combats, subitement projetés à l'avant-scène, on ne parlait presque plus. Le Premier ministre était confiant : il ne ferait pas appel à l'armée pour rétablir l'ordre[2]. La situation n'était pas suffisamment grave pour cela. Il voyait dans l'agitation présente l'œuvre d'une cinquième colonne, d'une poignée d'irresponsables, qui seraient vite ramenés à la raison.

Malgré les roquettes et la mitraille, malgré les tués, malgré les dégâts et malgré, forcément, les premières déchirures ou les premières interrogations, on ne s'alarmait pas pour l'avenir du pays. On se préoccupait plutôt des petits inconvénients immédiats : les provisions commençaient à manquer, il y avait des coupures d'électricité, les enfants n'allaient pas à l'école, dimanche serait triste. On s'organisait aussi, avec les voisins : échange de sel et de sucre, parties de cartes, discussions sur le pas de la porte. Au milieu du grand remue-ménage, on ne se trouvait guère qu'un sujet de préoccupation : le pain. Les Libanais étaient ainsi faits : la table pouvait être riche, crouler sous les mets, on n'attaquerait pas un repas sans galette de pain ! Les bombes n'y feraient rien. Le pain est chose sacrée. Les combattants ne commettraient pas le sacrilège de tirer sur une boulangerie. La conviction a survécu à la guerre, malgré tous ceux qui ont perdu la vie pour y avoir cru ! *Maman poule* n'échappait pas à la règle : elle décréta que Marwan continuerait à acheter le pain frais, chaque matin. Lui, ne s'en plaignit pas. C'était l'occasion de sortir et, un peu, d'être un héros. Simplement, il ne devrait pas s'attarder, à cause des mauvaises fréquentations.

Marwan était à peine sorti de l'appartement, que le Palestinien l'interpella :
— Ah, te voilà ! Pas commode ta mère !
Marwan se souvint de la gifle. Il eut honte : pas très viril. L'autre n'insista pas.
— Fais attention en traversant, conseilla Hani. Ça tire encore. Un gars nous allume dans l'enfilade de la rue. Pas moyen de le déloger.
— Qu'est-ce que je dois faire ? Il va me tuer ! s'inquiéta Marwan.
— Je te couvre, proposa Hani.
Il entraîna l'adolescent par la manche, se posta en plein milieu de la chaussée et lâcha une rafale en criant :
— Vas-y, fonce !
Marwan, sans demander son reste, le bruit des balles dans la tête, s'élança et s'engouffra dans la boulangerie. Respiration coupée, cœur battant, jambes sciées. Déjà Hani s'était mis à l'abri. Le tireur, en face, ripostait. Le retour s'effectua de la même manière. Marwan admira la sérénité du Palestinien. L'adolescent

tremblait de tout son corps. Il aurait voulu remercier, trouver une formule, payer la dette. Impossible. L'autre comprenait ce genre de réaction. Il tapa amicalement sur l'épaule de Marwan, arracha sans gêne un morceau de galette qu'il porta à la bouche :

— Dis à ta mère que je ne t'ai pas mangé !

Marwan haussa les épaules.

— Et redescends tout de suite. J'ai besoin de toi, lança le combattant.

— D'accord !

La guerre crée des obligations. Même *maman poule* serait obligée de donner sa bénédiction à la fugue de Marwan.

Le Palestinien savait que Marwan reviendrait. Il ordonna :

— Aide-moi à monter cette caisse de munitions sur le toit.

— Sur le toit ? Là-haut ?

— Oui, ça va durer plus longtemps que prévu. Il faut que nous nous organisions. En face aussi ils s'installent.

— En face ?

— Oui, les autres...

Marwan n'osa pas demander des précisions. Les autres ? Ce devait être une évidence.

Sur la terrasse de l'immeuble, dominant Chiyah, trois combattants attendaient Hani. Trois adolescents, à peine plus âgés que Marwan, malgré leur barbe naissante et leur tenue léopard. Le premier roulait tranquillement une cigarette. Le second scrutait l'horizon avec des jumelles. Le troisième, à coups de burin, préparait une encoche dans le ciment pour caler son arme. Les hommes silencieux, le ciel rougeoyant du soleil couchant, les traces de fumée s'élevant au-dessus de Chiyah déserté, l'écho des rafales lointaines et subites, avaient quelque chose d'inquiétant. Marwan aurait voulu poser la caisse et s'en aller. Hani le retint :

— Ça peut t'intéresser.

— On m'attend.

— Reste ici.

— J'ai peur.

— Avec moi, tu ne crains rien.

— Ce n'est pas de mon âge.

Hani saisit Marwan par les cheveux, ces beaux cheveux noirs

que *maman poule* aimait tant caresser. Il lui souleva la tête et la dirigea vers les trois autres combattants :

— Trop jeune ! Trop jeune ! Et eux, à ton avis, quel âge ont-ils ?

Puis, avec la même colère, il força l'adolescent à regarder au loin, ce qu'il appelait *en face* :

— Et eux, là-bas, quand ils te tirent dessus, ils te demandent ton âge ? Et quand tu traverses pour aller chercher ton pain, ils te trouvent trop jeune pour t'allumer ? Et moi, quand je me mets au milieu de la rue, je te trouve trop jeune pour te défendre ?

Marwan était incapable de répondre. Il avait les larmes aux yeux. Il voulait partir. Il y avait de la logique dans les arguments du Palestinien, mais il ne voulait pas y mettre le doigt. Il ne voulait plus écouter, plus entendre. Il se répétait :

— Ce n'est pas mon problème.

Ou encore :

— Il n'y a que du malheur à espérer.

A présent, il en était convaincu.

Hani était hors de lui.

— Nous sommes sur ton toit pour te protéger, mais tu ne songes qu'à déserter !

— Silence, ordonna un des combattants. Il y a quelqu'un pas très loin. On nous espionne.

Les regards se portèrent vers le mur d'un verger. Marwan ne savait pas évaluer les distances. C'était à cent ou deux cents mètres. Une forme s'agitait, difficile à distinguer en raison de la lumière qui baissait.

— Les jumelles, réclama Hani.

Chacun attendait son verdict. Les Palestiniens étaient inquiets.

— J'ai l'impression que c'est une femme, dit Hani.

Marwan se sentit soulagé. Il annonça :

— C'est le jardin de Joseph, l'épicier. Il n'y a pas de danger. J'y allais souvent avec les copains...

La réflexion irrita Hani. Violent, il répliqua :

— Elle est venue nous espionner. Elle nous a localisés et elle va nous dénoncer. Les autres vont nous allumer.

— Mais c'est une brave vieille ! insista Marwan.

— Ça n'existe pas les braves vieilles. Elle n'a rien à faire ici. C'est une zone de combats, tout le monde le sait. C'est une espionne.

L'hypothèse paraissait complètement farfelue à Marwan : voilà que les espions, déjà peu crédibles au cinéma, entraient à Chiyah ! Il douta du bon sens de Hani. Il s'agissait d'une plaisanterie. L'autre voulait l'éprouver, pensa-t-il.

Le Palestinien poussa l'épreuve plus avant. Il prit un fusil à lunette. Il le porta à l'épaule, l'ajusta, le cala. Puis il plaça un œil sur le viseur, et un doigt sur la détente, retenant son souffle. Marwan se tourna vers les autres combattants pour avoir la confirmation qu'il s'agissait bien d'un jeu. Hélas ! on avait oublié Marwan. Les regards étaient tous fixés sur l'inconnue. Et tous étaient tendus.

La silhouette contourna le mur et se présenta à découvert. On ne pouvait pas voir les traits du visage, mais il ne faisait plus de doute qu'il s'agissait d'une femme. Elle était très maigre, enveloppée dans un voile noir, de la tête aux pieds. Vision surréaliste, d'une forme sombre s'avançant au milieu de la désolation, comme attirée, fascinée, par son meurtrier invisible. Complice. Marwan tremblait.

La gâchette, la femme. C'était fou. C'était injuste. Comment lui, le lycéen de Chiyah, s'était-il mis dans cette situation ? Il aurait dû détaler, à toutes jambes. Il en fut incapable : paralysé. Il aurait voulu crier, bousculer Hani, retenir le doigt sur la détente. Il ne fit rien. Il ne dit rien.

Il soupçonnait le dénouement. Il le redoutait. Il l'espérait.

Un coup de feu. Assourdissant. Dans les oreilles. A percer les tympans. Une phrase stupide :

— Il a tiré.

Le coup résonna dans Chiyah. Marwan avait l'impression que tous les habitants du quartier le regardaient, le condamnaient :

— Qu'as-tu fait là, malheureux ?

Hani était calme. Il constata seulement :

— Je l'ai eue à la jambe.

Un cri parvint jusqu'à la terrasse.

— Je vais la faire taire, promit Hani.

Marwan en eut la nausée. Il protesta :

— Non, arrête ! Tu n'as pas le droit !

Hani ne releva pas. L'adolescent sanglotait, impuissant :

— Elle n'a rien fait. C'est stupide. Non, pas ça !

— Silence ! coupa un combattant.

— Non, non, murmura Marwan, complètement vidé.

L'inconnue était à terre. C'était un tas de chiffons qui se dressait, s'agitait, retombait, s'animait encore. L'adolescent en avait des frissons. Il pensa à un animal blessé, traqué par une meute. Il imagina un regard, épouvanté. Il avait honte d'être là, honte d'être de ce côté-là. Il haïssait Hani pour cette scandaleuse épreuve. Il le méprisait pour son absence de pitié, pour sa démence, pour son injustice, pour sa lâcheté. Il ne pouvait rien faire d'autre que d'aligner des mots, des injures, des supplications. Mais il savait que, plus jamais, il ne pourrait voir une arme ni parler à un combattant, c'est-à-dire à un tueur.

Là-bas, implorant un miracle, l'inconnue tendait les bras.

Un second coup de feu.

La détonation fut portée par l'écho. Elle rebondit d'une façade à l'autre pour revenir éclater dans les oreilles, laissant Marwan abasourdi. Et les chiffons noirs sont retombés. On aurait dit qu'ils s'étaient dégonflés. Silence et adieu la vie !

Marwan fit une grimace :

— Salaud ! Tu l'as tuée. Elle ne t'avait rien fait.

— Tu vois, c'est facile de tuer, remarqua Hani.

— Salaud !

— Maintenant, tu sais ce qu'est la mort. Ne t'inquiète pas pour la vieille... tu verras bien d'autres choses. Celle-là, c'était une espionne.

— Menteur !

Et Marwan disparut dans la cage d'escalier.

*
**

— Ce fut mon premier contact avec la mort, m'explique Marwan. J'étais renversé, écœuré. J'avais peur, je tremblais de partout. Je me suis précipité dans les bras de *maman poule*. Elle seule pourrait me consoler, m'apaiser, m'aider à comprendre. Elle me dit que ces gens-là étaient complètement fous, des sadiques. Qu'on ne pouvait pas tuer ainsi, pour rien, de sang-froid. Elle me serrait contre elle, et me répétait : *mon pauvre petit, mon pauvre petit !* Elle me dit qu'il ne fallait plus jamais fréquenter les combattants. Ce n'était pas de mon âge, le père avait raison. J'en avais déjà trop vu. Il fallait vite oublier. J'étais un bon petit. J'avais du cœur.

Moi, je répétais :

— Elle tendait les bras, elle tendait les bras.

Cette vision m'avait marqué. C'était comme si la vieille femme m'avait appelé, moi. Mais je n'avais rien fait. Je ne l'avais pas aidée, je ne l'avais pas sauvée. Je ne lui avais même pas répondu.

Je pensais au fusil. C'est à lui que j'en voulais, plus qu'à Hani. Comme si le coup était parti tout seul. Et je me demandais :

— Comment une balle, une toute petite balle, peut-elle arrêter la vie alors que certains sortent indemnes d'un accident d'avion ou d'un tremblement de terre ?

Ensuite, je me suis couché. Je ne voulais plus voir personne, même plus parler à mes sœurs ou à mon frère. Je voulais me punir. Je ne pouvais pas m'approcher de la porte. Je pensais que tout le monde allait me rejeter, avoir peur de moi. Je ne pouvais plus manger. Je dormais mal : la pauvre vieille me harcelait. Elle me faisait des reproches :

— Petit voyou, lâche !

Je lui inventais une vie. J'imaginais une famille la pleurant et, peut-être, me recherchant. De jour en jour, son visage inconnu se dessinait. A présent, je la voyais. Elle m'appelait, bras tendus :

— Aide-moi ! Aide-moi !

Moi, j'étais bloqué, paralysé. Incapable de lui porter secours.

Je suis resté comme cela, quatre jours au lit, complètement abattu, complètement perdu, désespéré. Quelque chose avait changé en moi. Hani m'avait projeté trop vite dans l'âge adulte. J'étais coupable. Toute ma vie je porterais cette tache. Elle m'obséderait. Je le savais. *Maman poule* aussi en était consciente.

Elle m'appelait :

— Mon pauvre bébé.

Elle avait bel et bien compris que ce temps-là était fini. Tout allait être différent pour nous. Le sourire qu'elle voulait toujours sur mon visage, elle se doutait qu'elle ne le verrait plus. C'est incroyable, le choc de la première victime, à quinze ans ! Je ne pensais pas être aussi vulnérable.

Cette fois, j'avais compris la finalité d'une arme. Je l'avais vue, de mes yeux vue. Et c'était affreux, honteux. Jamais je n'y toucherais. Jamais je ne pourrais, comme Hani, de sang-froid, ajuster un fusil à mon épaule, placer un être vivant en ligne de mire, viser et appuyer sur la gâchette, en imaginant cette balle qui va frapper en pleine tête. Oui, la mort avait un visage, une réalité : cette femme qui tendait les bras, cette seconde où tout s'arrête. Je répétais :

— Pourquoi le coup est parti ?

Le Diable n'était pas dans l'homme, mais dans la machine. Je voyais les choses ainsi.

Un matin enfin — on ne tirait plus dehors — ma mère est entrée dans la chambre, visage grave. Je redoutais un nouveau malheur. Elle s'est assise sur le lit, a posé une main sur mon front. Décomposée, elle m'a avoué :

— La femme, c'était la mère de Joseph.

— La mère de Joseph ?

Je me suis redressé d'un bond. Sur le tas de chiffons anonymes, je plaçais le visage familier de celle qu'on appelait *mama-Joseph*. Une belle digne femme, tendre et qui m'aimait. Je la croisais souvent au verger, où elle m'autorisait à entrer.

— *Mama-Joseph* ?

J'étais consterné.

— C'était donc cela, le danger !

Je bondis hors du lit, enfilai mes habits et partis en claquant la porte.

— La mère de Joseph !

J'avais un compte à régler.

NOTES DU CHAPITRE 2

1. Les Libanais disent « klachin ».
2. *L'Orient-le Jour*, 19-4-75.

3

C'EST LA GUERRE !

— Assieds-toi, je vais t'expliquer !

Marwan n'eut pas le temps de s'élancer vers le Palestinien. Il aurait voulu lui sauter à la gorge, le renverser, l'injurier. Il pensait le déloger de cette entrée, de cet *en-bas* devenu sa cache, son chez-lui. Il voulait lui crier toute sa haine, tout son mépris. Et parler de *mama-Joseph*, cette « espionne » qui ne se connaissait qu'une mission : surveiller le verger et donner de la douceur aux enfants de Chiyah. Marwan avait espéré tirer, pousser Hani jusqu'à l'épicerie de Joseph, où il aurait annoncé :

— Voilà l'assassin de ta pauvre mère !

Hélas ! Le combattant l'avait arrêté net, en plein vol. Il l'avait saisi par les deux épaules. Les doigts s'étaient refermés puis les ongles s'étaient enfoncés dans la chair, immobilisant Marwan, dépité. Il comprit qu'Hani aurait toujours, physiquement, le dessus. Inutile de se rebeller.

Sans violence, le Palestinien posa littéralement Marwan sur une marche. Et c'est lui qui imposa son discours. L'adolescent, dont la rage était subitement tombée, vaincu, réalisa la difficulté d'être un héros, de se comporter en homme. Il comprit la lâcheté : un phénomène tellement légitime, tellement compréhensible, tellement humain... peut-être une certaine forme d'intelligence. A Chiyah, personne ne s'était interposé. Personne n'avait protesté. La population, retranchée dans les appartements, avait déserté. La raison et la loi ne se trouvaient plus d'avocats, plus de représentants, plus de partisans. Chacun chez soi, oui, et chacun pour soi. La rue aux combattants. Plus de forces de l'ordre, plus d'Etat. C'était donner, d'une certaine façon, une légitimité à Hani. Lui, au moins, avait le mérite d'être là. Il existait. Il revendiquait sa place. C'était un interlocuteur, le seul accessible. Tous les autres avaient démissionné. Y compris là-haut, chez *maman poule*, où on ne disait rien des événements, où on ne proposait aucune interprétation, aucune explication. Le père, la veille, s'était contenté de s'approcher des enfants. Il avait ouvert sa chemise, découvert une épaule et révélé une cicatrice jusqu'alors honteusement cachée.

Il avait dit :

— Voilà ce que la guerre apporte.

Ce n'était pas suffisant. Pas plus que n'étaient suffisantes les remarques de la mère :

— Nous n'y sommes pour rien.

— Nous sommes ensemble, c'est l'essentiel.

— Ça ne peut pas durer longtemps.

Ni elle, ni le père n'abordaient les raisons du conflit. On s'occupait seulement à stocker la farine, le sucre et les sardines en boîtes. On imposait une discipline collective, d'état de siège, pour rendre supportable la cohabitation forcée. On se rassurait avec les bulletins d'information à la radio : le centre de Beyrouth n'avait pas perdu la tête. Au Palais, le Président tentait de constituer un gouvernement de salut public.

Hani avait un avantage : il offrait une vision des choses et une analyse du grand désordre. Il délimitait les camps. Il disait où étaient les bons et les méchants. Malgré la méfiance de Marwan, malgré les avertissements des parents, malgré l'injustice de *mama-Joseph*, Hani était un point de repère. Une référence. On pouvait même trouver une certaine logique à son raisonnement car enfin, on ne se battait pas sans raisons.

— Nous sommes en guerre !

Là-haut, *maman poule* le niait, tout comme la radio. Ici, *en bas*, c'était une évidence : rues désertes, chaussées défoncées, carcasses calcinées, miliciens, impacts de balles.

— On a la justice avec nous. Les autres ont commencé.

Marwan ne pouvait le contester. Le cœur de Chiyah, à bien y réfléchir, battait du côté des Palestiniens. .

— La guerre a ses lois.

Personne n'en doutait. Hani énonça la première d'entre elles :

— Lui ou moi !

Il fixa Marwan dans les yeux et, fraternellement, il enseigna :

— La personne qui surgit devant toi, tue-la !

Marwan ne broncha pas. L'autre ajouta :

— Dans le doute, il ne faut pas s'abstenir. Une hésitation, et tu es mort. Souviens-toi : mieux vaut tuer un ami qu'être descendu par un ennemi.

— Pourquoi tu me dis cela ?

— Pour que tu comprennes, l'autre jour, *mama-Joseph*...

Marwan sentit sa gorge se nouer et les larmes lui monter aux yeux. Il ne comprit pas pourquoi, mais il ne put parler. Pas un mot de protestation ou de désaveu, pas d'objection ni de restriction. L'autre remarqua, à regret :

— Tu auras d'autres occasions de te révolter.

— Tu crois ? ·

— Je le sais. Un jour, toi aussi tu prendras les armes.

— Moi ? s'écria Marwan. Ça m'étonnerait ! J'aurais trop peur.

— Et alors ? On ne te demandera pas ton avis. Les autres t'obligeront.

— Moi, je n'ai pas d'ennemis.

— Demain tu devras te défendre. Et nous aider, car nous sommes frères. Ils veulent nous exterminer. N'espère pas que les choses vont s'arrêter là. Tout le Liban va s'embraser. En face, ils veulent la guerre civile.

— La guerre civile ?

— Oui, quand tout le monde est dans le coup.

Marwan pensa au visage sombre du père et aux allusions à *58* :

— Ça devait être une guerre civile, comprit-il.

Il dit au Palestinien :

— Mon père, lui, ne se battra pas. Il déteste la guerre.

— Tu te trompes. On ne se pose pas la question. On est forcé d'y répondre. Lui aussi viendra me demander des armes. Et toi, et ton frère. Peut-être même tes sœurs.

Marwan s'esclaffa :

— Et pourquoi pas *maman poule* ?

— Elle aussi, peut-être, répondit Hani.

— Tu es complètement fou !

Le Palestinien le regarda sévèrement :

— Moins que tu ne le penses, dit-il. Je connais la vie, je connais les hommes. Crois-tu que je sois différent de toi ? Nous appartenons à la même communauté. Nous avons les mêmes intérêts, le même sang, les mêmes ennemis... et la même mère. Je me bats pour protéger ma mère. Si je ne le faisais pas, elle ne comprendrait pas.

— Tu as une mère ? s'étonna Marwan.

— Evidemment. Elle habite Chatila, une petite maison près de la mosquée, que j'ai construite avec mes mains.

Le regard du Palestinien se perdit. Un étrange regard mélancolique et désenchanté. En un murmure, Hani affirma :

— Même les tueurs ont une mère...

La phrase terrible resterait gravée dans l'esprit de Marwan.

*
**

— *Même les tueurs ont une mère !* Jamais je n'aurais voulu entendre la formule, me dit Marwan. Je n'en saisissais pas toute la portée, mais elle m'impressionna. Elle m'apparaissait terrifiante. Je soupçonnais qu'elle avait une signification profonde et menaçante pour moi. Que cachait son ambiguïté ? Elle sonnait comme un mauvais sort, comme une méchante prophétie. Jamais, auparavant, je n'avais été troublé par de simples mots.

« Au fond, j'avais peur de comprendre : jusqu'à présent, j'avais eu *maman poule*. Je m'appuyais sur elle. Elle était mon guide. Je ne craignais rien. Elle m'indiquait le chemin, pas à pas, jour après jour. C'est le rôle d'une mère : tenir la main de son enfant, jusqu'à l'âge adulte, et en faire un homme. *Maman poule* m'avait toujours retenu, m'empêchant de tomber. Elle me remettait immanquablement sur la bonne voie, contrôlait ou rattrapait mes écarts. Elle me montrait un but à atteindre. C'était une sécurité. J'avançais sur une route balisée. Elle m'avait inculqué une certitude où je trouvais mon équilibre : je serais toujours bon et aimé. Elle était à la fois mon gardien et mon gendarme. Une garantie absolue et suprême contre le mal. J'étais à l'abri du malheur. J'avais cette chance.

« Hélas ! avec sa phrase maudite, Hani remettait tout en question. Il prétendait que les mères n'étaient pas des garde-fous absolus. Il en était la preuve vivante : lui aussi avait une mère ! Pis : une mère pouvait pousser au crime, ou plutôt on pouvait tuer par amour maternel. Il y avait du devoir, de la noblesse, de la justice là-dedans. Bien sûr, pour moi, pris de court, tout cela n'était pas très clair. Mais quelque chose pointait. Il y avait dans les propos du Palestinien du délire et de l'extravagance, mais également du bon sens. J'allais devoir y réfléchir.

Marwan se tait. Son esprit est très loin. Il se souvient :

— Et puis il y avait cette métaphore, quand Hani a comparé la mère et la terre. C'était émouvant. Je trouvais cela très beau. Parfois papa Abou me parlait de poésie et là, je découvrais que le Palestinien aussi était un poète. Il avait un cœur, une sensibilité. C'était un écorché. Il savait dire les choses : la terre qui est une autre mère ! C'était juste. J'avais beau avoir quinze ans, je pouvais comprendre. Moi aussi, je le ressentais ainsi. *Maman poule* et Chiyah. J'étais sorti de l'une et j'avais poussé sur l'autre. L'une et l'autre m'avaient porté. Je leur ressemblais : j'avais leur cœur, leur esprit, leur odeur. Je ne pouvais les dissocier, elles ne l'auraient pas compris. Renier Chiyah aurait signifié répudier *maman poule*, et vice versa. C'était quelque chose de profondément ancré en moi, en chacun de nous. Nous avions peu de biens, mais nous avions au moins cette fierté, cette fidélité, cette reconnaissance. Oui, j'étais le garçon de deux mères, que je respectais à parts égales. Cela compensait l'absence du père. Au bout de la vie, je savais que je retournerais à *maman poule* et à Chiyah, quand nos corps et la terre se mélangeraient.

Marwan est capable de tenir de tels discours. Il peut même, par des yeux enfin brillants, trahir une émotion :

— Je remercie Hani d'avoir provoqué en moi cette réflexion, dit-il. Elle me donnait une identité, un patrimoine. J'avais quelque chose à défendre. Pour avoir énoncé une vérité aussi belle, aussi évidente, il était forcément une sorte de frère.

***

A quinze ans, quand la guerre vous tombe dessus, la pensée ne peut aller au-delà de l'intuition. En fouillant l'inconscient, à tête reposée, sur un divan, le psychanalyste aurait tout mis en équation : Mère = terre, Père = Etat. Le praticien aurait anticipé l'avenir. Marwan, lui, n'avait pas de motif de pousser la porte d'un cabinet. Sa démarche était plus pragmatique. La rue était son école, Hani son maître à penser. A cet âge-là, on marche avec les tripes. Il n'en faut pas plus pour orienter une vie. Un accident, un incident, et le cours de l'existence est infléchi. Le meilleur comme le pire peuvent en résulter.

Les circonstances avaient provoqué un imperceptible glissement chez l'adolescent. Le jour où le terrain céderait, brusquement, il serait impossible d'en arrêter ni même d'en contrôler le cours. Après la rupture, tout serait emporté. Comme une montagne qui s'effondrerait. On pourrait toujours philosopher, parler de destin ou de fatalité, de quelque chose qui, de toute façon, échapperait à l'homme. Le mal serait commis.

Il en était de même pour Chiyah. Le quartier, sans en être conscient, s'en allait à la dérive. Lui aussi, à sa manière, glissait. La vie, les habitants, la façon de voir et de penser se modifiaient jour après jour, sans qu'on osât se l'avouer.

Chacun se reniait, d'heure en heure, mais tous étaient persuadés de rester fidèles à eux-mêmes. Le champ de vision et le terrain d'évolution se réduisaient. Nul ne s'en inquiétait. On s'adaptait. Tout naturellement. Comme Chiyah était passé des vergers aux blocs de béton, chantier après chantier, immeuble après immeuble. Qui se souvenait encore des pommiers ? Et qui gardait en mémoire la chanson de Chiyah : cris d'enfants, klaxons, musique, interpellations joyeuses...

Pourtant, à bien y penser, Marwan admet aujourd'hui :

— On ne pouvait plus s'éloigner de l'immeuble. Pas question d'aller quatre ou cinq rues plus loin. Finis Damour et l'escalade des murs du palais Mar Maroun où nous volions des prunes vertes et des fleurs pour les filles. Impossible de pousser jusqu'à Aïn el Remmaneh, le quartier voisin où vivaient la plupart des copains de lycée. Les frontières du monde se rétrécissaient.

Très vite, Chiyah s'était imposé un nouveau rythme. Dix fois par jour, le quartier mourait puis ressuscitait. Un obus et les ruelles se vidaient. Une accalmie, et c'était l'ouverture des magasins, le retour des enfants. Les adultes reprenaient leur partie de tric-trac devant les portes, relançant les dés avec calme.

Les mères, par instinct, prévoyaient les trêves puis l'orage. Elles savaient quand se précipiter et comment remplir le cabas, sans s'attarder. Les légumes, les fruits, la viande : rien ne manquait à table. C'était un miracle dont personne ne s'étonnait. L'extraordinaire était banalisé. On s'habituait à la situation d'exception. On se familiarisait avec la guerre, même si on n'en prononçait jamais le nom. Le conflit était une évidence. On y était mêlé. On prétendait ne pas s'impliquer. Comme si passivité signifiait neutralité !

Impossible en tout cas d'échapper à certains rites. Le matin, le premier réflexe consistait à ouvrir le journal et à se plonger dans la liste des victimes des combats. Les noms étaient connus. Qui aurait imaginé une telle fin pour Hassan, Gaby, Ali ou la belle Zubeïda ? A chaque lecture, c'était un choc. Mais on ne suivait pas forcément les funérailles, sous les pins du petit cimetière de Chiyah qu'il faudrait bientôt songer à agrandir :

— On y passerait ses journées !
— On aura bien le temps d'y aller !
— Mourir en enterrant un mort ? Non merci !

Les voisines parlaient ainsi. Marwan ne l'a pas oublié. Il y a puisé la fatalité, la normalisation du malheur. Certains diront la sagesse, c'est-à-dire le détachement. A force de se répéter la mort des autres, il n'y avait plus de place pour la douleur. C'était le quotidien, la chronique de Chiyah. Les survivants étaient plus à plaindre que les tués. Après la pitié, il y avait l'indifférence puis l'égoïsme.

Les bras tendus de *mama-Joseph*, tellement obsédants, avaient fini par se fatiguer. Ils étaient retombés. Dans la mémoire, ils s'étaient définitivement estompés, complètement effacés. Depuis cette triste anecdote, Marwan avait entendu et vu pire. Hani avait raison : on n'allait pas continuer à s'apitoyer sur le sort d'une vieille femme qui, de toute façon, arrivait à échéance.

Aujourd'hui, l'important, c'était la survie. Elle ne se concevait qu'individuellement : passer à travers les balles ! Quand une roquette touchait l'appartement voisin, il fallait se réjouir d'avoir été épargné. Il y avait un Dieu à remercier pour cette grâce ou pour le sursis accordé. Quand le garçon rentrait indemne, c'était une autre bénédiction. S'il ne revenait pas, c'était terrible évidemment. Mais, au fond, cela devait arriver...

Etrange climat !

Avec la mitraille au-dessus des têtes et la sérénité dans les esprits. Moitié dans la guerre, moitié dans la paix. La situation était sérieuse mais pas dramatique, disait-on. Cela résumait parfaitement l'état d'esprit. Chiyah jouait à la guérilla mais Beyrouth, à cinq minutes de là, préparait un nouvel été de dolce vita. En ville, la population flânait sur la corniche, déjeunait ou dînait sur les terrasses, bronzait sur la plage, mimait la mode occidentale dans la façon de s'habiller et de vivre. On décapotait les belles américaines. C'était un festival de Cadillac, de Buick et autres Chevrolet. Les play-boys frimaient en Ferrari ou Maserati. Tout leur était donné et ils savouraient la paix. Ils s'y vautraient et ne voyaient pas l'utilité de changer de situation puisque tout était pour le mieux dans le meilleur des mondes.

Simplement, pour ajouter quelque piment à l'existence et se donner la sensation de vivre intensément, ils poussaient du côté de Chiyah, le soir venu. Recherche innocente de petites frayeurs. Le cabriolet était à l'abri. On ne s'approchait pas trop. On ne s'attardait pas : la table était réservée aux *Caves du Roy*, rendez-vous huppé de la jeunesse dorée. Avec une légère moue, on observait les combats en se disant que Chiyah avait perdu la tête et que les balles n'atteindraient jamais les quartiers chic ni le centre ville. Bref, il fallait avoir vu cela, un peu comme les barricades du quartier latin en mai 68. On s'en allait rassuré :

— Le Liban ne peut pas éclater.

Marwan n'échappait pas à l'ambivalence : le corps dans la tourmente, la tête dans l'adolescence. Il se voulait enfant et intact. Il cherchait Georges pour aller à la mer ou au cinéma. On jouait *Les bidasses s'en vont en guerre*, *Airport 75* et aussi *La Ragaz-zina*. Il était tenté : les filles, il n'avait pas vraiment essayé. Trop timide, trop gamin. Ça le tourmentait. Pour se lancer, il fallait que Georges soit à ses côtés, comme à chaque étape de sa vie. Hélas ! Georges, ce traître, était absent, introuvable. Allez savoir pour-quoi ? La peur ou la famille ?

Pour occuper les journées, il ne restait que la Loterie nationale, seule institution qui résisterait à la guerre. La Loterie et son cortège de rêves de banlieue : une maison pour *maman poule*, un salon moderne et clinquant, la télévision en couleurs, un voyage sur la Côte d'Azur dont les publicités vantaient la beauté dans la presse libanaise. Marwan se précipitait sur les résultats. Il n'avait pas tiré le bon numéro. La richesse avait encore pris une semaine de retard ! Dans les journaux, il ne lisait rien d'autre. Dommage, car il aurait pu comprendre bien des choses utiles pour l'avenir :

« Les très graves incidents qui agitent aujourd'hui Chiyah étaient prévisibles. Depuis plusieurs semaines la tension ne cessait de monter et les provocations se multipliaient, comme si une main invisible tirait les ficelles pour causer un affrontement dont le Liban ne pourrait que pâtir[1]. »

Oui, après coup, tout est prévisible. Même Marwan réalise aujourd'hui :

— Hani était incontournable. Partout où j'allais, je me heur-tais à lui. Les autres se terraient. Alors, je l'interrogeais, j'atten-dais ses réponses et, forcément, il m'influençait. Je collais à ses talons, par curiosité et par défi. Il faut dire que c'était rassurant : j'avais un protecteur. Nous n'étions pas des amis, mais il m'im-pressionnait et je le respectais pour ses convictions, pour son courage. D'ailleurs, par les temps qui couraient, mieux valait être en bons termes. Je n'avais pas le sentiment d'une relation pro-fonde et encore moins durable. C'était plutôt un hasard, un accident, une rencontre... Hani repartirait comme il était venu, sans autorisation. Il nous rendrait notre *en-bas*, comme il nous l'avait confisqué. L'histoire s'arrêterait là. Chiyah retrouverait ses habitudes, tant bien que mal. La rue nous appartiendrait à nou-veau, à Georges et à moi. J'étais convaincu que cet épisode n'allait pas nous changer fondamentalement.

— Et lui, Hani, comment te voyait-il ?

— Il ne me le disait pas. Je pense qu'il y avait de la provocation à mon égard : il voulait m'étonner et se valoriser. J'étais bon public. Parfois aussi, il jouait avec le feu. Il m'entraînait dans l'action.

— Tu avais peur ?

— Pas vraiment. Pas encore.

— Pas encore ?

— Oui, cela peut paraître étonnant, convient Marwan. La peur vient après, quand on connaît tous les risques. Là, au contraire, je me sentais couvert. Je me croyais invulnérable. Cela ressemblait trop à un jeu. Je mimais les gestes et les mouvements du Palestinien. Je l'accompagnais, bondissant d'une porte à une autre, plongeant à terre, criant avec lui.

— Tu faisais la guerre !

— Non, je m'amusais. Je n'avais pas d'armes. Pour moi, en face, c'était plus des complices que des ennemis. J'imitais même le bruit du PM^2 avec la bouche. Un vrai gosse, quoi ! L'attitude d'Hani, lui aussi un gamin défiant la mort, me confortait dans cette idée.

— Qu'en pensait *maman poule* ?

Marwan hausse les épaules :

— Elle ne savait pas, bien sûr. Sans cela, elle m'aurait à nouveau enfermé à la maison. Je lui disais que nous jouions aux cartes, à la cave, avec les copains d'autrefois.

Il réfléchit, puis reprend :

— Au fond, chez Hani, il devait y avoir autre chose. Il avait une façon de toujours revenir sur les mêmes sujets, sur les mêmes phrases énigmatiques. Cela m'intriguait. Il disait sans cesse que nous étions solidaires et engagés dans la même lutte.

De son index, il désigne son front :

— Certaines formules sont restées gravées là. Pour moi, elles correspondaient à une ouverture sur un autre monde. Il affirmait : *N'aie pas peur de la mort, Nous sommes nés avec notre destin*, ou encore, *Ton heure est inscrite sur ton visage.* Un jour enfin, il lança : *Si je tombe, il y aura quelqu'un pour ramasser mon fusil. Ce sera toi, Marwan !*

— Comment as-tu réagi ?

— Ce jour-là, étrangement, je n'ai pas protesté. J'étais plutôt flatté : il me considérait en adulte. J'étais fier. Il me faisait confiance. Il comptait sur moi. Il me confiait un héritage et une mission.

Un silence. Et enfin :

— Hani m'a annoncé qu'il était temps, pour moi, d'apprendre à tirer.

C'était dans la logique des choses.

*
**

Le combattant et l'adolescent sont retournés sur le toit. Le fusil, de fabrication soviétique, était lourd. Marwan voulait s'en saisir avec fermeté, comme pour affronter un rite d'initiation. Mais, au contact de l'arme, une réaction traîtresse se produisit : une sorte de répulsion à prendre l'engin de mort. L'image oubliée de *mama-Joseph* remontait à la surface de la mémoire. La silhouette noire était là. Les mains de Marwan tremblaient. Il avait peur que le coup ne partît tout seul, que la balle engagée dans le canon ne lui échappât. Peur du fusil qui ne lui obéirait pas, du recul qui allait malmener l'épaule ou projeter l'arme en pleine figure. Peur du bruit assourdissant qui allait claquer aux tympans.

Marwan aurait voulu poser le fusil contre le mur et dire à Hani quelque chose de simple, parce que vrai, parce que spontané :

— Non, vraiment, ce n'est pas mon truc.

L'autre n'aurait pas compris. Il n'aurait pas pardonné. Marwan y aurait laissé son début de prestige, péniblement acquis, semaine après semaine, au contact des tirs de plus en plus proches. Il aurait basculé à nouveau dans l'enfance, pensait-il. Il devait faire un effort sur lui-même, surmonter ses appréhensions, oublier ses états d'âme, sous peine de décevoir à jamais le Palestinien, d'être rejeté, méprisé. Marwan comprit l'enjeu de la nouvelle épreuve. Il n'y avait pas d'échappatoire : il fallait tirer. Quitte à fermer les yeux. Quitte à claquer des dents. Tirer à tout prix, n'importe où et n'importe comment, pour sauver la face. Pour mériter la confiance du Palestinien. Pour ne pas se retrouver seul au milieu de la guerre. Hani était là, silencieux, à attendre, tel un examinateur, le regard sans passion posé sur l'adolescent. Il jugerait aux actes. Il n'incitait ni ne dissuadait. A Marwan de prendre ses responsabilités. Nul besoin de parler pour se comprendre. C'était la fin d'une fréquentation ou le début d'une aventure. Entre hommes. Au diable les témoins !

Marwan appuya le canon sur la balustrade. Il s'agenouilla. Il cala la crosse à l'épaule et à la joue, avant de placer un œil dans l'axe du viseur. Il s'étonna de ne rien découvrir de particulier dans la ligne de tir : un mur, simplement un mur. Fallait-il s'en réjouir ? Fallait-il le regretter ? Cela donnait un côté absurde à l'exercice. La peur de l'arme ne disparaissait pas pour autant. Par instinct, Marwan a fermé stupidement les deux yeux. Enfin, il a tiré : un bruit d'enfer ! Une secousse. Comme si le fusil avait éclaté entre ses mains. Où était partie la balle ? il aurait été incapable de le dire. Mais il avait tiré ! C'était l'essentiel. Baptême du feu. La première fois, on ne comprend rien. Il n'empêche : les lettres de noblesse étaient gagnées. Marwan était abasourdi et grisé à la fois. Etonné de son acte, en bien et en mal. Dans le même instant, il avait perdu et gagné quelque chose : pas banal ! Une sorte de défloration, avec ce mélange de fierté et de honte. Vis-à-vis du Palestinien, il s'était grandi. Mais qu'en auraient pensé la mère, le père, papa Abou et les autres, dont l'avis importait tout autant ?

Hani ne permettait pas à la pensée de vagabonder, estimant que ceux qui pensaient étaient au cimetière. Il lança :

— Il te reste neuf balles.

Le ton était amical, confraternel, comme après une intronisation. C'était un encouragement plus qu'un ordre. Marwan posa à nouveau le doigt sur la gâchette, machinalement. Il demeurait crispé, malgré lui. Et les yeux se fermaient encore : plus fort que lui. Il se reprochait cette appréhension, ce réflexe stupide. Mais il redoutait toujours la détestable sensation au moment du coup de feu : la secousse, le bruit. Enfin, il osa tirer. Deux, trois, quatre... jusqu'à dix coups. Chargeur vidé. A droite, à gauche, en haut, en bas. N'importe où, sans discernement. Peu importait le résultat, il fallait seulement convaincre le combattant de son courage, débarrasser l'arme de ses satanées balles.

Marwan resta étourdi un instant, assommé par les détonations qui emplissaient encore les oreilles. Il n'avait rien contrôlé, rien décidé, rien maîtrisé : ni les nerfs, ni les actes, ni le fusil. L'objet, c'était lui et cela l'inquiétait. Il se demanda s'il en était toujours ainsi pour tous les combattants. Etaient-ils mus par une force invisible ? Etaient-ils des jouets dans on ne savait quelles mains ? Il n'osa pas interroger Hani à ce sujet, c'est-à-dire avouer sa propre faiblesse. L'avenir répondrait peut-être à la question...

Pendant quelques secondes encore, Marwan hésita entre l'engourdissement et l'ivresse. Quand il émergea de cet étrange état, il eut une curieuse impression : une brisure.

— Je venais de réaliser, pour la première fois de ma vie, que j'avais la possibilité matérielle et immédiate de tuer, se souvient-il. Même si on n'en a pas envie, même si cela reste abstrait, cela provoque un choc. D'un coup, je voyais les choses autrement. Ce jour-là mon sourire a commencé à s'effacer. J'étais forcément différent. Je ne pouvais plus aborder la vie de la même façon. Hani m'avait confronté au moment de vérité. La démarche n'était sans doute pas innocente. Il incarnait la guerre. Je comprenais qu'il m'imposait un choix : me retirer ou m'engager.

— Tu aurais pu renoncer à aller plus loin ?

— Parfaitement. J'aurais pu poser le fusil et partir. Mais les choses ne sont pas aussi simples dans la réalité, sans cela personne ne commettrait jamais d'erreurs. Mille éléments entrent en jeu, insoupçonnés souvent, qui déterminent notre comportement. Certains sont sans importance ou peuvent être corrigés. D'autres sont irrémédiables. Pour l'heure, je n'en étais ni à ce stade de conscience, ni à ce stade de décision. J'avais quinze ans et j'avais un adulte décidé en face de moi. J'étais dans le présent, pas dans l'avenir. Bien sûr, par tempérament, je refusais d'aller me battre. Le fusil me faisait horreur. Je n'avais toujours pas de vraies raisons de m'exposer et d'en vouloir aux autres. D'un autre côté, l'arme m'avait donné une assurance nouvelle. Je m'étais senti fort, l'instant d'un chargeur. Un sentiment réconfortant, exaltant, d'invincibilité. J'étais quelqu'un de redoutable, malgré mon jeune âge et mon inexpérience. Tous les rapports en étaient modifiés. Enfin, face aux dangers qui depuis des semaines m'entouraient, j'avais une riposte. Je n'étais plus la cible impuissante.

Tout cela était inexprimé, confus, mais profondément vécu par
l'adolescent que j'étais, subitement projeté face à ses responsabilités.
 — Tu as vraiment pensé à cela ?
 — Oui, et même plus. J'en ai eu l'intuition... j'étais transformé. C'était important de se croire fort, en ces moments de
folie. Cela allait très loin. Un événement essentiel venait de se
produire : avec *maman poule,* le cordon ombilical était coupé.
Pour la première fois, je me savais capable d'assurer ma propre
défense. Je devenais son protecteur. Le fusil me donnait cette
possibilité. Cela signifiait que je m'envolais, je m'émancipais.
J'étais, subitement, très loin d'elle. Elle n'avait plus prise sur moi.
Elle ne pourrait pas comprendre. C'était une histoire d'hommes
qui s'était jouée là, seul à seul, sur son propre toit, sans qu'elle le
sache. Comment aurait-elle pu imaginer que son enfant, *si gentil,*
s'entraînait au maniement des armes, en lui mentant ? Les
mots, les regards, les dialogues n'auraient plus le même sens.
 Marwan me regarde :
 — Un jour, on ment forcément à sa mère parce que chacun a
sa vie, suit sa voie, a ses secrets. On revendique son autonomie.
On voit, tout à coup, les choses avec des yeux différents. On est
adulte. C'est banal. Chacun passe ce cap, comme un bateau qui
sort du port et part affronter la pleine mer. Il connaîtra peut-être
la tempête ou le naufrage, il ignore ce qui l'attend. C'est le destin.
Cette cassure se produit de toute façon. Avec les événements
dramatiques que nous vivions, en rompant les amarres, j'entrais
dans une zone à hauts risques. Toute ma génération était aux
prises avec les mêmes éléments déchaînés.

 Marwan, enivré et dérouté, aurait voulu vider un autre chargeur. Façon d'oublier, façon de se défouler. Contre toute attente,
Hani lui refusa les munitions. Il expliqua :
 — Désormais tu dois savoir que chaque balle est destinée à
tuer.
 Marwan eut un frisson. Un air nostalgique de papa Abou lui
revint à l'esprit :

« Un jour l'enfant prend un fusil,
Sans soupçonner ce que cela signifie.
Ne lui dites pas, mais tout est fini. »

Sur un toit de Chiyah, à la nuit tombante, la chanson du vieillard s'était réalisée. Hani avait sans doute raison de prétendre :

— Ton destin est inscrit sur ton front.

NOTES DU CHAPITRE 3

1. *L'Orient-le Jour*, 14-5-75.
2. PM : pistolet-mitrailleur.

4

L'ADIEU

La camionnette croulait sur ses suspensions. La famille avait chargé en hâte, pêle-mêle, le vieux canapé à moitié éventré et les fauteuils, la cuisinière à gaz, un poste de télévision d'occasion, un lampadaire disloqué, des tapis bon marché, une baignoire en zinc, des matelas, les draps et les couvertures, toutes sortes de cartons ventrus... quinze années d'une vie à Chiyah.

Tout était exposé là, à ciel ouvert, révélé ou plutôt confirmé, sans pudeur. Un peu comme le linge quand il sèche au balcon et montre les dessous de la famille, du grand-père au nourrisson, en passant par les premières règles de la jeune fille. A Chiyah, il ne serait venu à l'esprit de personne d'avoir honte du pitoyable déballage. C'était le lot de chacun. On était lucide sur soi-même, sur ses biens et sur sa condition. On ne se risquait pas à jouer le fier. Surtout, on ne jugeait pas le cœur des gens à l'usure de leur fond de culotte ni aux reprises grossières du matelas. Aujourd'hui, plus que tout autre jour encore, ce genre d'état d'âme ne comptait guère : seul le départ importait, ou plus exactement la fuite... une sorte de désertion à laquelle Chiyah n'était pas habitué. Le début d'un exil, l'annonce d'un exode. Comme un accroc dans le patchwork de Chiyah : Georges et les siens pliaient bagage. Oui, Georges ! L'ami de toujours... il s'en allait. Pas vers la promesse d'un mieux, pas vers la fortune (sa fortune, elle était empilée là, dans la benne de la camionnette), encore moins vers un rêve ou seulement un mirage. Il fallait partir, c'était tout. Une obligation, même si personne ne pensait à les chasser. La situation était ainsi : absurde.

Vous auriez pu interroger tout le monde à Chiyah : la place de Georges, de son père et de sa mère, de ses frères était ici. Ils ne faisaient pas partie du paysage, ils *étaient* le paysage. Avec eux, Chiyah se trouvait bien. Ils contribuaient à l'équilibre. Ils étaient une pièce de ce que, décidément, il fallait bien appeler une mosaïque, quitte à se répéter. Dans le même temps, chacun devinait que cette branche de la grande famille devait s'éloigner. On n'en avouait pas la nécessité à haute voix. On ne parlait pas d'interdiction de séjour. On imaginait déjà de proches retrouvailles. Il n'empêche : comment ne pas soupçonner le message ? C'était bel et bien une sorte d'adieu ! En cas de retour, les regards seraient différents. Il y aurait une rupture, une blessure au sein de la communauté. Tenez ! On ne songeait même pas à retenir Georges. Fatalité : il fallait se séparer. Il n'y avait ni coupable, ni torts, ni motifs. Simplement une urgence : oublier Chiyah, s'éloigner de Chiyah. En voyant la camionnette chargée de l'exode, Marwan se souvint du théorème du Palestinien :

— On ne choisit pas. On est forcé.

C'était, malheureusement, le bon sens. Marwan se demanda où tout cela allait conduire. Jusqu'où pouvait-on être contraint ? Il y avait de quoi frémir, puisque tout était écrit, décidé par avance. On n'avait pas à choisir de quel côté se placer. C'était automatique, inscrit dès la naissance sur la carte d'identité, même si, à ce jour, Marwan ne s'était jamais posé la question !

Il se rangea à une évidence : les événements portaient les gens. Ils décidaient pour eux, à leur place. On ne pouvait que suivre, qu'obéir, même pas à des hommes, à un destin. Rien ne servait d'être lucide à Chiyah, il fallait se plier aux exigences d'une situation. On était pris dans l'aventure, ou la tragédie, comme dans une rafle. Tant pis pour les convictions, pour les aspirations, pour les reniements. Tant pis pour l'infamie, pour les regrets, pour les remords. Le malheur s'était présenté. Il fallait lui ouvrir la porte. Des frontières nouvelles se dessinaient, jour après jour, d'elles-mêmes. La vie et la vision de la vie avaient déjà changé chez les plus sages. Mentalités, affinités, caractères, coups de cœur et rejets, amis et ennemis, tout était bouleversé, remis en question. Chiyah, avec ses femmes et ses hommes, avec ses enfants, était déstabilisé. Marwan s'en rendait compte à présent. Comment ne pas le voir quand Georges était obligé de décamper ?

Mais que faire ?

Nulle idée, nul principe ne résistaient. Le clivage se précisait. On voyait s'abaisser une barrière. Elle couperait Chiyah en deux. Pas le temps de philosopher ! Il ne fallait pas se tromper de côté. Malheur aux retardataires, malheur aux distraits ou aux indécis. Cette fois, plus possible de rester sur le perron : entre l'église et la mosquée, il fallait choisir... et entrer. En cas d'hésitation — ne parlons pas de refus ! — quelqu'un se chargerait de vous bousculer, de vous pousser. Ainsi passait-on de l'indifférence à l'engagement, de la cohabitation à la confrontation, de la paix à la guerre, de la tolérance à l'intolérance. N'y cherchez nul moralisme, simplement une constatation. Elle conduisit tout naturellement Marwan à la mosquée, et Georges à l'église, deux adolescents qui jusqu'à ce jour n'avait guère entendu parler de Dieu ni d'Allah.

Marwan s'en souviendrait, de cet adieu ! Les parents étaient dans la voiture. Seul Georges, les yeux brillants, avait sauté de la benne encombrée des souvenirs de leur enfance : sur chaque objet, Marwan aurait pu coller une anecdote. Les deux amis étaient restés face à face. Impossible de ne pas pleurer : Bon Dieu ! Ce qu'on peut être sensible à cet âge-là.

— Je m'en vais.

— Pourquoi ?

— Parce que.

Il n'y avait pas d'autres raisons. Il n'y avait que déraison. Tous deux haussèrent les épaules, en même temps, comme dans un miroir. Même les coïncidences étaient cruelles.

Depuis la voiture, le père lança :

— Nous allons du côté des chrétiens.

Ni fierté, ni honte. Ni joie, ni rancœur. Et surtout pas de provocation. Il énonçait un fait, indépendant de sa volonté.

Les deux adolescents échangèrent des phrases qui, bientôt, ne voudraient plus rien dire :

— Chrétiens, et alors ?

— Alors, notre place est en face.

— Avec les *autres* ?

— Nous faisons partie des *autres*.

— C'est idiot, cette histoire.

— Complètement idiot.

— Personne ne vous fera du mal ici.

— Qui sait ?

— On vous connaît.

— Oui... et nous non plus, on ne vous ferait pas de mal.

Un coup de klaxon. Le père s'impatientait.

— Adieu Marwan.

— Adieu ? Non, on pourra se retrouver, en ville, place des Martyrs. Entre nous, rien ne pourra changer.

— D'accord. Peut-être que nous reviendrons très vite. Là-bas, c'est pas possible. Des cousins nous hébergeront, mais ça ne peut pas s'éterniser.

Un second coup de klaxon. Georges sauta dans la benne :

— Tu diras au revoir à papa Abou de ma part !

— OK ! Salut !

— Salut !

Déjà la camionnette avait démarré pour disparaître au coin de la rue. Marwan se sentit vide, tout à coup. Il regarda autour de lui. Il ne reconnut pas son *en-bas*. Ou plutôt, cet *en-bas* ne lui plaisait plus. Il n'y trouvait plus rien de rassurant, plus rien de familier. Une fureur, une sorte d'orage monta en lui. Il aurait voulu tout casser. Hurler. Insulter les passants pour leur indifférence et leur lâcheté. Mais les rues étaient vides. Pas même une fille de la bande pour lui dire qu'elle était moche, histoire de se défouler. Simplement Chiyah et un ciel bleu. Chiyah sans Georges et le ciel où Allah avait perdu la raison. Marwan injuria son quartier et son Dieu, faute de mieux, faute de coupables ou faute de confident. Puis il éclata en sanglots.

Les miracles se produisent parfois. Derrière lui, une voix amicale murmura :

— Georges, c'était un brave gars.

Marwan, hébété, regarda Hani. Il aurait voulu crier :

— C'est à cause de toi qu'il est parti !

En réalité, Marwan hocha la tête et constata :
— Maintenant, à Chiyah, il ne me reste que toi.

*
**

— Une ou deux semaines plus tard, j'ai effectivement retrouvé Georges sur la place des Martyrs. Georges et les autres copains passés en face, du côté des chrétiens. A Chiyah, les combats se poursuivaient, mais avec des trêves. Au centre ville, c'était toujours la paix. Ça sentait l'été. Ça grouillait de monde : les grosses voitures klaxonnaient dans les embouteillages, les piétons se bousculaient dans les souks, sans jamais s'agresser. Tout le monde riait ou était détendu. C'était ça Beyrouth. On savait vivre. Les femmes se précipitaient au grand magasin Byblos, où elles trouvaient de tout. Pour nous, les gamins de la banlieue, la place des Martyrs c'était Babylone ! On s'y donnait rendez-vous et on y restait des heures, à discuter, à chahuter, à écouter du rock sur les juke-boxes des bistrots clinquants, à rêver devant les vitrines où s'entassaient comme à la casse montres japonaises, magnétophones, machines à calculer électroniques et autres gadgets, le tout sur fond de buildings blancs ou jaunes qui n'arrêtaient pas de pousser, transformant à nos yeux la vieille ville aux maisons basses en véritable New York. Nous étions émerveillés, fascinés. Et nous rêvions d'avoir un jour notre place, simplement notre place, une toute petite place, dans cette capitale occidentalisée aux cent banques, avec ses plaques de cuivre qui nous impressionnaient : *Trade, Travel, Import, Export* ! Ici, place des Martyrs, les vieux autobus gris déversaient tous les pauvres de la périphérie : *Terminus, tout le monde descend* ! Qui aurait pensé aller plus loin ? Nous étions arrivés à notre Terre promise, à notre Paradis. Ce n'était pas pour rien que les huit lignes de Beyrouth convergeaient ici. Et tant pis si la jeunesse dorée méprisait l'endroit, trop populaire, avec ses cinémas pornos, préférant les quartiers où nous n'osions même pas nous aventurer, tant les noms de Dior, Chanel, Vuitton, Cartier, tant l'habit rouge de l'aboyeur du Crazy Horse Saloon, symbolisaient un autre monde, inaccessible sinon interdit. Nous, place des Martyrs, que nous appelions aussi du vieux nom de place des Canons, nous avions notre Amérique. Chrétiens ou musulmans, peu importait. Nous étions entre nous, avions notre langage, avions nos goûts, nos idées, nos rêves et sans doute aussi nos frustrations, nos envies, nos jalousies dont nous ne parlions pas. Elles s'exprimeraient sans doute plus tard, dans la guerre, avec cette rage de tout détruire, manière de tout posséder. Mais elles ne se manifestaient pas là, pas ce jour-là. Au contraire, avec Georges retrouvé et avec les autres, nous avions l'impression de reconstruire Chiyah, de ressusciter l'esprit de notre quartier... loin des bombes et des plaies. Nous parlions des uns et des autres : papa Abou, Joseph, les jolies filles qui nous avaient été enlevées. Nous parlions de ce qui pouvait nous unir, pas nous séparer.

Marwan secoue la tête :

— Nous évitions l'essentiel, se souvient-il.

— L'essentiel ?

— Oui, les choses dont nous ne pouvions pas parler, qui n'étaient pas avouables.

Il se tait, comme si l'aveu restait impossible, onze ans plus tard. Il faut le forcer, le relancer :

— Quelles choses ?

— A Georges, je prétendais que je restais à la maison. Je lui disais qu'il n'y avait plus rien à faire à Chiyah. Le quartier était mort, désert, invivable... je m'ennuyais. Lui, répondait la même chose. La solitude et l'ennui. Je ne pouvais tout de même pas raconter les journées passées avec Hani, les heures à apprendre à tirer... quand les balles s'écrasaient, en face, à cent ou deux cents mètres. Les maisons que je visais, là-bas, que je criblais de balles, où se cristallisait petit à petit mais toujours inconsciemment, ma nouvelle haine, étaient semblables à la mienne. Je les voyais à l'œil nu. Je les connaissais. J'y avais joué. Elles étaient à portée de voix... ces satanées maisons où vivait précisément Georges. Comment dire une chose pareille ? Comment, les yeux dans les yeux, avouer cela à son meilleur ami ? Et comment l'expliquer ? Moi-même, je ne comprenais pas mon comportement. La situation était trop complexe. Alors, je me taisais. Je mentais à Georges et à moi-même : silence sur les journées entières passées dans les caves, dans nos caves, désormais occupées par des combattants

en treillis devenus nos professeurs. Silence sur les cours d'armement, toujours en cachette des parents, où des centaines, puis des
milliers de gamins apprenaient l'art de la guerre, où toute une
génération, encore dans l'enfance, se préparait au massacre, mais
ne le savait pas. Et ces gosses, qui aujourd'hui se battent à
Beyrouth les uns contre les autres, prenaient leur rôle très au
sérieux.

Marwan hausse les épaules. Il soupire : fatalisme, résignation,
tristesse, écœurement.

Il se rappelle :

— Un jour, j'ai voulu partir, quitter cette cave, oublier les
armes. J'ai proposé à mon voisin de me suivre, de nous éloigner
de cette mascarade avant qu'il ne soit trop tard pour nous. Mon
père avait raison, il ne fallait pas s'en mêler. Mais l'autre, le
gamin, m'a regardé sévèrement, presque méprisant. Il s'est
emporté et m'a accusé d'être un lâche, un traître, un fou... Il m'a
ressorti le discours des adultes, des Palestiniens qui nous enca-
draient. Nous devions nous préparer au pire, être prêts à défendre
nos familles, notre territoire. Nous n'avions pas le choix, répétait-
il.

Marwan est rempli d'amertume :

— Ce gars-là avait à peine treize ans ! Il me faisait la morale ! Il
me réprimandait, m'indiquait la voie à suivre ! J'eus honte de ma
réaction. Je me suis assis et j'ai écouté. Les instructeurs répétaient : *c'est eux ou vous*. Ça, nous l'avons compris très vite. Quand
on entend dix fois, vingt fois cette phrase dans la journée, on ne
voit plus les choses de la même manière. On est en alerte permanente. Il n'y a plus d'instant de sécurité et on commence à
détester les autres, en face, parce qu'ils rendent la vie impossible.
Il n'en fallait pas plus pour nous attirer tous les matins dans les
caves, où nous nous rendions comme autrefois au lycée. Nous
étions de bons élèves. Tous les enfants du quartier étaient présents. Tous étaient attentifs. Et, en quelques semaines, ils
connaissaient tous les noms et le mode d'emploi des fusils et des
mitraillettes disponibles sur le marché.

— Il y avait des cours politiques ?

— Pas au début. Les Palestiniens se considéraient comme des
militaires plutôt. Ensuite, Hani est venu nous parler de la situa-

tion. Il donnait des explications aux événements qui nous entouraient. Petit à petit, nous avions l'impression de comprendre. Il
nous disait : *vous voyez, les chrétiens s'en vont, ils se préparent à vous
tuer.*

— Sur la place des Martyrs, tu en parlais avec Georges ?

— Non, évidemment. Dans la cave de Chiyah, quand nous
étions entre nous, des dizaines de gamins musulmans face à des
adultes, des combattants en uniformes, les choses étaient éviden-
tes. Mais là, avec Georges, sur une place pleine de vie, c'était
différent...

— Ça ne te troublait pas, ce décalage ?

— Si, bien sûr. Et je voyais que Georges était également mal à
l'aise. Alors un jour, on s'est tout avoué...

Marwan sourit :

— Honteux, j'ai raconté à Georges que je m'entraînais à tirer.
Il s'est fâché : *tu tires sur nous ?* Je n'étais pas fier : oui, je tirais sur
eux. Sans viser, sans penser à mal... mais je tirais sur leurs
maisons. Je crus que Georges allait me sauter dessus, me casser la
figure ou s'en aller à tout jamais en me traitant de salaud. Mais
non ! Son visage était triste, honteux comme le mien. En baissant
les yeux, il m'annonça à son tour que, lui aussi, nous tirait
dessus ! Nous sommes restés là, comme deux idiots, à ne plus
savoir que faire ni que dire. Nous étions deux amis. Nous avions
toujours été ensemble. Deux frères. Nous nous aimions. Nous
nous manquions l'un l'autre. De ce côté-là, rien n'avait changé...
mais, depuis deux semaines, nous nous tirions dessus.

Marwan constate sans autre commentaire :

— Nous ne pouvions pas faire autrement.

Onze ans de guerre ne lui ont pas apporté d'explications. Ni
jugement ni conclusion. Peut-être qu'assommé par l'incohé-
rence de la situation, il n'a jamais repris ses esprits. Ou, emporté
par l'action, il n'a jamais eu le temps de réfléchir. Enrôlé dans un
camp, parce qu'il n'y avait pas d'alternative, il a été un véritable
otage. Georges, en face, vivait le même dilemme, suivait le même
mouvement. Raconter l'itinéraire de Marwan, le musulman, ou
de Georges, le chrétien, eût été exactement pareil. Un même

cœur et une même tête. Une brisure, et l'ouragan qui les emporte...

— Je savais que les chrétiens n'étaient pas plus mauvais que moi, dit Marwan. Et Georges nous connaissait lui aussi. Mais nous faisions un constat : impossible de rester en dehors, impossible de se laisser massacrer. Nous nous sommes même dit, sans haine, que si nous nous trouvions un jour face à face, au combat, nous nous tirerions dessus. Oui, nous nous sommes dit cela avec Georges. Sur la place des Martyrs. C'est terrible d'arriver à de telles situations. Nous n'étions responsables de rien. Nous n'avions pas de raison de nous battre. Pourtant, nous acceptions l'idée de nous tuer mutuellement, presque gratuitement... parce que c'était ainsi, seulement ainsi. Chacun d'entre nous vivait le même drame. Et chacun le vivra, minute après minute, pendant dix ans, pendant vingt ans. J'ai toujours eu cette hantise : me trouver, effectivement, face à Georges, l'arme à la main. Quand je tire, là, sur cette maison si proche que je connais bien, je prie pour que Georges ne soit pas dedans. Je ne me pardonnerais jamais sa mort. Je sais qu'il vit avec la même obsession.

Encore un soupir, encore un haussement d'épaules :

— C'est cela, la guerre civile. Quelque chose d'horrible. Par définition, on s'entre-tue. On s'étripe entre amis, entre parents, entre frères. On se fait mal à soi-même. L'homme sur qui on tire, on le connaît. On a partagé sa vie. On a peut-être aimé sa fille. On était au lycée avec son fils... et, enfant, il nous a pris sur ses genoux. Alors, pour oublier, pour trouver une raison de haïr, un sens ou une excuse à ses actes, il faut pousser plus loin, continuer, s'inventer une rage à tout détruire, tout anéantir pour qu'il n'y ait plus de mémoire, plus de témoin, plus d'yeux pour vous regarder, pour vous rappeler vos actes... des actes dont on ne peut pas être fier.

— Qu'est devenu Georges ?

— Après cet aveu réciproque, il était impossible de continuer à nous voir. Je suis retourné à Chiyah, secteur musulman, et lui est rentré dans son quartier chrétien, juste en face, à deux pas. Trop loin pour distinguer son visage, trop près pour ne pas entendre sa voix. Cette silhouette, là-bas, avec une arme, est-ce Georges ? Je l'ignore. Mais les soirs de cessez-le-feu, cet appel, quand on crie mon nom (« Marwan, tu es là ? Comment vas-tu ? »), je sais que c'est lui, Georges, mon copain. La guerre pourra durer quinze ans, vingt ans, il m'appellera toujours, comme nous nous interpellons tous, d'un camp à l'autre, pour parler, sans nous voir, du passé. Quand on ne criera plus mon nom, les nuits de paix, c'est que Georges aura été tué.

Je crois bien que Marwan, malgré ses yeux absents, pourrait pleurer. Il me dit, comme inquiet ou à regret :

— C'est terrible, mais les jeunes qui se battent aujourd'hui à Beyrouth ne s'appellent plus. Ils ne se connaissent pas. Ils n'ont jamais joué, jamais parlé ensemble. Ils ne se sont jamais vus. Ce n'est plus une guerre civile. C'est une guerre entre deux peuples, différents, étrangers. Il y a une frontière entre eux, et aucune raison de s'aimer.

— Quand tu as quitté Georges, place des Martyrs, que s'est-il passé ?

— Je ne voulais pas de la guerre. Mais je ne voulais pas, non plus, être marginalisé. Je n'avais pas le choix : je suis retourné dans les caves, là où les Palestiniens nous apprenaient les armes, là où ils nous suggéraient une interprétation du monde. Au début, il y avait des mots : *bourgeoisie, maronite, impérialisme.* Puis des phrases : *vous êtes l'avenir du pays, vous porterez les armes de la libération.* Puis des slogans : *nous ne voulons pas la guerre, mais nous nous battrons jusqu'à la victoire.* Ou encore : *les chrétiens et les maronites veulent accaparer le pouvoir. Si vous ne réagissez pas, vous finirez comme des nègres dans votre propre pays !*

Cette fois, Marwan rit vraiment :

— En face, ils devaient dire à peu près la même chose ! *Les Palestiniens veulent nous voler notre terre, les musulmans veulent nous chasser de notre pays et s'approprier le pouvoir, ou nous égorger.* On nous parlait de libération, d'émancipation. A Georges, on devait dire quelque chose comme : « *Dieu, la patrie et la famille.* »

— Ce discours te paraissait vrai ?

— Au bout du compte, oui. De jour en jour, j'assimilais aux propos des Palestiniens des faits, des événements que je vivais. En face, Georges devait adhérer aux théories de ses instructeurs, les Phalangistes, dans des caves qui ne devaient pas être très différentes des nôtres.

Le visage de Marwan s'illumine. Il me prend à témoin :

— Ecoute-moi bien, lance-t-il. Quand une balle te passe au-dessus de la tête, que tu l'entends siffler et qu'elle s'écrase dans le mur, là, juste devant toi, à ce moment-là tu te dis : c'est vrai, les salauds d'en face veulent me tuer !

5

TUER

Après, les choses sont allées très vite. Les amarres de l'enfance étaient levées. Et vogue Marwan vers son destin ! Et voguez jeunes gens du Liban ! Plus rien ne pouvait les arrêter. Ils étaient entraînés, emportés. Ils se sentaient encadrés, appartenaient à un groupe. On les prenait en charge. Plus besoin de penser et plus de responsabilités individuelles. Deux mois de guerre déjà ! Ils se sentaient des hommes. On leur avait offert des uniformes, ou plutôt des tenues de combat : pantalon et veste kaki, rangers noirs aux pieds, ceinturon et poignard en bandoulière. Surtout, on leur avait confié une arme. Pour Marwan, c'était un Kalachnikov. Merci du peu ! C'était vrai : le nom russe chantait à l'oreille, comme quand on armait un fusil. Plus question d'été, de mer et de vacances : le monde s'était refermé. La guerre ! Chacun sur son territoire, bien délimité. Chacun à son poste. Avec cet uniforme, avec ce Kalachnikov — comme d'autres se voient offrir un cyclomoteur — Marwan se croyait investi d'une mission. Dans la société de Chiyah, il avait un rôle. C'était forcément le bon rôle et la noble mission. Défenseur de son *en-bas*, devenu sa patrie, protecteur de *maman poule*, devenue la mère, tuteur de ses frères, devenus la communauté. Milicien, en un mot. Le plus beau des mots. Pensez ! Il y a une semaine il jouait encore aux billes, entre deux cours clandestins de géopolitique. Le voilà à présent combattant, chargeur rempli, avec consigne d'économiser les balles mais avec la devise :

« Chaque balle est destinée à tuer. »

Ce genre de leçon reste gravé dans les esprits.

Oubliez Marwan, le gentil garçon. Lui-même ne voulait plus se souvenir. Pas question de s'attendrir. Un habit, un fusil, ça métamorphose son monde, en tout lieu et en tout temps.

— J'étais fier, avoue Marwan. J'étais persuadé que tout le monde m'aimait, me remerciait. Je me suis précipité à la maison. Je voulais vite leur montrer mon uniforme et mon Kalach. Immédiatement après la distribution des armes, tous les gamins présents ont giclé, comme moi. J'ai frappé à la porte, essoufflé, impatient. Ma mère a ouvert. Elle m'a vu, m'a regardé et est restée pétrifiée. Ses yeux allaient de bas en haut. Elle n'y croyait pas. Moi, j'étais là, avec un grand sourire, comme au garde-à-vous, à me laisser admirer. Derrière, mes sœurs et mon frère étaient complètement ahuris. Eux non plus n'en croyaient pas leurs yeux.

Marwan, au comble du bonheur, leur a dit :

— Oui, c'est bien moi, Marwan !

Un cri de joie.

Maman poule n'était toujours pas convaincue. Elle voulait des preuves. Elle demanda à Marwan de soulever ses longs cheveux noirs. Il obéit, découvrant son beau visage d'adolescent, ce visage d'enfant innocent que *maman poule* ne pouvait pas aborder sans être bouleversée. Marwan le savait. Il en joua, riant aux éclats, tendant ce visage tant aimé, et répétant :

— Marwan ! Oui, c'est bien ton Marwan ! Tu te rends compte ?

Elle se rendit compte. Et, avec fureur, elle gifla son fils. Lui ne comprit pas :

— Pourquoi ?

Il se tenait la joue, plus étonné qu'humilié.

— Pourquoi ? répéta-t-il encore.

La mère était triste, ou plutôt sévère. L'expression inquiéta Marwan. Les yeux disaient un message que l'adolescent ne parvenait pas à décrypter. Ils se regardèrent, incapables de parler, de se comprendre, d'aller l'un vers l'autre. Ils étaient comme deux étrangers. L'uniforme, l'arme avaient-ils une telle importance pour *maman poule* ? Au point de ne plus reconnaître, de ne plus accepter et peut-être de ne plus aimer son fils ?

— Non, bien sûr, répondit-elle. Je t'aimerai toujours. Tu seras toujours mon enfant.

Elle était belle, elle était émouvante, *maman poule* contenant ses pleurs, avec ses yeux de détresse et de tendresse. Avec sa façon de dire à la fois *va-t'en* et *viens dans mes bras*. Marwan réalisa que la guerre n'était pas aussi simple qu'il le pensait. Derrière le jeu, il y avait aussi le drame. Pas seulement la mort : la tragédie au quotidien, les cœurs qui ont mal, les douleurs et les silences. A cet instant, troublé, désorienté, il aurait pu retirer l'habit militaire et poser le fusil. Ce n'était pas des obligations. Plus que les tués ou les blessés de ces temps derniers, plus que les immeubles calcinés, plus que les avertissements du père, le regard de panique et de reproche de *maman poule* disait tout le malheur de la guerre.

— C'est vrai, à ce moment-là, dans un éclair de lucidité, j'ai failli tout plaquer, affirme-t-il. Mais pourquoi a-t-il fallu que ma mère fonde en larmes, se jette à mes pieds, m'embrasse... comme si déjà elle me pardonnait, comme si elle m'acceptait ainsi. Après, malgré l'émotion, malgré ses supplications pour que je rende le fusil, je n'avais plus qu'à entrer. Je conservais ma place à la maison. Simplement, je glissai le Kalachnikov sous le canapé. Une façon de nous mentir, de nier ce qui nous attendait, un alibi pour un amour inchangé... la guerre avait bel et bien forcé notre porte. Et tout le monde l'acceptait. Il y aurait une sorte de complicité entre nous tous. Quand j'irais au combat, ma mère ne pourrait s'empêcher de penser, comme moi : c'est Marwan ou l'autre. Elle ne pouvait qu'espérer la mort de l'autre, et me pardonner mes meurtres.

J'interromps Marwan :
— Présentées ainsi, les choses paraissent simples.
Il me corrige :
— C'est ainsi que tout arrive. C'est ainsi que l'on avance, pas à pas, et que l'on bascule jusqu'à un point irréversible. Après, tout s'enchaîne et tout paraît naturel. L'impossible, l'incroyable arrivent. Quelques minutes, quelques secondes... et tout est digéré. Nous avons une capacité insoupçonnée à encaisser le choc, à surmonter nos horreurs, à...

Marwan se tait.

Il m'a habitué à ces hésitations. Il faut forcer l'aveu, solliciter la confidence, aider les mots. Compréhensible : combien de témoins, d'acteurs directement impliqués dans la tuerie, une tuerie en direct, en cours, ont-ils accepté de se confier ? Combien ont-ils, en pleine action et même après l'action, éprouvé le besoin de raconter ? A moins qu'il ne s'agisse de courage ? Les silences, ou les pudeurs de Marwan, j'ai bien été obligé de les respecter. Cette fois, pourtant, il s'agit d'autre chose. Je le ressens. C'est un refus. Refus de parler, d'aller plus loin. Malaise. Depuis plusieurs jours, à heure fixe, comme des fonctionnaires pointilleux, nous nous retrouvons là, face à face, dans une pièce nue. Isolés du monde. Nous cachant, puisqu'il y a plus de risques pour Marwan à se confier que pour moi à exercer mon métier. Et pendant des heures, de la même voix neutre, il se confesse. Sobriété de parole et de gestes. J'écoute, pervers attentif. Et je note. Je relance l'interrogatoire. Je revendique une précision, une information, une sensation. Marwan accepte. Il se libère sans doute. Huis clos. Obsédant. Des heures à parler ainsi, à reconstituer des situations mais surtout des réactions, des comportements, ce que Marwan a du mal à comprendre. Les sentiments, la sensibilité ? Il ne connaît plus vraiment ces mots. C'est pourtant cela que je traque : l'homme, pas la machine à tuer. L'homme devant la mort, devant la victime, devant la barbarie...

Quand la nuit arrive, il faut bien refermer le cahier où s'accumulent les notes. La main est engourdie, à force d'écrire. Marwan, l'esprit de Marwan, est épuisé. Il me le dit : *je n'étais plus habitué à parler ainsi, ni à m'interroger, et encore moins à répondre de mes actes.* Une poignée de main, sans chaleur particulière. Il se méfie de moi. Il suspecte ma curiosité. Je n'arrive pas à trouver le tueur sympathique. A la différence du lecteur, j'ai connu le combattant avant le lycéen. Plus : je crois que compassion, bienveillance, affinité ou simple pitié seraient nuisibles. Marwan doit se livrer tel qu'il est. Nulle connivence. Alors, aujourd'hui, il s'arrête. Plus un mot. Refus de m'alimenter. La feuille reste blanche. Il me demande simplement :

— Combien de pages de notes ?

Je compte :

— Trente.
— Trente !
Le chiffre l'impressionne. Il a trop parlé. A quoi bon ? Et qui suis-je réellement ? A·quel titre je fouille sa vie ? De quel droit je me permettrais de juger ?
— Je ne juge pas, Marwan.
Le témoin calme, précis, se tend, bête traquée. Non, il ne veut plus parler. Tout cela lui appartient. Ce n'est ni à moi, ni à vous. Impossible d'en sortir. Je comprends que tout s'écroule. Marwan m'échappe, me glisse entre les doigts. Je ne saurai pas la vérité. Nous nous observons. Le fil qui nous relie est mince.
Je lui propose :
— Arrêtons là pour aujourd'hui. Fais le point. Si tu veux continuer, rendez-vous ici, demain, comme d'habitude. Je t'attendrai. A toi de décider, je le sais. Et je serai là après-demain, et mercredi, et jeudi... toute la semaine. Ça vaut la peine. Personne n'a jamais raconté les choses comme cela. Marwan, ne renonce pas. Les gens ont besoin de savoir.

Il s'est levé. L'air las. Dans son imperméable trop large, il a quitté la pièce de ses aveux à peine esquissés. Il a disparu, me laissant seul, comme trahi, avec mes notes, un début de vie. Comme si une balle l'avait tué, trop tôt. Je restai là plusieurs heures, à relire le récit de Marwan. Là, impuissant et désespéré. Je n'ai pas trouvé les mots pour le convaincre de l'intérêt de son témoignage. Là, à vouloir connaître la suite. A soupçonner la richesse du non-dit.
Combien d'épopées, combien d'histoires n'ont jamais été racontées pour cause de défection en cours de confidences ? Toute une mémoire effacée. Il est difficile pour l'individu, eût-il atteint la plus profonde déchéance, de se présenter en habit de salaud face au jugement collectif, ou plus simplement tel quel, sans artifice et sans légende.

Le lendemain, Marwan n'est pas venu. Pas plus que le surlendemain. Je devais me résigner : les notes resteraient là, dans un tiroir de l'inutile. Je ne saurais pas, je ne comprendrais pas. Nulle réponse à mes questions. Je savais que je ne retrouverais pas

Marwan de moi-même. Il était reparti à ce qu'il disait être son destin. On l'en avait convaincu. Pourquoi serait-il repassé par cette pièce où il avait trop parlé ?

La réponse, contre toute attente, m'arriva par la poste. La lettre était écrite en arabe, à la main, en jolis caractères réguliers et fins. Ne me dites pas qu'un graphologue aurait débusqué un tueur derrière d'aussi parfaits caractères. Je trouvai un traducteur qui me lut ceci :

« *Tu me poses toujours la question de savoir ce que je ressens au moment des actes. Au début, je ne comprenais pas ce que tu voulais dire. Dans le feu de l'action, on ne s'interroge pas. Après, on ne cherche pas à savoir. Je ne voyais pas l'intérêt de tes questions. Ça m'a intrigué. La guerre a fait naître en moi une phobie des autres. Je pense, a priori, qu'ils me veulent du mal. L'autre, c'est l'ennemi. L'autre ment, cherche à m'abattre, à me tromper. Je me méfie de tous, sauf des amis d'autre-fois. Mais ceux-là sont en face, de l'autre côté. Quel paradoxe !*

Les yeux m'obsèdent. Ils m'effrayent. Pas ceux, figés, des morts. Ceux des vivants. Ils veulent me tuer. Seule mon arme me protège. La guerre a fait de moi un être fragile, vulnérable. Sans mon fusil, je ne suis rien. La vie n'a pas eu le temps de m'apprendre une autre défense. Mains nues, je suis sans protection. Voilà pourquoi, l'autre jour, je suis parti. Tes interrogations étaient comme les balles d'un franc-tireur. Tu m'as attiré dans un piège. J'ai marché sans prendre garde, jusqu'au moment où tu allais tirer. Je savais que le danger existait. Mais c'est en face que l'on réalise. J'arrivais à l'aveu de mon premier crime. Je me suis arrêté net. Je flairais le guet-apens. Qu'avais-je à gagner ? Alors, je me suis dérobé.

Puis j'ai réfléchi. Ces discussions m'y ont incité. Mon histoire peut arriver à n'importe qui, n'importe où. C'est pour cela que je ne me sens pas coupable. Dans ma vie, je n'ai rien fait de mal. Le responsable, c'est la guerre. Quand un gamin comme celui que j'étais veut s'approcher des combats, je ne joue pas à Hani. Je l'éloigne au contraire. S'il insiste, je sais qu'il est déjà trop tard pour lui. Je le prends et je lui enseigne les armes. Il ne faut pas laisser les gens sans défense. La guerre, c'est forcément tuer ou être tué. Moi, je n'ai pas eu la chance de trouver quelqu'un pour me dissuader. On m'a manipulé, dix fois, vingt fois. On s'est servi de moi comme de toute une génération. Hélas ! Ces choses-là, on ne les comprend que trop tard. Ou on refuse de se les avouer : ce serait admettre une vie gâchée, ce serait reconnaître le sacrifice inutile de trop d'amis. Alors, on se bat dix ans avant de perdre la foi. Aujourd'hui, à Beyrouth, les hommes de mon âge (vingt-six ans, ce n'est pas si vieux !) savent. Ils n'y croient plus. Ils n'ont plus d'idéal, plus vraiment de raisons de se battre. Même nos chefs doutent. Ils disent que ça ne peut pas durer. On ne peut pas continuer à s'entretuer ainsi, sans réellement savoir pourquoi, sans espoir, sans solution en vue. Mais il y a la relève. Les adolescents dont je t'ai parlé : dix, quinze ans aujourd'hui. Ils sont nés dans la guerre, ils n'ont connu qu'elle. C'est leur normalité, leur quotidien, leur ordinaire. Ils avaient les bombes en guise de berceuse, les ruines comme terrain de jeux. Onze ans : ils sont en droit de réclamer un Kalachnikov ! Leur hantise, à eux, c'est le silence. La paix, et ils sont oppressés, ils ont l'impression que quelque chose de mauvais se prépare. Ils ne sauraient pas vivre sans un environnement de combats, sans les chars, sans les miliciens armés, sans les sacs de sable empilés devant les magasins ou sur leurs balcons. Ils auraient le sentiment d'être tout nus, à découvert, sans riposte possible devant l'imminence d'un danger. Pour que ceux-là comprennent l'absurdité, pour qu'ils s'interrogent ou se lassent, il faudra peut-être dix ans encore. Voilà à quoi j'ai pensé ces jours-ci. Et voilà pourquoi j'ai décidé de revenir, de continuer à parler, à raconter ce qui m'est arrivé, comment tout cela a été possible. Ce n'est pas le remords d'avoir tué. J'ignore ce sentiment. Mais si, en me livrant, je suis utile ne serait-ce qu'à une personne, qu'à un gamin, au Liban ou ailleurs, si les gens découvrent comment fonctionnent les hommes et les choses, je crois que cela vaut bien l'aveu d'un meurtre de toute façon impuni. Car nous en étions restés là, n'est-ce pas ? Au premier homme que j'ai tué. »

La lettre a précédé Marwan d'un jour. Le lendemain, il était là, à nouveau. Inchangé : même détachement apparent, même sérénité, même sobriété dans les propos. Pas d'allusion à sa fugue, pas d'autre justification à son retour. Il a retrouvé sa place, s'est calé sur la chaise en face du bureau, mains dans les poches. Avec le même regard noir, sans expression, posé sur moi. Une sorte de caméra qui voit les choses, qui les enregistre comme des informations, sans interpréter. Insondable Marwan.

Sur mon cahier, à nouveau ouvert, une phrase affreusement griffonnée était en suspens :

« Nous avons une capacité insoupçonnée à encaisser le choc, à surmonter nos horreurs, à... »

Marwan compléta :

— Une capacité incroyable à nous pardonner nos propres crimes, à les expliquer ou les sublimer, pourvu que nous restions en vie. Le criminel de guerre a rarement mauvaise conscience. Il défend la bonne cause, il est « couvert », il bénéficie d'une immunité. Vingt ans, quarante ans après, interrogez-le sur ses horreurs, il vous dira que si c'était à refaire, il le referait. Cela ne signifie pas qu'il est fier de ses actes. Simplement, contrairement à vous, il les a vécus. Il sait qu'il n'y avait pas d'alternative. Il était pris dans un système ou un engrenage.

L'enchaînement parfait du discours, interrompu plusieurs jours durant, me stupéfia. Marwan savait exactement où il s'était tu. A présent, il poursuivait le récit plus qu'il ne le reprenait, comme s'il n'avait jamais quitté cette pièce. Son attitude, son mode de fonctionnement, me fascina et me glaça à la fois. En toutes circonstances, Marwan était un guerrier : il suspendait net son propos et le relançait, au milieu d'une phrase, comme il cessait puis ouvrait le feu. Dans tous les cas, l'inutile était banni. Il ne se laissait duper ni par l'ennemi ni par l'interlocuteur. Les munitions devaient toujours être de son côté, quitte à décrocher, à se replier en cas de difficulté, pour mieux repartir à l'assaut.

Là, il avait repris les choses en mains. Et il me raconta sa première victime. Comme ça, froidement. Façon de dire :

— Tu veux savoir ? Eh bien voilà !

Façon de nous présenter le cadavre, de nous plonger dans la réalité, de forcer notre tranquillité, de nous impliquer, nous, les privilégiés de la paix et de la bonne conscience.

*
**

« C'était un soir à la fin juin. Après de violents combats, la situation s'apaisait. Tout le monde faisait semblant d'y croire. On parlait de trêve, on prétendait que les états-majors se rencontraient. On voulait un été tranquille. Moi, je commençais à penser aux vacances. Pas question de quitter le Liban, évidemment. Nous n'en avions pas les moyens. Mais, avec les copains, avec Georges peut-être retrouvé, nous irions à la plage, en bas, dans le quartier Saint-Michel. Nous y passerions nos journées à chahuter, à plonger dans la mer, à rire avec les filles en bikini. Il faudrait aussi que je rende visite à papa Abou. Je ne l'avais pas vu depuis longtemps. Sa maison me manquait et je ne savais pas comment il avait vécu les événements, ce qu'il en pensait. Lui saurait m'expliquer clairement les choses.

Ahmad, un gamin de l'immeuble, est venu me chercher. Il s'ennuyait. Lui aussi avait suivi les cours, dans la cave. Lui aussi portait un habit kaki. Lui aussi avait une arme qu'il glissait, la nuit, sous son lit. C'était un fusil d'assaut américain, un M-16, frère ennemi du Kalachnikov, utilisé au Vietnam et qui équipait une bonne cinquantaine d'armées dans le monde : Etats-Unis, Grande-Bretagne, Brésil, Israël, Australie, Chili, Nicaragua, Philippines, forces de l'Otan... Les Palestiniens, alimentés par cargos entiers d'armements légers et lourds au port de Tyr, ne dédaignaient pas non plus le M-16.

Ahmad me proposa de monter sur le toit pour essayer son fusil. Je l'ai suivi, évidemment. Je me souviens encore du ciel, magnifique : noir du côté des montagnes où scintillaient des dizaines de lumières, et rouge vers la mer, en feu, avec une traînée aveuglante, blanche, à la limite de l'horizon. Ce n'est pas pour rien qu'on appelait le Liban *la perle du Moyen-Orient*, une expression familière de papa Abou.

Sur la terrasse de l'immeuble, avec Ahmad, nous avons parlé du M-16, calibre 5,56 mm, comme nous aurions discuté, en temps de paix, de la Honda 1000 ou de la Yamaha 500. Ahmad regrettait le calibre de son fusil, trop petit à son goût : ça limitait les performances, en l'occurrence la perforation. Au premier coup, me dit-il, on blesse. Ce n'est qu'au deuxième que l'on tue. Les fusils russes, eux, sont plus efficaces. Et puis, autre inconvénient du M-16, il s'encrasse facilement, à la poussière et à la boue. Dommage, car c'est une belle bête.

Je pris l'arme en mains. Elle était légère et maniable. Au moins un kilo de moins que le Kalach. Son équilibrage était parfait. Dans la rue, j'avais vu des combattants tirer en automatique, d'une seule main tendue, sans prendre aucun appui contre l'épaule. C'était très impressionnant, surtout pour moi qui avais toujours peur du recul.

Ahmad sortit une poignée de balles de la poche de son treillis, des 223 Remington. Une à une, il les introduisit dans le chargeur qui pouvait en contenir vingt.

— Vas-y, entraîne-toi, m'autorisa-t-il.

Il me dit que le M-16 était précis jusqu'à 300 mètres. Après, c'était plus aléatoire.

— Si tu descends un mec à 400 mètres avec ça, c'est un coup de pot.

Tout à coup, il hurla :

— Regarde, là-bas, dans l'arbre, il y a quelqu'un !

Il était tout excité, Ahmad. Il m'ordonna :

— Tire !

— Pourquoi ?

— C'est le moment d'essayer ! Tire !

Je n'en voyais pas l'utilité. Je n'avais jamais visé personne et encore moins tué. J'étais venu ici pour passer le temps, en testant un fusil que je ne connaissais pas, mais dans le vide, sur une façade éventuellement, pas sur un homme. La guerre avait beau m'entourer depuis deux mois, je ne m'y étais toujours pas impliqué. Je n'avais pas envie de mettre, ce soir, le feu aux poudres alors que certains annonçaient une trêve prochaine.

— Tu as peur ou quoi ? interrogea Ahmad.

— Non.

— Alors, tire, idiot. Ce type est armé !

Je regardai attentivement l'homme, dans l'arbre. C'était vrai, il avait un fusil, lui aussi. Il n'était pas innocent. Rien à voir avec *mama-Joseph*, descendue presque au même endroit. Elle n'avait que ses mains nues et son trop-plein d'années. Lui, l'autre, l'inconnu, au contraire, était un combattant. Sans doute un de ces tireurs embusqués qui, depuis des semaines, nous tiraient dessus, semaient la mort et la panique, entretenaient un état permanent d'insécurité et de peur. C'était donc de là que partaient les balles. C'était donc cela un franc-tireur. Celui qui me visait quand je traversais la rue pour aller à la boulangerie. Cet homme-là, ce chrétien-là (le mot était venu tout seul), serait peut-être le meurtrier de ma mère, l'assassin de papa Abou. Il en voulait au peuple musulman de Chiyah. Il nous attaquait, nous devions nous défendre. Les paroles d'Hani étaient présentes à l'esprit. Tout s'ordonna très vite dans ma tête : les mots, les phrases, les gestes à accomplir. Un enchaînement logique : *lui ou moi, défendre ma mère, pas le choix, une hésitation et c'est la mort, tirer, il faut tirer.* J'étais arrivé à la dernière phase de la procédure engagée des semaines auparavant. Tous les combattants du monde en sont là : à la réflexion, substituer l'automatisme du tir.

Et j'ai tiré. Trois fois. Au coup par coup. Avec méthode. Avec précision. Avec calme.

— Tu l'as eu ! s'est écrié Ahmad.

Il exultait, bras levés en signe de victoire, comme pour un but marqué :

— Tu l'as eu ! Tu l'as eu !

— Qu'est-ce que tu dis ?

— Tu l'as tué !

— Tué ?

— Oui, descendu. Regarde : il est tombé comme une vieille pomme, ce con.

Je vis le corps de l'homme, ou du chrétien, ou du milicien, je ne savais plus, dans une mare de sang. Je l'avais tué ? Moi, Marwan, le gamin de Chiyah ! Je n'y croyais pas. Je regardai le fusil et je prétendis :

— Non, ce n'est pas moi. Je n'ai rien fait. J'ai tiré dans l'arbre, c'est tout. Lui, il est tombé tout seul. C'est de sa faute...

— Qu'est-ce que tu racontes ? Qu'est-ce qui te prend ? s'inquiéta Ahmad.

— Ce n'est pas moi qui l'ai tué. Tiens, reprends ton flingue et bye !

Je suis rentré chez moi, je me suis allongé sur le lit et j'ai réfléchi à ce qui était arrivé, une fois de plus, sur le toit de *maman poule.* Assez vite, je parvins à deux conclusions. D'abord, tuer n'était pas très difficile. Ce n'était même pas terrible. Je n'établissais pas la relation entre mon geste, petit geste dérisoire du doigt pour appuyer sur la gâchette, et la mort de l'autre, en face. Je m'étais contenté de tirer un coup de feu. Lui s'était contenté de tomber. Je n'avais rien vu. Cette mort, malgré le cadavre, restait

abstraite et sans visage, sans nom. J'avais déjà ressenti cela en
voyant des corps, dans la rue : le mort n'émeut personne. On
s'apitoie sur le blessé, parce qu'il souffre, parce qu'il a un regard.
Mais pas sur le défunt, qui est presque un bienheureux et qui, de
toute façon, est hors course. Ce soir, avec mon premier tué, c'était
la même chose. La compassion, le remords m'avaient à peine
effleuré. Ce fut ma première conclusion.

La seconde me tourmentait autrement. Elle m'empêcha de
dormir. Elle me concernait directement, bien qu'elle ait eu quelque chose de puéril. J'avais peur de demain : n'allait-on pas venir
me chercher ? N'allait-on pas se venger ou me punir pour ce
crime ? Je redoutais aussi le bavardage d'Ahmad : si cela arrivait
jusqu'aux oreilles de *maman poule* et de papa Abou ? Que se
passerait-il ? Que me diraient-ils ? Que me feraient-ils ? Cette
nuit-là, je découvris la grande obsession de la guerre : elle ne
concerne pas les autres mais soi-même. Elle explique tout : notre
comportement, nos forfaits, nos déviations, notre évolution.
Nous ne pensons qu'à notre peau. Nous en sortir, un point c'est
tout. Nous ne pleurons que pour nous-même. Nous ne respec-
tons que nous-même. Seule notre vie a un prix. C'est tellement
humain et peut-être même intelligent : pourquoi le gars d'en
face aurait-il plus d'importance que moi ? Devrais-je échanger
ma vie contre la sienne ? Me sacrifier, moi, plutôt que lui ? Au
fond, le meilleur des deux, le plus digne d'intérêt, celui dont la
mère avait le plus besoin, c'était peut-être moi. Il n'y avait donc
pas de regrets à avoir tiré le premier, à en être sorti gagnant. Je ne
versais pas de larmes sur l'inconnu, le combattant que j'avais tué.
Non, je songeais plutôt à ne pas être pris à mon tour, à ne pas
payer pour cette mort sans importance. Je voulais échapper à
tout jugement, à toutes recherches. Rien de plus. Pour cela, je ne
pouvais compter que sur une seule personne à Chiyah : Hani.

*
**

— Tu dis des conneries.
Avec ses formules, à l'emporte-pièce, Hani balayait toutes les

objections, toutes les appréhensions de l'adolescent-assassin qu'il avait absous, d'emblée.

Il expliqua à Marwan :

— A ton avis, ce gars, dans l'arbre, il cueillait des pommes ?

— Non.

— Alors ? Que faisait-il ? Il voulait te descendre, toi ou un autre, toi ou un des nôtres. Tu as tiré. Tu n'as fait que ton devoir. Il faut se défendre, il faut réagir... et puis, après deux mois de guerre, il serait temps de devenir adulte, de regarder et de comprendre ce qui se passe autour de toi. Désormais, tu es impliqué, tu es partie prenante. Je t'avais prévenu : impossible de rester en dehors. Tout le monde est dans le coup, c'est une question de vie ou de mort.

Hani parla des centaines de tués, du pays déchiré, qui se coupait en deux, des armes arrivant par cargos entiers, au port de Tyr, de tous les points du monde : des tonnes et des tonnes de fusils, de grenades, de munitions de tous calibres, de canons...

— Ton mort ? Laisse-moi rire ! Il y en aura d'autres. *Tu* en auras d'autres. Le jugement ? Il n'y a plus de tribunal, plus d'Etat, plus de loi. Il n'y a que le jugement populaire, et il t'approuve. La vengeance ? Qui va te punir ? Qui va venir te chercher ? Ici, nous sommes chez nous. Seuls maîtres à bord. Plus de police, plus d'armée : la moitié des soldats réguliers a déserté. Ils étaient 18.000, ils restent 9.000, sans entraînement, sans chefs, sans convictions, avec rien à défendre. Les autres ont rejoint la milice de leur confession. Quinze milices ! Tu te rends compte ? Plus de 15.000 hommes armés. Et nous, nous sommes une véritable armée : 20.000 combattants suréquipés, surentraînés, animés d'une foi inébranlable car nous avons raison, nous nous battons pour la juste cause. Peur ? Tu as peur ? Mais de quoi ? Nous avons des centaines de milliers de fusils, de mitrailleuses, de lance-grenades, de roquettes. Nous avons une artillerie, des rampes antiaériennes monotubes, bitubes, quadritubes, des missiles Sam-7 et Sam-9. Que sais-je encore : tout ce que le monde peut compter d'équipement militaire ultra-sophistiqué. Et nous savons nous en servir. Tout cela est protégé, enfoui sous terre, dans des kilomètres et des kilomètres de galeries où nous pourrions tenir des mois.

Hani s'interrompit. Sur le ton du découragement, il mit en garde Marwan :

— Si tu ne prends pas en mains ton destin, tu es fini. Un homme mort et sans honneur. Que serions-nous, les Palestiniens, si nous n'avions réagi ? Rayés de la carte et des mémoires, écrasés, massacrés... Depuis 48, nous nous battons pour retrouver notre terre. Nous n'avons plus rien. On nous a spoliés. Rien à perdre, tout à gagner. Et quel avenir pour les 350.000 Palestiniens, hommes, femmes, vieillards, enfants, réfugiés au Liban, si nous ne nous battons pas, armes à la main ? Et quel espoir pour tous nos frères éparpillés aux quatre coins du monde ? Si tu n'y prends garde, demain, le Palestinien, ce sera toi. Israël est l'ennemi des Arabes. Israël a besoin d'expansion. Israël veut notre mort à tous, et notre terre. Israël arme les chrétiens du Liban pour réaliser ce grand rêve. Attention, Marwan, c'est Chiyah qu'ils veulent te prendre. Tu dois défendre ton Chiyah, comme ta mère, comme tes sœurs. Défends ton quartier ! Défends ta maison ! Défends ton identité, Marwan. Arrête de pleurnicher. Ton malheur, c'est toi qui l'appelles en ne réagissant pas.

Marwan fut impressionné. Secoué. Rallié à la cause. Pourtant, le mort d'hier, l'homme tombé de l'arbre, le tourmentait encore :

— Tu es certain qu'il ne va rien m'arriver ? demanda-t-il à Hani.

L'autre soupira. Il proposa :

— Rien, tu ne risques rien. Mais si vraiment ça t'empêche de dormir, viens avec moi. Je pars pour un mois, à Baalbek. Un peu de recul te fera du bien. Tu n'y penseras plus. On ne te verra plus dans le quartier. Fais-toi oublier, si tu y tiens vraiment... Je t'emmène. Là-bas, on fera de toi un homme.

Prendre le large ? Marwan sauta sur l'opportunité !

6

LÉGITIME DÉFENSE

Octobre 1917. Du côté de Saint-Pétersbourg, dix jours qui ébranlèrent le monde : la révolution russe. Victoire des Bolchéviques. Jamais la formule n'aura été aussi juste : plus rien ne sera comme avant. Les Prolétaires chantent : ils ont une patrie, une terre ! Les autres tremblent : ils ont un enfer. Pour tous, une rupture dans l'histoire de l'humanité. Aurore, Grand soir ou crépuscule ? Le monde entier s'interroge, les yeux sont braqués sur la lointaine et mystérieuse Russie. Autant dire que la Déclaration du gouvernement britannique, le 2 novembre 1917, sur *la création d'un foyer national pour le peuple juif en Palestine* passe inaperçue, complètement inaperçue. Rien d'étonnant à cela.

Comment, depuis l'Europe et encore plus depuis l'Amérique, en soupçonner l'enjeu ? Un foyer juif en Palestine, on ne voit pas vraiment la signification. Rien à redire, au contraire. Et puis, au fond, cela ne nous concerne guère, même si la France et la Grande-Bretagne entretiennent quelques rivalités dans la région.

L'idée de cet Etat pour les Juifs avait été lancée dès 1896 par le journaliste Théodore Herzl[1]. Il envisageait ainsi un refuge pour une communauté persécutée un peu partout : pogromes dans les nations arabes, antisémitisme en Autriche, en Russie, en Pologne, en Allemagne, et même dans la France des Droits de l'Homme devenue la France de l'affaire Dreyfus.

L'Europe suit de loin les subtilités du Proche-Orient. Elle raisonne en fonction de ses propres critères. Le 24 juillet 1922, les grandes puissances approuvent, au Conseil de la Société des

Nations, la Déclaration britannique : les bases du futur Etat d'Israël sont jetées. Au moment où s'émancipent d'autres peuples, l'indépendance, de fait, est déniée aux Palestiniens. En préambule, la Déclaration proclame « la reconnaissance des liens historiques du peuple juif avec la Palestine ». La Grande-Bretagne est mandatée pour favoriser l'établissement d'un Etat juif. Pour les Arabes, représentant alors 80% de la population locale, c'est une terrible humiliation. Le nationalisme, apparu dès 1918, se renforce. Les premiers mouvements appellent à résister contre le danger sioniste. Le refus de la Déclaration votée à la Société des Nations provoque de sanglants incidents. Un sentiment anti-juif, profond, se développe. Un état d'esprit de résistance, des hostilités, des rancunes et des slogans sont nés. La France et l'Angleterre engendrent leur part de haine parmi les Arabes. Comme l'a noté Xavier Baron, n'ont-elles pas « remodelé le Proche-Orient, bousculant les frontières au gré de leurs intérêts, divisant la région en deux mondes séparés par la loi, la langue, la monnaie, l'éducation » et « où tout le monde est lésé, y compris les Juifs qui rêvaient de frontières plus larges »[2] ?

Qu'importe ! Le mouvement est lancé. L'immigration des Juifs en Palestine s'intensifie d'année en année. Ils s'y installent. Ils achètent des terres. Ils finiront par créer une véritable enclave d'où sont exclus les Arabes et jouissant d'une situation d'extra-territorialité, selon les autorités britanniques qui s'en inquiètent... oubliant qu'elles ont créé cette logique.

Passons sur les péripéties, pour arriver à l'essentiel : Hitler. Il accède au pouvoir en 1933. La suite, on la connaît. Les Juifs, ceux qui en ont la possibilité, cherchent à fuir. En Europe et aux Etats-Unis, leur immigration est limitée. Reste la Palestine, Terre Sainte, Terre Promise, Terre du Salut tout simplement. 9.500 Juifs y débarquent dès 1932. Un an plus tard, 30.000 les y rejoignent, puis 42.000 en 1934 et 62.000 en 1935. Désormais, sur un million et demi d'habitants, 443.000 sont juifs. Ils bouleversent les habitudes, mais plus encore les données économiques, ce qui est peut-être moins pardonnable : cette dernière vague juive a de l'argent et de l'éducation. Elle prend en mains l'économie : banques et industries. Les Palestiniens, eux, sont à 65% de pauvres paysans sans instruction. Autre motif pour une

nouvelle radicalisation du nationalisme arabe. On assiste à
l'achat des premières armes. Surtout, l'idée fait son chemin, face
à l'attitude fermée des Occidentaux, d'une lutte armée plutôt
qu'une action politique vouée à l'échec.

En 17, on avait oublié de regarder du côté de Jérusalem. En 39,
on a d'autres chats à fouetter. La guerre éclate en Europe. Londres rapatrie en catastrophe ses unités basées au Proche-Orient.
Dans la précipitation, sans trop y penser, on promet l'indépendance de la Palestine dans les dix années à venir, au sein d'un Etat
unitaire où cohabiteront Juifs et Arabes. Les Juifs se sentent
floués : on leur confisque une terre qu'ils n'ont pas encore.

1945, c'est au tour des Palestiniens d'être trompés. La guerre
est passée et les promesses oubliées. Plus question d'indépendance. La Palestine est devenue une question internationale. Elle
entre dans le grand marchandage, quand les vainqueurs ou les
survivants se partagent le monde, à moins qu'ils ne le réinven-
tent. La voix des Palestiniens est trop faible pour se faire entendre
et la question juive est douloureuse. Envers ce peuple martyr,
chacun se sent des devoirs... et pour cause ! Le 29 novembre
1947, l'assemblée générale de l'ONU vote le partage de la Palestine en deux Etats. L'un est juif et représente 54% du territoire
palestinien, avec 589.341 habitants. L'autre est arabe et compte
presque un million et demi de citoyens. Les nations arabes limi-
trophes rejettent ce plan. Mais le 14 mai 1948, Israël proclame
son indépendance. L'Etat juif est une réalité. Avec le monde
arabe, la première guerre éclate. Elle s'achèvera l'année suivante,
avec le démantèlement de la Palestine. Un nouveau peuple est
né : le peuple des réfugiés, le peuple des camps. Il grandira et se
multipliera sous les tentes, a écrit le poète[3]. Cinq cent mille
Palestiniens privés de terre choisissent l'exil en Cisjordanie,
quatre cent mille se fixent à Gaza, cent quarante mille s'échouent
au Liban dont plusieurs milliers à Beyrouth, où leurs camps ont
nom Sabra et Chatila. Les autres s'éparpillent un peu partout
dans le monde. On en retrouvera même aux Etats-Unis où quelques-uns réussiront. A chacun son destin !

La dispersion, la séparation ne sont pas propices à l'entité des
familles. Difficile, dans ces conditions, de préserver une véritable
conscience nationale, d'autant que la cause palestinienne n'inté-

resse personne. L'Europe panse ses plaies et est occupée à sa reconstruction. L'Amérique est lointaine et sûre d'elle. L'URSS est en ruine. Jusqu'aux pays arabes qui se perdent en rivalités et problèmes internes. Autant dire que durant toutes ces années d'après-guerre, vous avez peu entendu parler du peuple des camps, écartelé, humilié, plein d'amertume, enfermé derrière de nouveaux barbelés...

Il faudra attendre 1960 pour qu'un filet de « Voix de la Palestine » rappelle timidement au monde, depuis Le Caire, que ces gens-là ont survécu à tous leurs malheurs et qu'ils ont eu des enfants. N'exagérons rien : même dans les pays arabes, l'émotion ne va pas au-delà du discours.

Le réveil se produira en 1964, quand les Palestiniens se donneront une véritable organisation structurée, sous le signe de la légalité et dont le nom n'inquiète pas particulièrement le monde : Organisation de Libération de la Palestine (OLP). Elle se dote d'une Constitution :

— Droit à l'autodétermination et à la souveraineté nationale.

— Rejet de la création d'Israël.

— Coexistence avec les Juifs vivant en Palestine avant 1947.

Avec un slogan : *Libérer la Patrie !* C'est un devoir national.

Cette même année 64, le premier camp d'entraînement paramilitaire est ouvert à Gaza. Il prépare deux cents jeunes combattants pour être « aux avant-postes de l'armée de libération à l'heure H ». Un mode de financement de l'OLP est défini : impôt sur chaque Palestinien de plus de dix-huit ans, impôt sur les sociétés ou organismes contrôlés par des Palestiniens, taxe sur les exportations de pétrole des pays arabes[4]. L'enfantement ne s'est pas pratiqué sans douleurs. Il y a des divergences internes, avec les plus jeunes pour prôner la lutte armée tout de suite et l'autonomie vis-à-vis des nations arabes. Dès 56, ils ont fondé le FATAH[5], mouvement clandestin dirigé par un ingénieur inconnu, Yasser Arafat. Il y a également des réticences arabes. Mais finalement l'OLP existe. Les capitales arabes la reconnaissent comme organisation représentant le peuple palestinien. Elles permettent la création d'une Armée de Libération de la Palestine, dotée d'un important budget tiré des pétrodollars. Les premiers contacts sont pris avec des *pays frères* : Chine, URSS,

Nord-Vietnam. Un symbole : le 30 décembre 1964, à minuit, un commando palestinien fait sauter une station de pompage israélienne, alimentant un kibboutz en eau potable. La charge explosive est artisanale. Il n'y a pas de victime, mais la voie est ouverte :

« Au nom de Dieu miséricordieux, confiant dans le droit de notre Peuple à lutter pour reconquérir sa patrie usurpée, des unités de nos forces combattantes ont accompli avec succès l'opération qui leur avait été assignée dans les territoires occupés. Le commando a regagné sa base, sain et sauf. »

Le communiqué porte le numéro UN, mais le ton est donné. Il est déposé aux rédactions des journaux de Beyrouth par le même inconnu : Arafat. Faut-il conter la suite en détail ? Elle est cousue d'actions héroïques pour les uns et d'actes terroristes pour les autres.

Pour harceler Israël, les Palestiniens ont besoin de bases. Pour l'entraînement et pour le repli. Ils trouveront refuge sur les terres arabes. La cohabitation n'est pas toujours idyllique. L'Irak refuse la présence de fedayin en armes, agissant souvent comme en pays conquis. La Syrie les accueille, mais sous sévère surveillance. La Jordanie du roi Hussein a ouvert ses portes, toutes grandes. La population d'origine palestinienne y est bientôt majoritaire. Les combattants déambulent en uniforme et en armes dans les rues d'Amman. Cinq mille hommes ! Sans parler des permanences ayant pignon sur rue. Sans parler non plus des raids lancés depuis la Jordanie, exposant le pays aux représailles de Tel Aviv. Le roi s'inquiète : pour son pouvoir, pour l'unité et la sécurité de son peuple. Crise ouverte, accrochages... et finalement expulsion des fedayin.

Il est, au Proche-Orient, un pays dont les dirigeants chantent la *faiblesse* car *elle constitue sa force*. Vous aurez reconnu le Liban. Il est la terre d'accueil logique des fedayin. En 67-68, ils y installent leurs bases. Le Premier ministre, Rachid Karamé, résume l'état d'esprit face à cette « invasion » :

— Certains Libanais souhaitent que les fedayin soient présents et opèrent à partir de notre territoire, quelles qu'en soient les conséquences. C'est une opinion qui a sa logique et sa valeur. D'autres voient dans les activités des fedayin une menace pour le Liban. C'est également un point de vue qui a sa logique et sa valeur.

Décembre 68 apportera une première réponse au dilemme. Le 26 à Athènes, un groupe palestinien attaque un Bœing 707 de la compagnie El Al. Deux jours plus tard, Israël riposte en détruisant entièrement la flotte civile libanaise sur l'aéroport de Beyrouth, selon le principe :

« La responsabilité des actes terroristes incombe entièrement aux gouvernements et aux Etats dont les territoires servent de bases de départ aux commandos terroristes[6]. »

Le raisonnement a, aussi, sa logique et sa valeur.

Les *événements* du Liban découlent de cette situation. Mais le déséquilibre et les questions qu'engendre la présence palestinienne font surtout figure de catalyseur à un conflit interne, latent depuis des dizaines d'années. L'explosion de 1958 entre chrétiens et musulmans, à laquelle fait constamment allusion le père de Marwan, le montre. Les chrétiens, aux postes clefs, ont trop différé la prise en considération du nouveau rapport de forces entre les communautés : ils sont minoritaires et ils le nient. Côté musulmans, surtout chez les Chiites, les frustrations et l'impatience grandissent. L'arrivée des Palestiniens, armés, animés d'un idéal, favorise une prise de conscience, développe une nouvelle identité, crée une tentation de résistance révolutionnaire ou de libération. D'où une sympathie, d'où une solidarité. D'où un rêve de changement politique et social au Liban. D'où, forcément, les appréhensions des chrétiens et l'inquiétude de l'Etat dominé par ces mêmes chrétiens. Sous des apparences sereines, de *dolce vita*, et malgré ses airs de tolérance ou d'indifférence, le Liban bouillonne. C'est un volcan. En 1969, d'une façon sporadique, armée régulière et fedayin s'accrochent. Combats fratricides. Il faut trouver un terrain d'entente. Le 2 novembre au Caire, gouvernement libanais et OLP signent un accord dont les clauses resteront secrètes mais dont on connaît la teneur : l'OLP obtient la totale souveraineté sur les camps de réfugiés, elle échappera au contrôle de l'Etat et disposera de bases d'entraînement au Liban, sous contrôle très théorique de l'armée. Ainsi, l'OLP, dirigée par Yasser Arafat désormais connu du monde entier, prend pied au Liban où elle trouve sa base la plus sûre et la plus solide. Elle implique le pays d'accueil dans sa lutte, puisque l'accord du Caire stipule :

« La lutte armée du peuple palestinien répond aussi bien aux intérêts du Liban qu'à celui de la Révolution palestinienne et de tous les Arabes[7]. »

Pour reconquérir leur terre, les Palestiniens avaient donc trouvé un asile. Et pour préparer l'assaut final, ils avaient besoin de combattants. Les dernières années leur avaient coûté cher en vies humaines. Il leur fallait élargir leur champ de recrutement, lever une véritable armée. Leur nouveau statut au Liban allait permettre de créer une mouvance libanaise favorable, d'où sortirait une milice auto-protectrice.

Marwan ignorait évidemment tout cela : l'histoire d'un peuple, la responsabilité des nations, les exigences des uns et des autres. Mais il avait sa place, sa fonction, sa logique dans le grand remue-ménage. Les luttes, les guerres ont forcément leurs fondements, souvent très lointains. L'engagement individuel est fortuit : accident de s'être trouvé là ! Ne me dites pas que Georges et Marwan étaient différents. Ils se sont retrouvés dans deux camps opposés. Mais la guerre, elle, n'est pas fortuite. Jusqu'à l'irrationnel qui a sa raison : ni Israël, ni Arafat ne sont nés sur des terres vierges. En élargissant le problème, ni César, ni Napoléon, ni Staline, ni Hitler ne sont les enfants d'une génération spontanée. Le pire, c'est que chaque situation, chaque idéologie, chaque personnage, chaque raisonnement a *sa logique* et peut-être même *sa valeur* !

Pour comprendre les actes de Marwan, son obstination, puis sa folie, sa transformation et sa régression la plus complète, mais aussi pour entrevoir ses motivations, ses alibis et sa cohérence, il fallait remonter le temps, bien plus loin qu'il ne pouvait lui-même le soupçonner.

Pour lui, l'Histoire se réduisait à quelques formules qui sonnaient bien aux oreilles et au cœur :

« Nous sommes la génération de la défaite, Vous êtes celle de la Victoire ! »

Ou encore :

« Nous sommes porteurs d'un rameau de Paix et d'un fusil de révolutionnaire. »

Ou bien :

« Nous luttons pour une juste cause, la liberté et l'Indépendance de notre patrie. »

Dans les caves de Chiyah, il y avait une urgence : former une génération de combattants. Face à un public sortant à peine des jeux de billes, sans conscience politique, il était superflu de s'encombrer de trop de subtilités. Deux ou trois idées simples suffisaient. Et un partage clair du monde en découlait, pour s'y retrouver entre bons et méchants. A quinze ans, on aspire à la pureté, n'est-ce pas ? Il y avait donc, d'un côté, les opprimés et la justice : c'est nous. En face, il y avait les oppresseurs engendrant l'injustice : sionistes, impérialistes, chrétiens... Dans l'autre camp, chez l'ami Georges, on gardait les étiquettes mais on changeait le contenu. Comme dans les jeux d'enfants, les bons prenaient la place des méchants et vice versa.

Les slogans ont un pouvoir magique car ils renferment une part de vérité. Hélas ! une part seulement. Mais on les érige en dogme, d'où bien des malheurs et bien des excès.

Marwan, fuyant Chiyah avec la conscience tourmentée, avait tout intérêt à souscrire à des stéréotypes d'où il tirait l'absolution. Il résumait, avec la bénédiction d'Hani, un siècle d'inextricable Histoire à une formule unique :

— Légitime défense !

Avec une telle certitude, tout lui était pardonné : passé et futur. Plus il s'éloignait de Beyrouth, plus il croyait rouler vers une juste destination.

Hani avait promis :

— On fera de toi un homme.

Marwan se répétait :

— Un homme avec un idéal, un héros que tout le monde aimera.

Bientôt, le tueur par accident se prendrait réellement pour un

saint. Cela créerait des contraintes : l'obligation d'accomplir
d'autres saintes actions.

NOTES DU CHAPITRE **6**

1. Théodore Herzl, écrivain juif hongrois (1860-1904), auteur de
l'Etat juif (1896), promoteur du sionisme. Le premier congrès sioniste se
déroula en 1897 à Bâle.

2. *Les Palestiniens, un peuple,* par Xavier Baron, édit. Le Sycomore. La
plupart des repères historiques de ce chapitre sont tirés de cet ouvrage de
référence.

3. Salim Jabran, poète palestinien.

4. Xavier Baron. *Op. cit.*

5. FATAH : Mouvement de libération national de la Palestine dont les
initiales inversées donnent, en arabe, Hataf (Harakat al Tahrir al watani
al Falastini). C'est ce mouvement qui enrôla, en 75, Marwan.

6. Golda Meir, Premier ministre israélien, le 19-3-69 devant la *Knesset*.

7. Selon le texte publié dans les journaux libanais, jamais démentis ni
confirmés.

7

LES TUEURS VONT AU PARADIS

La fuite à Baalbek. Un nom qui fleure le mystère et la légende. Un site dédié par les Antiques au Dieu Soleil, relais des lointaines caravanes phéniciennes quelque douze siècles avant notre ère. Baalbek vénéré par les Grecs qui en firent Héliopolis, puis par les empereurs romains, de Néron à Antonin-le-Pieux, en passant par Trajan, tous pris de mégalomanie monumentale devant la beauté du lieu. Leurs temples y sont tellement colossaux que l'on s'interroge encore sur le secret de leur construction. Ni le temps, ni les séismes, ni la folie destructrice des humains n'en eurent totalement raison. Les vieillards classent les ruines parmi les Sept merveilles du monde. Ils corrigent injustice et oubli plus qu'ils ne trichent avec la légende.

Construite au plus haut de la vallée de la Bekaa — pas très loin de la Syrie — Baalbek est sereine et majestueuse, comme indifférente au temps, comme extérieure au monde. Cent sources y jaillissent alentour. Nulle part ailleurs l'eau n'est aussi limpide. Et nulle part le silence n'est à ce point synonyme de quiétude.

Vingt mille sujets d'Allah vivent ici et une poignée de chrétiens. Le chant des fillettes voilées de tissus fleuris, vives et souriantes, emplit les ruelles. Le bazar où l'on travaille dès l'âge de dix ans est joyeux. La campagne enfin pourrait être une représentation du paradis : nature à l'état brut, non pas sauvage mais inviolée. Avec un ciel éternellement bleu et une brise légère.

Le paysage et les tons sont figés. C'est à peine si l'on voit s'animer les troupeaux en liberté dont le son des clochettes nous parvient à petites notes.

Le contour des montagnes est arrondi. Parlons plutôt de collines. Elles se succèdent, s'enchevêtrent, se croisent et se décroisent. Chacune d'elles emprisonne sa vallée interdite, secrète, sa terre vierge. Absence de témoins. Le sol est rouge et la pierre grise. Quelques maquis, quelques oliviers. Et des champs d'une herbe verte, étrange plante aux feuilles découpées. A peine une pousse en juin, elle mesure deux mètres de haut à l'automne. Une spécialité locale que l'on exporte par tonnes mais que l'on ne consomme pas sur place. Son nom ? Haschich ! Il fait la fortune des grandes familles de la Bekaa. Elles règnent en seigneurs sur la terre — dont elles prennent grand soin — et sur la population — qu'elles négligent. Les villages disséminés dans la montagne sont souvent misérables, sans eau ni électricité, sans école ni dispensaire. Au détour du chemin apparaît la tente rapiécée d'un nomade. Pauvre et riche Bekaa ! Les déshérités disent avec résignation :

— Beyrouth nous a oubliés.

Leurs chefs spirituels, chiites, traduisent :

— Le pouvoir chrétien vous méprise.

Il n'en faut pas plus pour faire naître une conscience, c'est-à-dire à terme une révolte...

Quand Marwan débarque ici, à l'été 75, Marwan le fugitif, l'assassin, Baalbek fascine encore les archéologues et les touristes. Le Guide bleu résume le climat :

« Aujourd'hui Baalbek revit. L'Occident et l'Orient à nouveau s'y rencontrent, qui lui ont délégué leurs savants pour panser ses blessures. La Fille du Soleil est désormais aimée pour elle-même. Sans rancune, l'Astre continue de la couvrir d'or. »

Pour le monde, Baalbek c'est cela et seulement cela. Pas question de guerre et encore moins de terrorisme, pas question de Palestiniens et encore moins de chiisme ou d'intégrisme naissant, simplement des vestiges antiques et un Festival international de théâtre, de danse et de musique, attirant public averti, critiques exigeants et troupes de qualité.

Marwan, on l'aura compris, n'est pourtant pas monté à Baal-

bek pour la douceur de son climat ni la beauté de son environnement.

Le camion kaki où il a embarqué à Chiyah, rempli de gamins de
son âge et de son milieu, a quitté la route, après une centaine de
kilomètres sinueux au bord des ravins. Il a bifurqué avant la ville
et s'est engagé sur la droite, sur un chemin non balisé : piste
caillouteuse serpentant à nouveau à travers le relief aride. Une ou
deux fermes abandonnées, puis plus rien. Pas même un berger,
pas même un mouton ou un cheval égarés. Seulement le moteur
du camion et la poussière soulevée sur son passage.
    Ballottés de droite à gauche, ils ont roulé ainsi pendant dix
kilomètres, en chantant. Les vallées se faisaient de plus en plus
étroites, de plus en plus encaissées... miniatures. Zone interdite.
C'était écrit nulle part, sinon dans les esprits. La population savait
qu'il ne fallait ni s'y aventurer, ni s'interroger :
    — Là-haut, il y a les Palestiniens.
    Nulle crainte, nulle condamnation. Au contraire : une compli-
cité, une fierté. Mais chacun sur son territoire.
    Le vent portait parfois l'écho des rafales d'armes automatiques.
On disait :
    — Ce sont les fedayin. Ils s'exercent.
    Le nom, *fedayin*, était porteur d'espoir et de romantisme, d'au-
tant que l'on voyait rarement en ville ces combattants du monde
arabe, de la libération des opprimés.

Le camion s'est arrêté au pied d'une chaîne montagneuse
abrupte, un bout du monde. La lumière du soleil ne descendait
pas aussi profond. L'envers du paradis. Obscurité et froid.
    Les gamins dont il était question de faire des hommes ont sauté
à terre. Ils ont vu une dizaine de grandes tentes sur la caillasse.
Offertes aux réfugiés par une organisation humanitaire dont le
sigle apparaissait encore sur la toile brûlée par le soleil, elles
avaient été réquisitionnées et converties en dortoirs pour
apprentis combattants. Un enclos symbolique de fil de fer bar-
belé, un mât et un drapeau sans patrie : vert, noir, blanc. Un jour,
il flottera sur la Palestine, dit-on. Encore un mirador et une
baraque. Voilà le camp d'entraînement !

Des vagues de jeunes miliciens pour le Liban en pièces, de fedayin pour une terre qu'ils n'ont jamais connue, de moudjahidin, mais également de guérilleros de tous les continents et de plusieurs idées, de poseurs de bombes par intérim, enfants perdus de quelque bourgeoisie allemande ou italienne qu'ils réintégreront après s'être lassés du massacre, à moins qu'ils ne soient tombés sous les balles de l'ordre établi, idéalistes, héros ou paumés, bons et méchants, naïfs et cyniques se sont succédé ici, y ont appris un métier, unique : combattant. On y a formé des Arabes comme des Japonais, des Irlandais comme des Espagnols, des Sri lankais comme des Italiens...

L'encadrement, lui, était essentiellement palestinien. Il avait souvent été formé dans les pays de l'Est, près de Moscou, de Bakou, de Tachkent, d'Odessa ou à l'Académie militaire de Simferopol, pas très loin de Yalta. D'autres avaient transité par la Tchécoslovaquie, la Hongrie, Cuba, la Bulgarie, la Corée du Nord ou même la Yougoslavie[1]. Là-bas, on leur avait enseigné les techniques de la guérilla urbaine et rurale, du sabotage, des explosifs, le maniement de tous les types d'armement lourd et léger, mais également les transmissions, l'électronique militaire, la maintenance, le pilotage des chars. Selon des sources sûres, plus de mille cadres palestiniens sont passés depuis 1974 par ces centres de formation à l'Est. Depuis, ils ont transmis leur savoir à des milliers de sympathisants venus notamment à Baalbek et désormais engagés dans le combat sur les champs de bataille les plus divers et parfois les plus inattendus[2].

Un agent de renseignement français, spécialiste du Proche-Orient, rencontré dans le cadre de cette enquête, m'a affirmé cependant que les camps de Baalbek misaient plus sur la quantité que sur la qualité : on y prépare une armée de combattants de bon niveau et l'on repère les meilleurs éléments. Ceux-ci seront alors isolés du groupe, puis envoyés dans des centres situés dans diverses capitales arabes, où sont formés les commandos de haut niveau, destinés à des actions terroristes internationales : détournements d'avions, prises d'otages, attentats à l'étranger. Ces hommes ont fait la Une de l'actualité mondiale la plus sanglante depuis une quinzaine d'années. Leur itinéraire nous concerne directement. Certains ont agi sur notre territoire, d'autres s'y préparent. L'OLP, bien sûr, ne confirme pas. Mais j'en ai reçu la confirmation directe à Baalbek, en juin 85, du chef religieux chiite local, Cheik Abbas el Moussaoui, responsable de Hezbollah, le parti de Dieu.

J'étais sur les traces de Marwan, dix ans après. Ce leader chiite, me recevant chez lui, entouré de quelques fidèles, m'a dit sans détours :

— Baalbek passe pour la capitale mondiale du terrorisme. Dans les années 70, les premiers camps d'entraînement palestiniens s'y sont installés. Ici, dans notre région, ont été formés de nombreux fedayin, mais aussi d'autres révolutionnaires, notamment iraniens. Je voudrais vous dire que je suis fier de cette appellation de terroriste, car elle signifie un combat contre l'oppresseur, pour la liberté et la dignité.

Nul fanatisme dans le ton. Simplement la certitude d'être dans le vrai, ce qui justifiera toutes les actions, y compris la levée d'une armée de Marwan :

— Ces jeunes n'ont pas d'autre choix que de prendre les armes. Tant que l'Occident, responsable de tout, ne l'aura pas compris, il y aura conflit entre nos deux mondes, dit-il à notre adresse.

A la différence de Marwan, il connaît l'Histoire des peuples et des nations. Chaque vendredi à la mosquée, il la conte à une foule d'adolescents, d'adultes et de vieillards subjugués. Certains iront dans la montagne, apprendre l'art de la guerre. Au nom, toujours, de la légitime défense. Chacun aura son destin. Peu en parleront. La confession de Marwan sur son passage à Baalbek n'en a que plus de valeur. A cette époque, de nombreux jeunes étaient également entraînés dans le sud-Liban.

*
**

— Nous étions cinq cents jeunes de mon âge, venus de toutes les villes du Liban, répartis dans plusieurs campements, se souvient Marwan. Beaucoup étaient de Chiyah, où les Palestiniens recrutaient en masse. Ils avaient perdu de nombreux combattants ces dernières années[3]. Ils craignaient un coup de force

chrétien ou israélien. Ils préparaient également la relève, persuadés que le conflit allait s'étendre alors que nous, nous étions
plutôt optimistes quant à l'avenir. En fait, avec tous ces adolescents, nous ne savions pas trop ce que nous faisions là. Il y avait
un décalage complet entre notre insouciance, notre manque de
maturité, notre non-préparation, et la gravité de nos instructeurs. C'étaient de vrais militaires, des professionnels, des hommes décidés, et nous... nous jouions aux gendarmes et aux
voleurs ! Mais les choses ont vite changé. Tout de suite, nous
avons compris : ce n'était pas une colonie de vacances. Ces
gens-là vivaient avec la mort. Nous avons dû plonger à notre
tour, et nous soumettre à la discipline : nous étions des soldats,
répartis en *wahda*, sections de quinze, et nous marchions au pas.
Finie l'anarchie de Chiyah.

A cinq heures, avant le lever du soleil, nous étions debout. Le
climat était désertique : glacial la nuit, brûlant le jour. Torse nu,
nous nous élancions dans la campagne pour une longue course...
jusqu'à épuisement. Une sacrée mise en train ! Pendant des
heures, nous crapahutions dans la montagne. C'était impressionnant. Nous étions seuls, perdus, oubliés, complètement coupés
du monde. Certains étaient désespérés, d'autres pleuraient. Moi-
même, je voulais rentrer chez *maman poule*. J'étais parti sans
prévenir. Elle devait me chercher partout. Je regrettais cette
fugue. Je m'en voulais de lui causer tant de soucis, alors que
j'avais eu une enfance si heureuse. Et je pensais aussi à Georges.
Je l'imaginais à la plage. Peut-être était-il rentré à Chiyah. Car
j'étais persuadé que tout était fini à Beyrouth, que le calme était
revenu. C'était l'été et il ne pouvait pas en être autrement. Joseph
était sur le pas de son épicerie et papa Abou déambulait dans les
rues, à ma recherche lui aussi, car je lui manquais forcément. Je
voyais les choses ainsi, depuis mon camp de Baalbek. En réalité,
nous étions complètement isolés... sur une autre planète. Nous
ne pouvions ni ne devions communiquer avec l'extérieur. Nous
étions une secte vivant sur elle-même. Il ne fallait pas chercher
des références en dehors. Nous étions pris en charge : en un mois,
nous serions transformés.

J'ai envisagé, comme beaucoup, de fuir. C'était impossible. Le
secteur était gardé par des combattants en armes. Ils n'auraient

pas hésité à tirer sur les fugitifs. Alors, chacun se faisait une raison :
— Prenons notre mal en patience.
— Personne ne nous a forcés. Nous sommes tous des volontaires.

Simplement, au fond du cœur, un serment était né : plus jamais nous ne toucherons à une arme. Dès le stage terminé, dès notre retour à la maison, nous oublierons la guerre. Nous jouerons à des jeux de notre âge. Plusieurs d'entre nous, dont moi, étaient écœurés, immunisés. L'entraînement nous semblait inutile et dangereux. Tout cela était fou et ne pouvait pas nous concerner. Nous en étions convaincus. C'était déjà un résultat !
— On ne vous encadrait pas idéologiquement ? On ne vous parlait pas de politique ?
— De politique ? s'étonne Marwan. A des gamins ? Pour quoi faire ? Nous apprenions un métier, la guerre. Nous devions être prêts à toutes les situations du combat. Quant au reste, notre voie était toute tracée, la question ne se posait même pas : je n'allais pas me retrouver dans l'autre camp ! Nous connaissions nos amis et nos ennemis. En face, c'était la même chose : d'autres adolescents apprenaient des techniques de combat identiques dans les centres de formation phalangistes, à Beyrouth. Une seule chose comptait : tenir le coup. Quand nous traînions la patte, nos instructeurs se moquaient :
— *A vos ennemis, vous proposerez sans doute de vous battre dans un endroit plus sympa qu'ici ?* demandaient-ils.

Et l'entraînement reprenait de plus belle. Avec des journées entières au parcours du combattant où j'ai vu mourir un copain de Chiyah, colonne vertébrale cassée en sautant un obstacle, et un autre sérieusement brûlé dans un barrage de pneus en flammes... sans parler des séances à ramper sous un tir nourri de balles réelles. Non, à ce stade, Baalbek n'avait plus rien d'un paradis.

*
**

Au douzième jour, un instructeur posa une question incongrue à Marwan :

— Veux-tu apprendre à tuer ?

L'adolescent éclata de rire :

— Tuer ? Je sais déjà. C'est facile.

— Comment fais-tu ?

— Je vise, je tire et l'autre s'écroule.

— C'est effectivement une façon de tuer. La plus facile, remarqua l'instructeur. Mais il y en a mille autres. Toi et tes copains, vous devez toutes les connaître.

— Mille ?

— Oui... viens, on commence par le couteau.

L'invitation glaça Marwan. Il était pris de court, n'ayant jamais envisagé l'hypothèse de tuer un homme, froidement, avec un poignard. Il imagina la lame s'enfonçant dans la chair dont il ressentait la réticence. Cette lame froide, il la voyait dans un ventre ou tranchant une gorge. Percer la peau, même ennemie, couper le cou, supporter entre ses bras les soubresauts de l'agonie qu'il aurait provoquée par le fer, il ne le pourrait jamais. C'était, physiquement, impossible. C'était, moralement, insupportable. Au-dessus de ses forces... d'autant qu'il connaissait le corollaire : le risque d'être lui-même transpercé, égorgé, saigné comme un cochon — pourquoi s'embarrasser des formules ?

Marwan en arriva à deux conclusions :

— Il n'avait ni le tempérament ni l'ambition d'être un tueur.

— L'homme qu'il avait pour instructeur n'était pas conçu sur le même modèle que lui.

L'autre dut deviner les sentiments et le dégoût qu'éprouvait Marwan. Il balaya le cas de conscience, repoussa l'objection, en attaquant le cours sans autre préalable. D'emblée, il énonça un principe :

— Toujours avoir sur soi un poignard bien aiguisé. On ne choisit ni l'heure, ni le lieu, ni la forme du combat.

Second principe :

— Toujours attaquer par-derrière à l'arme blanche. De face, il y a trop de parades possibles. Les choses risquent de tourner à votre désavantage. Au corps à corps, pas question de manquer son coup.

Troisième principe de base :

— Ne pas croiser le regard de la victime. L'homme, au moment de la mort, pourrait inspirer la pitié. Ce serait une mauvaise chose.

Une longue tirade suivit sur les rapports privilégiés entre le combattant et son couteau. Une apologie en forme d'histoire d'amour. Il était question de dormir ensemble, de faire corps ensemble, question de prise en main, de « prolongement naturel »... de pénétration.

Hélas ! on troqua rapidement ce langage pour le vocabulaire technique :

— Avec la lame à plat, aucun problème pour se faufiler entre les côtes et toucher les veines, les artères, les muscles ou les tendons... avec le tranchant, porter les coups de taille... la lame doit bien pénétrer perpendiculairement dans le corps... avec la baïonnette, balancer le fusil de côté, comme une faux, pour balafrer l'ennemi... de face, trancher le cou à partir de la nuque...

Marwan interrompt son récit. Il m'observe un instant, avant de remarquer :

— J'ai éprouvé la même répulsion que vous en entendant pour la première fois ces instructions. Et en plus, pour moi, il s'agissait de conseils immédiats, destinés à servir ! Après, nous sommes passés aux travaux pratiques, avec des mannequins, tous alignés dans la cour du camp, à répéter les gestes de la mort, avec un instructeur félicitant les plus doués et reprenant les moins habiles.

Marwan s'arrête à nouveau puis, dans un soupir :

— Croyez-moi, même sur un mannequin, ça donne le frisson ce genre d'exercice.

Ces cours ont duré plusieurs jours, accompagnés de véritables leçons d'anatomie, tableaux ou schémas à l'appui. Marwan récite aujourd'hui ses connaissances sans retenue. Il est vrai que *maman poule* avait rêvé d'un fils médecin :

— Pour tuer, dit-il, il faut viser les artères brachiales, radiales — près du poignet —, la carotide, viser sous la clavicule et bien sûr au cœur. La mort intervient entre dix secondes et trois minutes... mais il est plus prudent de doubler son coup. On ne sait jamais. J'ai assisté à d'étranges phénomènes. J'ai vu des gars touchés au cœur qui ne mouraient pas tout de suite... allez comprendre pourquoi ! Enfin, il y a les coups spectaculaires, que l'on porte pour affaiblir psychologiquement l'ennemi, mais qui ne sont pas mortels : aux yeux et au sexe. Les premiers n'exigent pas une force particulière, la lame pénètre sans problème. Mais le sexe, lui, est coriace. Il faut frapper fort... et là, le gars éprouve une sacrée jouissance... même pour celui qui donne le coup, ce n'est pas beau à voir.

Est-il nécessaire d'en dire plus ? Un commentaire s'impose-t-il réellement après ces explications de Marwan ? Pour compléter leur savoir-faire, on leur a conseillé plusieurs ouvrages traitant de l'arme froide, véritable apologie de l'étripage. Certains de ces manuels du parfait tueur, éventreur ou égorgeur sont en vente libre dans les librairies spécialisées françaises. J'en ai trouvé à Paris : le texte fait, lui aussi, frémir. Ces ouvrages trouvent, paraît-il, preneurs également chez nous. Tout y est expliqué dans le détail, accompagné de tableaux sur les parties à atteindre, la profondeur de la blessure à pratiquer, le délai de perte de connaissance pour la victime et enfin le délai de la mort. Exactement comme pour les cours dispensés à Baalbek et où Marwan apprit l'art de tuer un homme au corps à corps.

Souvent j'ai pensé à cette confession de Marwan, dans les rues de Beyrouth, en voyant à chaque carrefour, à chaque permanence des milices, partout, les combattants au repos en train d'aiguiser leurs terribles poignards ou leurs baïonnettes sous l'œil amusé des enfants et indifférent des adultes. Cette lame brillante et longue, cette lame pointue, ils la caressaient avec attention, avec bonheur, avec fierté. Comment ne pas se souvenir des propos de Marwan, expliquant le conditionnement et les exercices auxquels tous ces hommes ont été soumis, quel que soit leur camp ? L'arme est devenue une partie d'eux-mêmes. Un ustensile naturel. Mais quand on arrive de l'extérieur, d'un pays en paix, on se dit que chacun de ces couteaux de commando a son histoire. Elle est synonyme de vie interrompue : vie de soldat, mais également de femme, d'enfant, de vieillard... et on s'imagine des gorges tranchées. A cette évocation obligatoire, Marwan avoue pour la première fois, pour l'unique fois, une véritable gêne :

— Tout le monde redoute l'arme blanche, dit-il. On a peur d'être amené à s'en servir et on craint d'en être victime. Oui, tout le monde sauf un ou deux détraqués complets. Egorger un être vivant, c'est ce qu'il y a de plus terrible, de plus difficile à accomplir. C'est dégueulasse... ça ne s'oublie pas... personne ne se vante de ce genre d'acte, jamais très glorieux, même s'il a été souvent pratiqué à Beyrouth et dans la guerre des montagnes. Il y a toujours une honte, une pudeur... Même en pleine folie, le combattant préfère pratiquer cette action sans témoins et après, entre nous, on n'en parle pas. On se vante d'un gars qu'on a allumé au RPG ou au lance-flammes, mais pas d'une gorge ouverte... et pour beaucoup, il est impossible de pratiquer cela sur des gosses, bien que nos chefs nous disent parfois : plus tard, ce sont eux qui vous tueront.

Marwan se tait. Son regard se brouille. Où vagabonde sa pensée ? Vers quel souvenir inavouable se tourne-t-il ? Je ne force pas son secret... je respecte, peut-être, sa conscience tourmentée à cet instant. Suis-je en mesure de comprendre ou de juger ? Pouvons-nous seulement soupçonner les sentiments, les sensations d'un homme en pareilles circonstances ? D'ailleurs, sur ce point précis, je n'aurai pas le cœur à en réclamer plus, à exiger plus de Marwan. Oui, *réclamer*, car vouloir aller plus loin dans l'aveu aurait quelque chose de malsain.

Les petits soldats de Baalbek ont ensuite appris les techniques de la guérilla : assaut d'une maison, guerre du maquis, attaque de char. Exercice théorique puis pratique. Marwan, avec quelques copains de son quartier, a simulé la prise de l'église Saint-Michel à Chiyah :

— Ça peut servir. Vous habitez un endroit stratégique, leur avait-on dit.

Puis à nouveau le maniement des armes de guerre : Kalachnikov et M-16, fusils de base, grenades, mitrailleuses légères RPD ou RPK, lance-roquettes antichars qui seront utilisés contre... les piétons, mortiers légers de 52 et de 60 mm. D'une façon plus théorique, les élèves étaient initiés aux canons antiaériens de 14,5 mm et de 23 mm, au mortier de 102 mm, au lance-roquettes Katyousha, aux orgues de Staline. Bientôt, ni les armes — du pistolet au missile — ni les munitions, ni leur utilisation et leurs possibilités, n'avaient plus de secrets pour cette étrange armée de gamins.

— Rien n'était laissé au hasard, dit Marwan. Et tout fonctionnait parfaitement. On ne nous passait aucune erreur, aucun écart. De jour en jour la discipline se renforçait et, petit à petit, nous nous prenions au jeu. Ainsi, j'avais fini par éprouver une certaine admiration pour nos instructeurs. C'étaient des combattants de très haut niveau, très convaincus, très enthousiastes, très décidés et parfaitement au point. Ils nous répétaient sans cesse que nos copains d'en face jouaient au foot pendant que nous nous entraînions. Bientôt, nous serions les plus forts ! Et il est vrai que la masse de nos connaissances en matière de mise à mort ou de défense devenait impressionnante : on nous avait enseigné les différentes techniques utilisées à travers le monde, continent par continent... jusqu'à la pierre accrochée au bout d'une ficelle, que l'on fait tourner en moulinet au-dessus de la tête, comme en Amérique du Sud. C'est certain, nous n'étions plus les mêmes. J'étais capable, théoriquement, de tuer un homme avec mes propres mains nues, de le dénuquer, de lui casser la colonne vertébrale... capable de l'étrangler avec un fil de nylon, de m'approcher de lui en silence et de lui enfoncer un poignard dans les reins... comme de le pulvériser à cent mètres de distance avec un RPG... on m'avait même appris comment paralyser l'adversaire, avec une simple aiguille dans la nuque. Je n'ai jamais vérifié l'efficacité du procédé ! Mon corps, en quelques semaines, s'était bâti. Je sentais bien qu'après une telle expérience, je ne serais plus un enfant. Il me faudrait aborder la vie, faire des choix, prendre mes responsabilités. Mais je ne pensais pas encore utiliser tout ce que j'avais appris à Baalbek. Je possédais bien le métier. Mais tout cela resterait théorique, j'en étais convaincu. J'avais perdu mon insouciance, mon innocence, sans pour autant renier ma sensibilité... beaucoup de choses me choquaient encore dans ce que j'entendais et ce que je voyais autour de moi.

— Quelles choses ?

— Le cynisme. Nous étions comme à l'école, tout cela paraissait normal, banal, évident, presque bon enfant. Seulement voilà : nous apprenions à tuer, à piéger les autres. Et il y avait peu de place pour l'esprit chevaleresque. Ça me gênait. Il fallait être efficace, c'est-à-dire qu'il fallait être capable de tuer à tous les coups. Notre esprit était donc totalement mobilisé à imaginer la façon la plus subtile, la plus inattendue et souvent la plus traîtresse d'assassiner.

Et là, le génie humain n'a pas de limite.

— Tenez, pour piéger une voiture, il y a au moins cinquante façons différentes ! On place la charge explosive sous les coussins, dans les portes, sur la colonne de direction, dans le volant, dans le dossier du siège, sous le tapis de sol... on peut utiliser du plastic ou du TNT, à moins qu'on ne préfère une grenade coincée dans les glissières du siège et reliée à l'accélérateur par un fil de nylon.

— On t'a appris cela à Baalbek ?

— Bien sûr, ça et toutes les techniques des explosifs et des pièges. A moi et à tous les autres. Si bien qu'il y a aujourd'hui des milliers de gens capables de commettre des attentats au Liban... ou ailleurs si ça leur chante. C'est terrifiant, car dans ce domaine chacun a son truc, chacun a son secret et a perfectionné un système. Nous avons tous notre préférence pour tel ou tel piège. C'est le cauchemar pour notre ennemi qui marche littéralement sur un champ de mines, qui doit prévoir nos astuces, les réinventer, précéder notre ruse, notre variante de telle ou telle mise à feu. Jamais ce n'est le même procédé. C'est de l'artisanat, du bricolage, des bouts de ficelle, mais c'est terriblement efficace car totalement diabolique et imprévisible. Les soldats français qui sont passés par Beyrouth en savent quelque chose. Le moindre objet banal est un engin de mort potentiel. Combien d'enfants ont été tués en donnant un coup de pied dans une vulgaire boîte de conserve éventrée qui était en réalité un piège ? Le coup du jerrycan est classique : on découpe le fond et on le bourre de TNT avant de l'abandonner sur un trottoir ou dans un passage quelconque. Cela a beau être connu, il y a toujours quelqu'un pour soulever le bidon et tout faire exploser.

Les Palestiniens sont très forts dans ce domaine. Ils m'ont vraiment tout appris : piéger une porte, une maison, un poste de télévision, une voiture, une moto, un paquet de cigarettes, une lettre. Il y a toujours assez de place pour l'explosif et toujours un détonateur approprié. On décide en fonction de l'objectif visé. Il s'est même créé un langage de l'explosif. Faire sauter un escalier n'a pas la même signification que vous arracher la main avec une enveloppe piégée. La lettre, c'est seulement un avertissement. Elle est l'œuvre de spécialistes, car il n'est pas facile de se procurer le matériel nécessaire : papier spécial et micro-batterie pour la mise à feu.

Marwan explique qu'en une semaine les stagiaires de Baalbek étaient devenus de parfaits petits saboteurs, capables de miner une entrée d'immeuble, une rue, un jerrycan, un vieux pneu, un terrain vague, un rideau de fer de magasin — procédé très prisé à Beyrouth — ou un escalier :

— L'escalier, c'est un jeu d'enfant, confie Marwan. Il suffit de caler une grenade dégoupillée avec de la terre, du sable ou des graviers placés sous une marche en bois. Le simple fait de poser le pied sur l'escalier provoque l'écroulement du monticule, dégageant la grenade qui vous éclate dans les pattes.

Il précise :

— Je n'aime pas cette technique, car elle est aveugle, tout comme le minage d'une porte. Impossible de cibler la victime. On attend le père, mais c'est la fillette ou la mère qui se présentent en premier et sont déchiquetées.

Le ton de Marwan trahit une fascination certaine pour les attentats, les sabotages, le minage. Il avoue son plaisir à imaginer les pièges les plus subtils, à échanger entre combattants leurs petits secrets d'artisans de la mort, à affiner son savoir-faire, à travailler au-dessus d'un engin qui peut exploser à tout instant. Plaisir encore à pousser de plus en plus loin le bricolage, la simplification, à inventer ou mettre au point un système tellement rustique, tellement archaïque qu'il constitue paradoxalement un progrès dans la pratique quotidienne de la guérilla urbaine. Le petit inventeur doit éprouver, dans tous les ateliers du monde, ce genre de satisfaction.

Marwan remarque :

— Inutile, là encore, d'être puriste. Tous les coups sont permis. Il faut être efficace, seulement efficace. L'expérience s'acquiert sur le terrain, au cours des ans. Certains font preuve d'une imagination et d'une intelligence prodigieuses. De sacrés mécanos ! C'est exaltant : faire fonctionner, enfin, son esprit. Sortir des sentiers battus, des techniques éprouvées, enseignées... alors, tout est possible. Le piège doit surprendre l'adversaire qui a, lui aussi, son expérience et ses connaissances. Un jeu aveugle s'engage entre lui et moi. L'un cache, l'autre doit trouver. Le plus malin gagne, c'est de bonne guerre. On a presque envie de dire bravo quand l'autre évite le piège. Et, au moment de mourir, la victime doit penser quelque chose comme : *il m'a eu, il fallait y penser*.

— Il en a vraiment le temps ?

— Quelque part en lui, peut-être, sans doute. C'est vrai, le piège implique un jeu à deux. Cette idée du piège est obsédante, déstabilisante. On l'attend et quand ça arrive, eh bien c'était écrit. C'est terrible pour les nerfs, se dire qu'à tout instant on peut sauter sur une mine. Ça peut se produire sur la cuvette des WC ou en mettant le pied sur la plaque des égouts, en ouvrant la porte de la salle de bain ou en allumant la télévision, en prenant un livre ou en s'asseyant dans son fauteuil. Quel cauchemar !

Cette fois, devant le sourire de Marwan, il faut bien poser la question :

— Ça t'est arrivé souvent d'installer des pièges... à hommes ?

— Très souvent. En dix ans de guerre à Beyrouth, je ne pense pas qu'il y ait eu un seul mètre carré épargné par les mines ou les explosifs. A part les banques peut-être, que l'on respecte plus ici que les vies humaines.

— Ça ne te fait rien de voir des innocents sauter sur tes pièges ?

— Rien, aucun effet. Je ne les vois pas.

— Tu peux les imaginer.

— Non. J'installe mon piège et je m'en vais. Je passe à autre chose.

— Aucun remords ?

— Aucun.

Entre ces propos de Marwan et son stage de formation à Baalbek, dix ans se sont écoulés. Dix ans et combien de morts ? Dix ans pour passer de l'impossibilité de tuer à la routine du meurtre. Dix ans pour basculer de la nausée à la délectation, de la sensibilité au métier de la mort.

Quelques secondes, Marwan médite sur cette parenthèse. Il admet que la métamorphose est spectaculaire. Il prétend même que, chez lui, elle est plutôt inattendue, incongrue :

— Quand j'ai quitté Baalbek, à la fin de l'été 75, j'avais juré avec plusieurs compagnons de ne jamais faire de mal à personne. Ce que nous avions vécu, vu ou appris au camp d'entraînement nous avait profondément choqués, retournés. En voyant les instructeurs, en les écoutant, je me disais : ces gars-là sont complètement détraqués, pervers. Ils tuent comme on boit ou on mange. Moi, c'était impossible. Je vous l'ai dit : au-dessus de mes forces. J'étais heureux de rentrer à Beyrouth. Soulagé. Libéré. J'allais retrouver une existence normale et surtout des gens normaux, sains : *maman poule*, mes frères et sœurs, papa Abou, Georges et tous les autres. Je ne pensais même plus à Hani. Il était sorti de ma vie, de mon horizon. Il aurait quitté mon *en-bas*. Il m'aurait rendu Chiyah. Les instructeurs avaient beau nous dire, en guise d'adieu, que nous n'aurions pas d'autre choix que de tuer, nous n'y croyions pas. Pour nous tout était fini. Nous refusions un avenir de mort, pour nous et pour ceux d'en face. Dans le camion qui nous ramenait sur Beyrouth, nous avons enfin aperçu la mer, au loin. Elle était très belle, très bleue. Nous avions les larmes aux yeux. Le cœur battait de bonheur. Nous étions sauvés. Nous rentrions à la maison. Nous étions comme avant, intacts. Nous voulions l'être... oublier Baalbek, les cris, l'entraînement, les sinistres leçons. Nous étions pleins d'optimisme et remplis de bonnes intentions. Chiyah nous pardonnerait notre fugue. Et la vie reprendrait son cours...

NOTES DU CHAPITRE 7

1. *Les guerres du Liban*, éd. IMP. 1985.
2. *Daily Telegraph* (Londres), 16-7-79.
3. Yasser Arafat cite en novembre 1972 le chiffre de 10.000 Palestiniens tués au combat et de 31.000 blessés. Il ne précise pas sur quelle période. Il s'agit apparemment de 1965 à 1972 et des victimes civiles semblent être comptabilisées dans ces pertes.

8

MARWAN NE SOURIT PLUS

Les retrouvailles ne se passent jamais comme on les a rêvées. Chiyah était vide. Muette. Silencieuse. Seul, à l'entrée du quartier, Moustafa, le petit épicier qui vendait du haschich sous le comptoir, était dehors. Les autres commerçants avaient baissé le rideau. Même le boulanger. C'est dire ! Aucune voiture, à part des carcasses calcinées. Parfois, au milieu de la chaussée, un petit cratère d'obus. Sur les façades des impacts de balles, plus nombreuses encore, et la marque de longues rafales, comme de rageuses balafres. Un quartier blessé.

Ils étaient quinze gamins de Chiyah à rentrer à la maison, qui avaient imaginé un autre accueil. Dans le camion kaki, fonçant en zigzag pour taquiner les francs-tireurs, ils étaient silencieux, interloqués et inquiets. Ils se sentaient comme des voleurs de retour ou des déserteurs. Que s'était-il passé en leur absence ? Pourquoi, là-haut à Baalbek, ne leur avait-on rien dit ? Quelle nouvelle, quel malheur les attendaient ?

Le camion s'arrêtait au coin de chaque rue. Un adolescent sautait à terre, détalait et allait se réfugier dans des bras maternels. Une petite rue, une épicerie fermée — « Même Joseph se cache ! » — un immeuble décapité, pas beaucoup de vie... quelle tristesse ! Il y avait du désordre, et pourtant le cœur de Marwan se mit à battre, très fort : il reconnaissait quand même son *en-bas*.

Au balcon, comme par prémonition ou comme une vigie qui aurait veillé tout l'été, une femme en noir. Petite bonne femme anxieuse dont le visage, soudain, s'est illuminé. On aurait dit qu'un nuage venait de passer, dégageant d'un coup le soleil. Et la voilà radieuse.

— *Maman poule* !

— Marwan ! Marwan ! Mon Marwan !

Déjà elle avait disparu. Aux fenêtres, dix, vingt, trente têtes :

— C'est Marwan ! Il est là, il est revenu !

Il a sauté du camion et s'est retrouvé face à face avec une femme en pleurs, qu'il trouvait belle, qu'il trouvait jeune, qu'il trouvait émouvante, avec ses yeux noirs, ses cheveux défaits et ses pieds nus, là, en chemise de nuit au milieu de la rue :.

— *Maman poule*, a-t-il murmuré.

— Mon Marwan, où étais-tu passé ? Je t'ai cherché partout... partout... partout...

Une grande lassitude mêlée d'une joie immense. Elle expliqua :

— Je suis allée voir les Palestiniens. Ils ne savaient pas où tu étais. Ils m'ont dit que tu étais peut-être parti avec les jeunes qu'ils ont emmenés dans le Sud, pour oublier la guerre. Tu étais là-bas, dis ?

Marwan ne répondit pas. Sa mère le serra contre elle, le secoua, l'embrassa et lui fit promettre :

— Tu ne partiras plus jamais. Tu ne me laisseras plus.

— Plus jamais.

— Ici, tu sais, les choses vont mal. Ça a repris la semaine dernière. Pourtant l'été avait été calme. On y croyait. Et puis, début septembre, il y a eu des incidents dans deux ou trois villes... maintenant c'est ici. Ton père pense que ça ne finira jamais.

— Il exagère, plaisanta Marwan. Où j'étais, c'était tranquille.

— Où étais-tu ? insista la mère.

Toujours pas de réponse. *Maman poule* prit un léger recul, regarda son fils, l'examina plutôt, sonda le regard et ses propres yeux s'assombrirent, si cela était encore possible :

— Dis-moi ce qui s'est passé. Tu ne souris plus. Tu n'es plus le même. Tu n'es plus le Marwan que j'ai connu. Pourquoi cette mine, pourquoi ce visage grave ? Oui, dis-moi ce qui s'est réellement passé.

Marwan prit *maman poule* par le cou et l'entraîna dans la montée d'escaliers. Il avoua :

— J'étais à Baalbek. J'ai suivi un entraînement.

Marwan sentit faiblir sa mère entre ses bras. Le visage de la pauvre femme devint blême :

— Oh non, murmura-t-elle. Pas cela.

Elle regarda son fils :

— Qui t'a entraîné là-bas ?

— Hani.

— Celui-là a introduit le malheur chez nous et il causera ta perte.

— Je ne l'ai plus revu là-haut.

— Que comptes-tu faire à présent ? demanda la mère.

— Plus rien. Rester avec toi... surtout pas me battre.

Marwan hésita :

— Et Georges ? Il est revenu ?

— Non. Le quartier se coupe en deux. Bientôt, il y aura deux villes.

— Chiyah ? Deux villes ? s'étonna Marwan.

— Oui, les francs-tireurs sont postés en permanence. Ils nous empêchent de passer. C'est terrible... Je crois que ton père a raison, hélas !

Les jours suivants, ce fut le défilé des voisins. Ils voulaient voir, toucher, entendre Marwan. Mille questions :

— Où étais-tu ?

— Que t'ont-ils appris, là-haut ?

— Pourquoi ne réponds-tu pas ?

— Pourquoi cet air triste ?

— On ne te voit plus en bas, ta mère te garde comme une fille ?

Marwan se souvient :

— Je n'ai pas supporté cette remarque : moi, qui avais appris à me battre, on me traitait de fille ? Chez nous, c'est une véritable insulte ! Alors, je me suis montré. Je suis descendu dans la rue, j'ai été voir les copains. *Maman poule* était inquiète. Elle aurait voulu me garder à la maison. C'était impossible. Je ne pouvais pas rester enfermé éternellement. Simplement, je promis de ne pas m'éloigner, de me tenir en dehors de tout, d'éviter Hani s'il traînait encore dans les parages et surtout de ne plus descendre dans les caves, où les combattants continuaient à former les jeunes.

Marwan, attristé par le spectacle de la rue — images de guerre — poussa jusque chez papa Abou, dans l'espoir de trouver quelque réconfort : la petite maison, le jardin, le bassin aux poissons rouges, la bibliothèque, et surtout le vieux sage. Il avait besoin de sa complicité, de ses conseils, de sa tendresse virile, comme seuls les vieillards savent en donner.

Le cadre n'avait pas trop souffert. Hier oasis d'abondance au milieu de la pauvreté de Chiyah, le royaume de papa Abou était aujourd'hui une enclave de paix : ni empreinte d'obus, ni marque de combat. Qui aurait osé s'attaquer au bien du vieil homme ? Mais lui était atteint : dans le regard, dans le visage et sans doute dans le cœur. Les yeux ne s'illuminaient plus. Ils ne riaient plus. Il n'y avait pas, non plus, ce sourire d'accueil qui voulait dire :

— Je suis content de te voir.

Papa Abou n'était pas brisé. On comprenait qu'il avait perdu ses illusions avant. Mais cette fois, il ne s'intéressait plus à rien. *Que les hommes se débrouillent entre eux ! Ils ne veulent rien entendre ? Tant pis !* Ce devait être cela, le sens de son silence. Lui, avait fait son temps. Il avait dit ce qu'il avait à dire. Sa voix s'était perdue. Il ne tenterait plus rien, pas même une ultime leçon de sagesse : trop tard. Il prit seulement les mains de Marwan :

— Tu es venu me rendre visite.

Quelques mots, peut-être un testament :

— Mon pauvre Marwan, le ciel ne t'a pas gâté ! Tu es un brave garçon, tranquille, gentil, intelligent... et voilà qu'il t'a fait grandir là où les adultes ont perdu la tête, où ils sont devenus bêtes et méchants. Ecoute-moi, mon petit Marwan, toi, il faut que tu gardes la raison. Tu mérites mieux que cela. Reste tel que tu es. Continue à t'amuser, à chaparder dans les vergers, à rire et aussi à aimer la poésie. Ma porte te sera toujours ouverte, et mes livres sont à toi. Je te les donne. Avec mes yeux, ils ne me servent plus à rien.

— Je les lirai tous, papa Abou.

— Brave petit.

Une intense émotion. Une étreinte. Une trêve. Et Marwan a
pris congé. Mais cette visite, il se la rappellerait toujours : chaque
mot, chaque geste et aussi les silences, les regards, les soupirs.

Il a refermé la grille du verger, comme pour protéger le vieillard, comme pour l'isoler de Chiyah, persuadé que cette simple
précaution suffirait à préserver l'oasis. Espérant trouver ici un
éternel refuge.

Papa Abou pouvait être confiant : Marwan resterait intact.

*
**

— C'est pourtant vrai, les choses ne se passent jamais comme
on les a prévues, confirme Marwan avec une dizaine d'années de
recul.

Raymond Aron parlait de *l'infaillibilité de la prévision rétrospec-
tive*. Marwan dit plus prosaïquement :

— Si j'avais su ce qui allait m'arriver en quittant papa Abou !
Mais comment deviner l'engrenage des événements ? Arrivé au
coin de la rue, les balles se sont mises à siffler de tous les côtés.
Devant la boulangerie, en face de mon immeuble, plusieurs
femmes faisaient la queue. Elles ont crié, prises de panique,
courant dans tous les sens, ne sachant plus où aller ni que faire.
Deux d'entre elles sont tombées, blessées. Je me suis précipité.
Elles hurlaient, elles se débattaient à terre, elles saignaient beaucoup et la vue de leur propre sang les impressionnait encore plus.
Il y avait aussi leurs enfants, terrorisés, qui pleuraient, qui
essayaient de les relever. Et les tirs se poursuivaient au-dessus de
nos têtes. J'ai immédiatement pensé à *maman poule* : elle aurait
pu être là, parmi ces pauvres femmes innocentes, en train de
mourir, à cause de ces salauds d'en face qui n'osaient même pas
se montrer ! J'étais fou furieux, écœuré, révolté... je me sentais
impuissant, mais je n'allais quand même pas rester là, comme
une fille à trembler, comme un poltron à assister ou à accepter le
massacre, comme un dégonflé. Les autres avaient commencé. Ils
nous avaient provoqués. Ils s'attaquaient aux plus faibles d'entre
nous et à ce qui nous était le plus cher : nos mères. Inconsciemment, beaucoup de choses ont dû être remuées dans mon esprit

si on tuait les femmes de Chiyah, on voulait la mort de notre communauté. En nous prenant nos mères, on en voulait à notre terre. Et puis c'était la famille qui éclatait : après, ce serait nos sœurs, et puis les enfants, et tout le monde. De toute façon, il était impossible de ne pas réagir, de ne pas se défendre, de ne pas riposter. Il fallait faire justice et marquer sa force, dire qu'on ne se laisserait pas exterminer. C'était une nécessité vitale. C'était notre devoir.

A ce moment-là, je n'ai même pas pensé aux propos d'Hani : *on n'a pas le choix, on ne choisit pas son heure, ce sont les autres qui t'obligeront à te battre, toi aussi tu viendras nous demander des armes, c'est pour ma mère que je me bats.* Tout cela s'imposait avec évidence, nul besoin de réfléchir ni de philosopher. A cet instant, il n'y avait ni Georges, ni les copains vivant en face, malgré eux. Il y avait une situation d'urgence. A terre, les femmes en sang imploraient Allah pour qu'il punisse ceux qui avaient tiré. Leur venir en aide, c'était un instinct humanitaire. Les venger, c'était un instinct de survie pour nous tous. Alors je me suis relevé, j'ai entraîné au passage des jeunes qui étaient avec moi à Baalbek : *allez les gars, il faut y aller !* Nous avions tous fait le serment de poser les armes, mais là, aucun n'est resté sur place. Tous ont foncé dans les caves et ont revendiqué leur fusil qu'on leur a donné immédiatement.

Dans ma tête, une seule phrase revenait comme une obsession :

— *Maman poule* aurait pu être tuée.

Je ne me posais aucune question sur le fait d'avoir pris à nouveau un fusil, ni sur les conséquences de cet acte. Je n'y mettais aucun contenu politique ou idéologique. C'était de l'autodéfense : protéger les miens, mon quartier, mon territoire, me rendre utile... une façon de donner un sens à ma vie, de me racheter aux yeux de tous... de me réhabiliter et d'excuser une fois pour toutes le meurtre, l'homme tombé de l'arbre.

Nous nous sommes retrouvés sur les toits, avec l'autre secteur en face. Mes compagnons étaient encore plus enragés que moi. Nous avons *allumé* tout ce qui bougeait, de l'autre côté. Nous avions atteint un degré d'excitation et de haine incroyable, en très peu de temps. Comme si nous avions toujours été déchaînés, comme si nous étions des sauvages, des fauves libérés. Mais nous n'avions plus l'esprit à réfléchir. Nous étions dans l'action, nous nous entraînions mutuellement. Nous trouvions les raisons d'agir dans l'attitude des autres, dans la folie des autres.

La vision des flaques de sang frais où reposaient les femmes de Chiyah, abattues pour rien sous nos yeux, ne nous quittait plus. Nous voulions, nous aussi, notre part de sang. Nous y avions droit, comme réparation. C'était la seule justice possible. C'était la seule façon de nous protéger, de dire que nous existions et que, nous aussi, nous pouvions semer la terreur.

J'aurais voulu infliger au camp d'en face les malheurs qu'ils avaient provoqués chez nous. Dans ma ligne de mire, je cherchais avec fureur, avec désespoir, une femme d'*en face*. N'importe laquelle aurait pu se présenter : fillette ou grand-mère, j'aurais tiré. Je l'aurais descendue... même si j'avais reconnu une amie d'enfance, j'aurais tiré, pour me punir d'avoir tellement attendu avant de protéger les miens, d'avoir laissé ces pauvres femmes se faire tuer sur le trottoir, devant ma porte.

Ma réaction était normale. Mon peuple attendait cela de moi et de tous ses enfants. Il était désormais impensable de rester à l'écart. Il était exclu de suivre les conseils de neutralité du père et de sagesse de papa Abou. Le pauvre vieux était dépassé ! Bien gentil, au fond, mais hors de son temps. Extérieur à l'enjeu : il avait fait sa vie. Mais moi ? Je la commençais. Je devais bâtir mon avenir. On m'attendait, on m'observait. Mon attitude, en ces heures dramatiques, me collerait à la peau. En fonction de mon choix immédiat, je serais à tout jamais héros ou lâche. Pour la première fois, je compris que j'étais impliqué, complètement et irrémédiablement impliqué dans les événements. Ne pas m'en mêler était impossible. La guerre me happait, malgré moi. Hani voyait juste : pas question de se dérober. Ce n'était pas une véritable option personnelle, pas une décision, mais un accident. Après ce que j'avais vu, je ne pourrais plus être un adolescent indifférent, ni aller à la plage en T-shirt, pendant que les autres se battraient. Personne ne l'aurait compris, personne ne l'aurait accepté ni permis. Pas même *maman poule*. Son fils, aujourd'hui, devait porter secours à Chiyah, défendre les femmes du quartier, protéger sa mère, ses sœurs, sa maison.

Aucun copain n'a échappé à cette logique, sauf un peut-être...
il est entré dans l'armée ! Mais tous les autres, quels que soient
leur âge et leurs projets, se sont trouvés engagés dans la guerre.
Tous ont réclamé un fusil. Dix ans après, ils se battent toujours.
Comme moi. Une page était tournée. Nous savions que certaines
choses ne reviendraient plus jamais : adieu la vie, les filles, la
jeunesse ! Nous ne songions même pas à nous plaindre. Nulle
nostalgie. C'était ainsi. Une fatalité, une nécessité, une obligation. Et si quelqu'un s'était hasardé à hésiter, nous aurions su le
convaincre.

Voilà comment tout a basculé. Tout est arrivé très vite, d'une
façon imprévue et pourtant naturelle, vous le voyez. C'est ce
jour-là que je me suis véritablement renié, sans le savoir, sans y
penser. Oui, ce jour-là, j'ai accepté de changer le cours de ma vie.
Plus, j'ai accepté de me changer, radicalement, d'aller contre ma
nature parce qu'il n'y avait pas d'échappatoire digne, respectable.
Mais je savais aussi ce que cela impliquait. Je n'étais plus innocent. On ne m'a donc pas véritablement piégé : à Baalbek, j'avais
appris ce qu'était la guerre, ce qu'elle signifiait... jusqu'à l'horreur
totale. Je savais que, possédant la théorie, je devrais forcément la
pratiquer : à la place des mannequins que l'on égorgeait là-haut,
il y aurait des hommes. Je ne l'envisageais pas le cœur léger...
mais je connaissais l'avenir, mon avenir. Et je savais aussi que je
me battrais comme un diable, moi le garçon tranquille, car ce
serait lui ou moi, l'ennemi ou moi, le salaud ou moi... devant
pareille option, personne n'hésite. Ce n'était ni une alternative,
ni un dilemme. L'autre, celui d'en face, ne m'aurait pas. Une
façon de m'installer dans mon nouveau personnage ! Un seul
regret : ne pas avoir appris plus de choses au camp d'entraînement de Baalbek. Les instructeurs avaient raison : on y ensei-
gnait l'essentiel pour un homme. Tout le reste paraissait subitement dérisoire.

Marwan se détend. Son regard se perd à nouveau. Il parle à
l'interprète, sur un ton que je ne lui connais pas. Comme s'il était
sorti du récit. A voix basse, avec une sorte d'affection, ou de
confidence très profonde, presque étonnée. Une phrase ponctuée

d'un sourire amer, un silence, puis d'autres mots égrenés qui relancent la confession, ou la précisent, ou sollicitent de lointains souvenirs oubliés. Un signe de la tête pour me désigner à l'interprète :

— Traduis ce que je viens de dire.

— Il dit qu'il n'avait jamais réfléchi à tout cela. Il n'avait pas eu le temps. Mais maintenant, avec tes questions, il se souvient bien. C'est vraiment là que tout a basculé, que tout a commencé. Sur ce petit incident, sur ces femmes baignant dans leur sang. Ça a tout déclenché. Il suffit d'un détonateur. Après, c'est trop tard pour revenir en arrière, pour se remettre en question, pour changer de voie. Oui, il s'est dit : *maintenant, plus question de jeter les armes.* C'était ça, le début, l'accouchement du tueur.

9

COMBATTANT

— La guerre est devenue ma seconde peau.

Marwan aime les formules, mais il ne les maîtrise pas réellement. Ainsi, il ne mesure pas toute la justesse de celle-ci. Jusqu'à présent, il avait parlé d'un adolescent, enfant de Chiyah, auquel il s'identifiait et pour lequel il éprouvait sympathie, tendresse et complaisance. Marwan, c'était lui. Bien lui.

Désormais, le ton change. Il bascule en même temps que le personnage. Etonnant ! Marwan ne parle plus de lui. Enfin, pas vraiment de lui. Il parle d'un combattant, d'un milicien ou d'un tueur qui porte son nom, ses vêtements, qui a emprunté son visage et son passé mais en qui il ne se reconnaît pas, dans son intégralité du moins. Bref, Marwan prend ses distances. Il ne revendique pas la gloire du héros. Il lui arrive de se désigner à la troisième personne... quand le récit devient trop impitoyable.

Il est Marwan, bien sûr. Mais Marwan, ce n'est pas lui.

Comment expliquer cette subite pudeur, cette prise de hauteur ? Modestie ou, au contraire, dégoût par rapport aux actes qu'il a commis ? Je pencherais plutôt pour l'indifférence. Il nous raconte une histoire qui est la sienne mais ne le concerne pas. Elle n'est plus son aventure, puisqu'il ne l'a pas choisie. Il la vit, il la subit. Mais son destin lui a échappé. S'il avait pu décider de son existence, il aurait opté pour un autre itinéraire. Celui-ci ne correspond pas fondamentalement à son tempérament, à ses aspirations. Il a été, d'une certaine manière, dépossédé de sa vie. D'où ce subit détachement. Ou ce dédoublement. Cette *seconde peau*, n'en a-t-il pas besoin pour surmonter ses aversions, pour commettre ses forfaits ? Pour lui coller la responsabilité de ses crimes ? Pour se donner, à lui, bonne conscience ?

Il doit faire la différence : d'un côté l'authentique Marwan — le bon, celui d'*avant* les événements — de l'autre côté le second Marwan — le méchant, celui de la guerre, celui que l'on a fabriqué. Ainsi, après onze ans d'horreur, l'enfant de Chiyah peut-il nous regarder sereinement en proclamant :

— Je n'ai rien fait de mal.

Le mal, c'est l'autre qui l'a commis. Merveilleuse démarche ! Une sorte d'état second permettant de vivre la guerre, d'affronter les atrocités, d'y participer et d'en sortir intact. La comédie ou la tromperie l'autorisent à avancer, de combat en massacre, sans trop de dommages. Ses mains tuent. Ses yeux enregistrent. Le cerveau décode et la mémoire attribue le meurtre à un autre.

Quand il nous repasse l'action, Marwan est comme un acteur visionnant son film. C'est de la fiction. A tel point qu'il fait parfois référence au cinéma pour préciser une situation réelle. Un comble ! Il tue... comme au cinéma !

Marwan première version nous a confié ses souvenirs d'enfance. Il aimerait se cantonner dans ce rôle. Marwan seconde version nous raconte quelque chose qui est arrivé quelque part à quelqu'un. Il oublie seulement que la chose était atroce, qu'elle est arrivée chez lui, qu'il était ce quelqu'un. Si bien que nous ne tomberons pas dans le piège. Pour nous, il n'y a pas d'*avant* ni d'*après*. Il y a une continuité. Un Marwan unique qui évolue. Sa propre mère ne s'y trompe pas. Elle dit :

— Je connais ses crimes. Mais pour moi, c'est toujours Marwan.

En cet automne 75, c'est donc bien le lycéen Marwan qui a pris les habits et les armes du milicien.

Marwan s'est présenté à un bureau du Fatah, une des composantes de l'OLP. C'était dans les sous-sols de Chiyah, juste sous l'épicerie de Joseph qui l'a salué au passage. Joseph le chrétien, qui a refusé de quitter son tabouret, c'est-à-dire Chiyah, secteur musulman ! Dans les caves, on recrutait nuit et jour, sur-le-champ. Quelques mots pour changer le cours d'une vie et,

peut-être, de l'Histoire. Il y avait des caisses de munitions empi-
lées jusqu'aux plafonds. Derrière une table et un fichier métal-
liques, un combattant a accueilli Marwan :

— On va te confier une mission.

Il a pris un Kalachnikov, deux grenades, et il a rejoint son
poste. Ils étaient huit adolescents, encadrés par deux Palestiniens
expérimentés. Leur rôle : tenir un carrefour. Leur secteur : un
territoire de cinquante mètres sur cinquante mètres. Plus loin, il y
avait d'autres gamins, d'autres canons pointés, d'autres postes
aux noms de Mar Maroun, axes Mar Michael ou Matahen. La
presse locale parlera des *axes traditionnels*. Tout un programme !
Traduisez : les zones habituelles de combats, les points chauds ou
— selon le mot de Marwan — le *merdier*. Depuis que Beyrouth
s'embrase, l'étincelle jaillit ici. D'emblée, le milicien Marwan
était placé au centre du brasier. Rien ne lui serait épargné.

C'est là qu'est née la ligne de démarcation. La ligne verte
puisque la végétation y est la seule forme de vie admise. Elle
sépare une famille en deux mondes. Un no man's land. Un face à
face interminable. Un champ de ruines muettes et de mort,
infranchissable. Même les chats s'y font descendre, par principe :
rien ne doit vivre, rien ne doit bouger. A l'ouest de la ligne, côté
Marwan, les musulmans. A l'est, côté Georges, les chrétiens.

Le poste de Marwan était installé dans un immeuble moderne,
vidé de ses occupants, criblé de balles, percé par les obus, avec des
sacs de sable à toutes les ouvertures : sacs kaki ou sacs rouges.
Spectacle de Beyrouth. La tanière type du milicien. Mi block-
haus, mi passoire. Derrière, s'étendaient les immeubles avec les
toits mutilés mais les rues étaient animées. Devant, en face, des
remblais de terre rouge, des obstacles antichars, des carcasses de
voitures, des blocs de ciment pour couper toutes les voies de
communication, tout contact, tout échange, tout passage. Et les
façades mortes, comme le reflet de vos propres façades mortes :
mêmes impacts de balles, mêmes blessures d'obus, mêmes sacs de
sable, même silence et même angoisse. Des trous noirs béants et
des yeux invisibles qui vous épiaient, des jumelles qui vous
cherchaient, des canons qui vous braquaient. Deux lignes de
front figées, dans un décor de ville fantôme où l'on flairait la vie
sans pouvoir la situer.

Le groupe de Marwan était donc là, terré. Il y avait des gosses de Chiyah, dépassés par les événements, un médecin idéaliste qui ne resterait pas très longtemps, quelques voyous à la recherche d'un statut d'impunité pour commettre leurs forfaits de plus en plus osés. Il y avait aussi l'appât de la solde : 320 livres mensuelles contre 50 pour les petits métiers de Chiyah. Le milicien, âge moyen vingt ans, rêvait d'un appartement, de meubles et de mariage d'ici quelques années. Marwan s'était bâti un plan d'économies : l'idéal aurait été une guerre de cinq ans, avait-il calculé. Des mercenaires ? Non. Il n'y avait pas d'autres occupations et c'était un devoir, même volontaire. D'ailleurs, payés, nourris, logés, il n'y avait pas à se plaindre.

Maman poule était à trois cents mètres, mais Marwan ne la voyait pas. Consigné au poste. Mobilisé par la bataille. La mère faisait passer des lettres :

« Nous tremblons pour toi. Sois prudent. Tu nous manques. Pourquoi ne viens-tu pas te reposer à la maison ? »

Marwan ne répondait pas.

Il attendait les ordres. Ils étaient clairs :

— Tirez !

— Cessez-le-feu !

Marwan se souvient :

— C'était une période folle. Entre le 15 septembre et le 31 octobre, nous avons connu dix cessez-le-feu. A chaque fois, ça repartait. Un enfer ! J'étais en première ligne. Le ciel était en flammes et la terre s'ouvrait. Nous étions sourds et aveugles. Nous tirions comme des fous, à en avoir mal aux mains. Nous pataugions dans les douilles et nous ne comprenions rien. Impossible de savoir ce qui se passait en face : ça brûlait, ça explosait. Et alors ? Y avait-il des morts ? Combien restaient debout ? Et puis un jour, un copain a été pulvérisé à côté de moi. Je l'avais toujours connu. Nous étions ensemble à l'école primaire. Il s'appelait Hamad. Une balle lui avait traversé le ventre. Il se tortillait par terre, il hurlait, il me regardait, il perdait tout son sang. Je suis sorti par derrière et j'ai crié dans la rue : *Une voiture ! Vite, une voiture !* Mais il n'y en avait pas. Personne ne répondait. Ils étaient tous planqués chez eux. Si bien qu'Hamad est mort, dans mes bras. Je pleurais, je l'embrassais. Je lui demandais de ne pas

mourir. Il me regardait, comme s'il ne comprenait pas. Et puis...
c'était fini. Je n'avais rien pu faire pour lui. J'étais enragé. J'en
voulais à tout le monde. Je suis sorti à nouveau. Les combats
étaient suspendus. Un homme, d'une cinquantaine d'années, a
demandé tristement : *C'est vous qui cherchez une voiture ?* Il avait
une vieille Buick et il n'avait rien dit tout à l'heure ! Il n'avait pas
porté secours à Hamad. Je me suis assuré une nouvelle fois qu'il
avait bien une voiture, là, à portée de main. Il a confirmé. Alors,
cette fois, j'ai déchargé mon arme dans son ventre. A bout portant. Dix balles peut-être. Jamais je n'avais tiré d'aussi près sur un
homme. Jamais je n'avais descendu quelqu'un qui me touchait
presque, yeux dans les yeux. Il était collé au canon de mon
Kalach et il a tout pris dans les tripes. Moi, ça ne m'a rien fait.
Absolument rien. Je n'ai rien éprouvé. Il fallait que je le tue,
c'était tout. Un acte obligé. Un coup de colère et un coup de
vengeance. Après, je suis retourné à mon poste. J'avais déjà
oublié le bonhomme, mais je pensais à Hamad et surtout à sa
pauvre mère. Comment lui annoncer la mort de son fils ? C'était
cela le plus terrible.
    La suite est stupéfiante.
    — Tout le monde savait que j'avais tué cet homme, pour rien,
à bout portant. Beaucoup de gens avaient assisté à la scène, dit
Marwan. Cela m'a aidé plus tard. On me craignait, on me respec-
tait. J'avais prouvé publiquement ma détermination. J'étais un
vrai guerrier. J'allais pouvoir me vanter de cette prouesse et
j'étais assuré de l'impunité. C'est la base de la guerre.
    — Tu avais égalé Hani, avec *mama-Joseph*.
    — C'est un peu cela.
    — Tu n'avais pas peur des représailles ?
    — Quelles représailles ?
    — La famille.
    — Beyrouth, ce n'est pas la jungle. On ne peut pas systémati-
quement se lancer dans la vendetta. Les enfants de cet homme
savaient que j'avais tué leur père, et je les ai vus plus tard. Il ne
s'est rien passé. Ils assimilaient plutôt cela à un accident et, par la
suite, j'ai eu l'occasion de leur rendre un service. La mort, c'est
une fatalité.

Pour Marwan, elle devint également une routine. Il recevait l'ordre de se battre, il se battait. Un cessez-le-feu, il s'arrêtait. Immédiatement. Sans bavures. Ce qu'il y avait en face, il ne l'identifiait pas concrètement. C'était l'ennemi. Tout ce qui bougeait était l'ennemi et devait être descendu, allumé, liquidé. Mais il n'y mettait aucun visage.

Une femme étendait son linge, de l'autre côté de la ligne ? Il visait, il tirait, elle s'écroulait. Déjà, il cherchait une autre cible. Pour lui, à aucun moment, il n'était question d'une vie interrompue. C'était totalement abstrait. Il ne pensait ni à la mère de Georges, qui aurait pu être la femme au bout du canon, ni à sa propre mère :

— Sans cela, on poserait immédiatement le fusil, dit-il. Mais cette désertion-là, on ne l'envisage jamais. On réduit la pensée à une cible, à la façon de prendre un immeuble, à l'arme la mieux adaptée pour tel ou tel objectif. D'ailleurs, nous tuons à distance et nous ne voyons pas le drame. Nous ne cherchons même pas à comptabiliser nos victimes. C'est sans intérêt. Une seule vie importe : la nôtre.

— Jamais de cas de conscience ?

— Non. On reçoit des ordres, des missions. On les exécute le mieux possible. Hani avait raison : ceux qui pensent sont au cimetière.

— Jamais peur d'être manipulés ?

— Mon père me disait toujours que nous étions des pions. Et alors ? J'étais payé. Je n'avais pas le choix d'un autre camp. L'argent et les armes pouvaient provenir de n'importe où, ça ne faisait pas de différence. C'était le problème de nos chefs. Nous leur faisions confiance. D'ailleurs, qui peut se vanter de connaître le dessous des choses ? Ni vous ni moi. L'important était d'avoir une arme et d'appartenir à un groupe qui nous défendait, qui nous couvrait. Se tenir à l'écart aurait été suicidaire. Se proclamer étranger à tout cela aurait été mortel. Il en est ainsi durant les guerres civiles. Une fois encore, on est forcément impliqué. Les Espagnols ont vécu cette situation. Vous pouvez la vivre un jour.

Marwan prétend que ces choses-là arrivent vite et que l'on s'y habitue parfaitement. A l'en croire, le lycéen Marwan n'a pas mis plus de trois mois à devenir un authentique milicien et à trouver quelque avantage, quelque charme, quelque plaisir à sa nouvelle vie :

— Nous étions tous des gamins de Chiyah. Nous nous connaissions depuis l'âge de six ou sept ans. Il y avait une bonne ambiance. Nous avions toujours des histoires à nous raconter, des souvenirs qui englobaient ceux d'en face, Georges et les autres. Ils devaient se raconter les mêmes récits, les mêmes blagues. Ça nous faisait rire. On parlait d'un tel ou un tel qui était sympa et qui nous allumait aujourd'hui. Nous écoutions aussi les Palestiniens, avec admiration, car c'étaient de sacrés combattants. Nos discussions duraient toute la nuit, en période de trêve, assis sur des caisses ou des bidons percés (tout était percé !). Nous buvions de la bière, nous nous passions des cigarettes de haschich. Nous dansions entre nous, sur les airs connus, écoutés à la radio. Plus de contraintes, plus de lois... c'était très confortable. Ça arrangeait beaucoup de monde. Et plus la guerre avançait, plus nous aimions ce mode de vie, plus les gens s'en accommodaient, plus ils y trouvaient leur compte... à en oublier finalement la normalité, à redouter la paix, le silence, la légalité.

Marwan trouve une confirmation à ces propos sacrilèges dans une enquête réalisée après onze ans de guerre auprès de la population de Beyrouth, toutes classes sociales et toutes tranches d'âge confondues : seules 26,7 % des personnes interrogées se déclarent prêtes à des concessions pour obtenir la paix[1].

Marwan me regarde avec défi :

— Vous voulez savoir comment un individu normal en arrive à tuer ou à accepter la guerre ? demande-t-il. Eh bien la réponse est là : par confort personnel. Parce que la guerre, c'est l'absence de barrières, de limites, d'interdits. On est prêt à beaucoup de choses pour avoir le droit, en toute impunité, de s'approprier la voiture, la maison, la femme de son voisin. Pour avancer dans la vie, guidé par son simple instinct. Pour abattre tous les obstacles à coup de mitraillette. Pour se sentir invulnérable, le plus fort, grâce à une arme. C'est cette jouissance-là que j'ai découverte assez rapidement : je pouvais faire tout et n'importe quoi. J'étais le roi. Un héros. Nous avions tous les pouvoirs. Nous avions fait fuir l'armée, la police, les lâches, les chrétiens et tous les gêneurs.

Dans la furie des combats, flirtant avec la mort, tous ces sentiments mêlés atteignaient leur paroxysme. C'était ma façon, à
moi, de faire l'amour.

Etre un héros, être aimé et admiré, appartenir à une famille : la
grande obsession de Marwan, dès le début de son engagement, et
l'ambition de bon nombre de combattants. Ils sont soucieux de
leur image de marque et, en plus, ils réclament de l'affection. Ils
ne se voient qu'en héros positifs, forcément sympathiques aux
yeux des autres. C'est une façon d'impliquer la population, de la
rendre complice de leurs forfaits. Ils ont l'alibi du justicier ! Ils y
trouvent une légitimité, une noblesse.

Cette attente affective, je l'ai notée jusque chez un Noir américain, ancien du Vietnam, converti à l'Islam et milicien du mouvement chiite Amal[2]. Il était venu se battre au Liban parce que « les
gens y ont un cœur ».

— Ils appartiennent à une seule famille physique et morale,
expliquait-il.

Il m'a parlé avec chaleur de la solidarité entre combattants... du
même camp. La richesse de sa vie sociale à Beyrouth était un sujet
d'émerveillement. A l'entendre, la guerre n'était pas l'essentiel.
L'important, c'était d'être aimé, connu, interpellé dans la rue par
son prénom, d'apporter quelque chose à ces gens et recevoir en
retour leur affection, leur gratitude. Mais, surtout, l'important
était de faire figure de héros.

Aux Etats-Unis, me dit-il, il n'aurait pas compté. Un zéro. Au
mieux un anonyme. Au pire, méprisé. On aurait pu lui marcher
dessus dans la rue, avec en prime un coup de pied dans les fesses.
Là, au contraire, il était un personnage. Bref, il existait !

Marwan ressentit la même chose dès les premiers jours dans la
milice : la guerre lui donnait une existence, une identité, un rôle,
une place sociale, une respectabilité. Il était plus important qu'un
ministre ! Il avait plus de pouvoir et il était plus fort que le
président de la République, tout seul dans son palais dérisoire !

— J'avais vraiment le sentiment de vivre des moments excep-
tionnels, qui n'étaient pas à la portée de tous. Chaque minute
était intense, imprévisible.

Marwan tire quelque fierté de cette expérience :

— Avec mon arme à la hanche, je me sentais un surhomme.

Quel choc pour moi, le lycéen timide de Chiyah, de me balader dans les rues avec un Kalachnikov chargé, sans restriction d'utilisation ! Tout le monde me regardait, m'admirait. D'instinct, je bombais le torse. Je me sentais un autre homme. L'arme me changeait, me donnait une autre dimension. C'était fantastique. J'étais superman !

Je souris mais Marwan le milicien me reprend :

— Ne riez pas ! Vous ne savez pas ce que c'est. C'est une règle absolue à laquelle personne n'échappe. Le plus minable se prend soudain pour Rambo, avec une arme dans les mains. Ça marche à tous les coups, quelles que soient votre origine, votre opinion, votre confession, votre sensibilité. L'arme donne la supériorité, l'invulnérabilité. Au contraire, désarmé, on se sent lamentable.

Tout naturellement, Marwan en vient à parler de l'esthétique de la guerre :

— Oui, en très peu de temps, j'ai trouvé que la guerre était belle... parfois.

Et le voilà de nouveau poète. Il récite une ode au RPG, le lance-roquettes antichars, une arme très prisée à Beyrouth et pas seulement contre les blindés :

— C'était au cours d'un combat de rue. Il y avait un Palestinien avec un RPG. Il courait, s'immobilisait au milieu de la chaussée, son long tube à l'épaule, la roquette au canon. En quelques secondes, il ajustait son tir et, d'un seul coup, il y avait un souffle, un sifflement, presque une musique : la roquette partait de son épaule. C'était magnifique, impressionnant, comme un volcan, tout rouge. L'engin filait, on pouvait le suivre des yeux. Il laissait une longue traînée de feu, de dix ou vingt mètres. J'étais là, bouche bée, fasciné, comme un enfant. La roquette a parcouru en quelques secondes cinq cents mètres, puis elle a explosé sur un immeuble qui a pris feu. Quel spectacle ! Je me suis dit qu'il fallait absolument que j'essaye, moi aussi. C'était la plus belle arme existante, c'était grisant de tirer avec ça. Ce fut vraiment une révélation. Il y a tout un rituel autour du RPG, avec le cri guerrier lancé au moment du tir. Quelque chose de fantastique.

Je suis immédiatement retourné au poste et j'ai réclamé un

lance-roquettes. On me l'a donné sans problème, avec trois munitions, en s'assurant seulement que je savais m'en servir. Bien sûr, je savais, mais je n'avais jamais essayé en dimension réelle, en combat comme aujourd'hui. Un Palestinien m'a accompagné. C'était le soir. La nuit tombait déjà et ça se calmait un peu. On n'entendait plus que des tirs isolés d'armes automatiques. Mais moi, je voulais quand même me servir du RPG, pour voir.

Nous sommes montés sur le toit d'un immeuble. Nous dominions le quartier. A cent mètres, il y avait un appartement éclairé, légèrement en contrebas. Calmement, j'ai visé la lumière. Et puis j'ai appuyé sur la gâchette, comme ça, comme j'aurais jeté une cigarette dans le vide. Il n'y a eu aucun recul. J'ai entendu le merveilleux sifflement de l'air et puis il y avait cette trace de feu, comme un feu d'artifice, comme une comète... quinze mètres de feu, rouge et orange, des couleurs très belles, très chaudes. J'étais très ému, bouleversé par ce spectacle que j'avais provoqué. Là, j'ai compris : le RPG, ça serait mon arme. Jamais je n'avais été aussi heureux. Une sensation de force absolue, de surnaturel, de science-fiction. J'étais un guerrier invincible, venu d'une autre planète. Mon compagnon m'a confirmé : *maintenant, tu es très fort. Tu peux tout faire avec ça.*

Après, j'ai vu un immense champignon rouge et une explosion, l'apothéose. La roquette a pulvérisé l'appartement et tout a cramé dans le ciel noir. C'était féérique, comme un engin céleste qui aurait mis le feu à une tour. Et puis, ce fut le silence. Je suis resté là, sur mon toit, à admirer le spectacle, très longtemps, à méditer sur la précision du tir, sur la beauté de la scène, sur toutes les possibilités qui s'ouvraient à moi. C'était l'extase totale, l'ivresse : une musique aux oreilles, l'odeur de poudre aux narines et des couleurs plein les yeux.

Le bonheur se lit sur le visage de Marwan. Il précise :
— En onze ans de guerre, j'ai tiré au moins cinq mille roquettes, tu te rends compte ? Cinq mille ! Cinq mille orgasmes ! Je n'avais jamais couché avec une femme, mais ça ne pouvait pas être plus fort, meilleur. Ça, j'en étais sûr.

— Cinq mille roquettes ? Et tu as pensé à ceux qui étaient en face ?

— Non, ça n'a rien à voir. Qu'il y ait quelqu'un ou non, c'est pareil. Ce qui compte, c'est le sifflement, la queue de feu, l'incendie. Le spectacle, quoi ! On ne pense à rien d'autre. Là encore, on vise et on touche une cible. C'est formidable de l'atteindre. On ne met pas de visages, pas d'histoire là-dessus. C'est trop loin. C'est purement personnel, égoïste comme plaisir. On ne sait pas s'il y a des gens dans l'immeuble. Parfois, le lendemain à la radio, on apprend qu'il y avait une famille. Mais c'est déjà trop loin, la page est tournée. Et puis, c'est encore abstrait. On ne les connaît pas ces gens. On ne les a pas vus brûler. D'ailleurs, c'est la guerre. Non, vraiment, on ne se pose pas ce genre de questions. Le RPG, c'est réellement l'arme par excellence, celle qui vous transforme, vous donne toutes les audaces, vous fait passer la peur. On est sur une autre planète. Et là, on se prend complètement pour un héros.

NOTES DU CHAPITRE 9

1. Sondage auprès de 172 Libanais de toutes confessions, dont 12% de combattants chrétiens et musulmans, publié par As-Afir, le 13-4-86.
82% des personnes interrogées estiment que la guerre n'a pas atteint les objectifs fixés par les protagonistes, 26,7% accepteraient des concessions pour la paix, mais 23,2% préfèrent la poursuite de la guerre et 36% sont hostiles à toute concession, bien que favorables à une solution négociée.
2. Le mouvement *Amal* (l'Espoir) est un des grands protagonistes de la guerre du Liban. Créé dans les années 70 par l'Imam Moussa Sadr, il est à l'origine proche des Palestino-progressistes qu'il combattra ensuite, se rapprochant de la Syrie puis de l'Iran. C'est la milice des Chiites libanais (presque 30% de la population), l'une des plus puissantes avec 10.000 combattants fortement armés. Elle contrôle largement Beyrouth-Ouest.
Après s'être battu aux côtés des Palestiniens, Marwan rejoindra *Amal*, qu'il quittera à l'été 85 après la bataille des camps... contre les Palestiniens.

10

QUE LA GUERRE EST BELLE !

Que la guerre était belle, Marwan ! 1975-76 : cinquante mille morts déjà dans ton pays, deux cent mille blessés, cinq cent mille personnes déplacées, chassées. Des villages entiers rasés, disparus avec leurs habitants. Un Etat éclaté, une armée désintégrée, une population déchirée. La rue aux milices : balles perdues ou non, vols, viols, rapts, attentats, tueries préméditées. Massacres au canon, à l'arme blanche, mains nues. Une date parmi d'autres : 6 décembre 75, deux cents musulmans assassinés. La vengeance suivra. Puis la vengeance de la vengeance. Et ainsi de suite. Une seule défense contre l'horreur : l'horreur. Une seule réponse à la violence : la violence. Beyrouth était définitivement coupé en deux : ligne de la honte dont personne ne s'est offusqué. Deux mondes, là aussi : l'Est et l'Ouest. Georges ne repasserait plus jamais la Ligne.

Tu avais seize ans à présent. Les combats avaient gagné toute la ville. La fièvre de Chiyah, comme la peste, s'était propagée partout. Le secteur des grands hôtels, symbole de prospérité et d'hospitalité, n'était plus que carcasses de béton et de fer, calcinées et désertées. Elles se dressaient vers le ciel pour témoigner que les choses avaient changé, irrémédiablement, ostensiblement. Monuments à la gloire de la guerre. Temples en l'honneur de la guerre. Rien n'avait été épargné : ni les vieux palais orientaux, ni le souk, ni les anciennes ruelles du centre ville, ni les églises, ni les mosquées, ni les immeubles futuristes du front de mer, devenu front de ruines, présentant au monde la pitoyable façade du nouveau Beyrouth. La cicatrice était partout. Seuls les buildings des grandes banques étaient intacts et le palais d'un vieillard milliardaire nommé Pharaon, juste sur la ligne de démarcation. Sa maison faisait le pendant, au pays des riches, de l'oasis de paix de papa Abou, au pays des pauvres. Au prix de quel marché ?

Le jour, on se battait. La nuit, on se bombardait. Il pleuvait du fer sur Beyrouth. Des tonnes d'obus, des millions de projectiles de tous calibres. On vivait sous terre. Le matériel de combat était de plus en plus sophistiqué. Il faisait désormais partie du paysage, s'intégrait au décor. A Pékin les bicyclettes, à New York les taxis jaunes, à Londres les bus à deux étages, à Beyrouth les blindés. On en apprenait en naissant les noms barbares : transports de troupes M-113, blindés légers M-706, chars M-48 (américains), T-62 (soviétiques), Centurion (britanniques), automitrailleuses BRDM-2, canons M-46... d'année en année les sigles évoluaient, avec les équipements. Le parc s'élargissait. Bref, on n'arrêtait pas le progrès.

Semaine après semaine, la ville s'est métamorphosée. La ville, c'est-à-dire les gens. Ils avaient beau cacher élégamment leurs plaies ou, comme ils disaient, *faire son compte à la mort*, ils n'étaient plus les mêmes. Les esprits brûlaient et en ruine étaient les âmes, et en miettes étaient les cœurs. Quant aux yeux, à force d'avoir trop vu, ils ne voyaient plus rien. La bestialité devint normalité.

D'un mois à l'autre, de nouveaux combattants venaient en renfort. Des Palestiniens, puis les Israéliens et enfin les Syriens. Tout cela en deux ans ! Ils ne s'étaient donné rendez-vous que pour une mort commune. Un jour, dans la campagne libanaise, un vieux berger m'a conté un poème :

« Des bêtes féroces se disputent ma pauvre terre... »

Y a-t-il plus juste constat ?

Toi, Marwan, tu ne comprenais plus rien. Tu n'avais d'ailleurs pas aussi folle ambition. Tu te battais. Comme une profession, avec du travail tous les jours et un salaire fixe à la fin du mois, ce qui n'était pas donné à tout le monde. Les fines bouches, elles, étaient au chômage.

A regarder Beyrouth ainsi, on se disait qu'il ne pouvait plus y

avoir le moindre souffle. Pessimisme ! Il y avait toujours assez de
vie pour donner la mort. Le mot revenait comme une obsession :
dans les esprits, dans les faits, dans le jeu des enfants (ils mimaient
la guerre des adultes dans les ruines de la Cité sportive), et en
première page des journaux. Autrefois, la presse de Beyrouth
titrait sur la dérision, c'est-à-dire bien souvent le bonheur : chronique politique de province à laquelle le monde ne pouvait
décemment pas s'intéresser, tour de chant, scandale mondain,
ouverture des stations de sports d'hiver, défilé de mode, vie
parisienne.

Aujourd'hui ces mêmes journaux faisaient la Une sur les
batailles. Aucune édition n'a jamais manqué de matière ! On
collait à chaque épisode un nom : bataille des hôtels, guerre des
camps, guerre de la montagne. Points de repère pour une vie
entière.

Quand tu nous racontes tout cela, Marwan, c'est presque une
ballade. Oubliées les victimes et les souffrances. Derrière tes
sanglants exploits, tu n'imagines aucun visage, aucune injustice,
aucune folie. Cela ressemble à nos résumés, dans les livres d'Histoire, où l'hécatombe prend les couleurs d'un tableau. Pourquoi
les protagonistes, les chefs, les témoins, les peintres et souvent les
écrivains ne retiennent-ils des combats que le panache et l'épopée ? Pourquoi nous faire croire, toujours, que la guerre est
belle ?

Marwan réfléchit. Il cherche sa réponse. Troublé. Finalement,
il précise :

— Non, ce n'est pas vraiment cela. La guerre n'est pas belle.
Les combats sont un enfer. Mais on ne se bat pas toujours. Et il y a
des contreparties. C'est comme la paix : des moments de bonheur et des moments de malheur. Sauf que là, il y a des périodes
très fortes, très violentes... puis le grand calme, la détente...
Parfois, bien sûr, je rêve d'une vie sans armes, sans peur, sans
torture. Mais je n'ai aucun pouvoir sur les événements. Je n'y
peux rien, moi... alors, je suis le mouvement. Je continue. Je me
bats. Et je tue. Je ne sais rien faire d'autre, je n'ai pas d'autre
raison d'être. C'est ça le drame. Pareil pour tous mes copains.
Sans la guerre, nous aurions été médecins, ingénieurs, épiciers,
chauffeurs de taxi, fonctionnaires. Des gens normaux. Mais nous

n'avons jamais eu de métier. On ne nous a rien appris. Si c'est la paix, que ferons-nous ? Nous serons complètement paumés et inutilisables.

Marwan se tait, puis il murmure :

— Moi, c'est le silence qui m'angoisse. Quand je n'entends plus le bruit des armes, j'ai des diarrhées terribles. Les copains, c'est la même chose.

Le ton monte :

— Je sais, nos actes sont complètement fous. Les gens font semblant de nous admirer, de nous aimer. En réalité, ils ont peur de nous. C'est tout. En temps de paix, nous ne serions plus rien. Alors, quel intérêt aurions-nous à nous arrêter ? Tout le monde nous enverrait balader, même nos chefs ! Tandis que là, à peine sorti du lycée, j'étais déjà quelqu'un. Un héros.

Il réfléchit à nouveau, et avoue dans un élan de sincérité :

— Il y a autre chose encore. Arrivé à un certain stade, dans une guerre comme celle-ci, on ne peut plus décrocher. Impossible de faire bande à part, d'espérer tirer seul son épingle du jeu. On a trop d'ennemis. On a besoin, de plus en plus, d'être intégré à un groupe, sans cela on ne fait pas dix mètres. Pas le choix : on doit aller de plus en plus loin, prouver toujours plus, c'est-à-dire descendre toujours plus bas. C'est un effroyable engrenage.

Perplexe, il constate :

— Il y a toujours un imprévu, une bonne raison, un argument pour que nous nous enfoncions encore. On voudrait rester à l'écart, mais quelque chose nous entraîne ou nous pousse. Je n'y peux rien ! Un jour, dans mon quartier, il y a eu l'étincelle... puis Hani... puis le bonhomme dans l'arbre... puis Baalbek... puis les femmes en sang. C'est fou ! C'est injuste ! A chaque fois, je voulais jeter les armes, refuser de tuer. Et à chaque fois, je replongeais.

Il se redresse et, interrompant son monologue, il me prend à témoin :

— Tiens, en 76 justement, ça s'est passé comme ça ! Un an de guerre, j'en avais assez. *Maman poule* me suppliait de rentrer à la maison. Elle se faisait trop de soucis. J'allais la faire mourir. Alors, j'ai arrêté. J'ai retrouvé la famille, ma chambre et tout. Hélas ! un soir, ils sont venus me voir. Il fallait que je monte avec eux dans la

montagne, à Bhamdoun. Une bagarre se préparait et les Palestiniens avaient besoin de combattants. Ça allait être dur, disaient-
ils. Moi, je ne voulais pas y aller. *Maman poule* protestait : *laissez-
moi mon fils, allez-vous en !* Ils m'ont pris à part et ils m'ont dit qu'ils
n'avaient pas le temps de discuter comme ça. J'avais des sœurs. Si
je les aimais, j'avais intérêt à les suivre, à monter tout de suite à
Bhamdoun avec mon Kalachnikov... sans cela...
— Qu'as-tu fait ?
— J'ai pris mon Kalach, sous le lit, et je les ai suivis, évidemment. Si quelqu'un devait mourir, ce serait moi. Pas mes sœurs.

*
**

C'était en septembre, Marwan, une nouvelle fois, a sauté dans
le camion, le dernier d'une colonne de quatre-vingts véhicules.
Direction Bhamdoun, à vingt kilomètres de Beyrouth, sur la
route de Damas, celle-là même que Marwan avait empruntée un
an plus tôt pour se rendre à Baalbek. Souvenez-vous : une route
étroite et sinueuse, en équilibre au bord de profonds ravins, sans
parapets, s'éboulant par endroits et où de nombreux engins ont
basculé avec leur équipage.
Le convoi a traversé plusieurs villages druzes, à l'aube, dans la
montagne aride dominant la capitale, au loin. Les hommes s'y
promenaient, indifférents au défilé guerrier, en habits traditionnels. Ils portaient le *seroual*, pantalon noir bouffant, et le turban.
Les vieillards arborant la barbe blanche ressemblaient à des
patriarches que rien ne pourrait plus ébranler. Etonnant
contraste entre le visage tranquille de ces hommes et celui tendu,
anxieux, des combattants. La traversée de Aley, station estivale
prisée à dix-sept kilomètres de Beyrouth, renforça la sensation de
surréalisme : tout y était calme. Les somptueuses villas et les
palais s'ouvraient, volet après volet, au sortir d'une nuit sereine,
sur la vallée qui s'étendait à perte de vue, huit cents mètres plus
bas, et s'achevait à la mer. Bientôt, de ces maisons raffinées, de
leurs murs aux grosses pierres, de leurs tonnelles et de leurs
verrières, il ne resterait que ruines. Pour l'heure, Aley était le
rendez-vous délicieux de la bourgeoisie libanaise et de la diplo-

matie internationale. La guerre n'était pas son affaire. Jusqu'aux combattants, entassés tristement dans les camions, qui n'étaient pas insensibles au charme d'Aley.

A la sortie du bourg, du côté de Bhamdoun, des colonnes de fumée s'élevaient dans un ciel étonnamment pur. L'écho des bombardements tira Marwan de son engourdissement matinal. Des hélicoptères larguaient des grappes de missiles :

— Trente-six d'un coup ! prétendaient les témoins.

Les villages resserrés sur eux-mêmes brûlaient les uns après les autres. La population fuyait *in extremis*. Elle avait différé au maximum l'exode, persuadée que son enclave de paix resterait à jamais inviolée. A présent, devant l'évidence, devant l'ampleur de la mobilisation guerrière — la plus importante depuis le début du conflit — les habitants étaient pris de panique. Ils croisaient les renforts, sans un mot, sans un regard échangés, yeux fixés vers on ne savait quel horizon. Là encore, Marwan fut étonné par ces deux mondes qui n'avaient rien en commun. Les combattants arrivaient. Les civils s'en allaient.

Bhamdoun enfin ! Une petite ville aux immeubles bas, située sur un mamelon dominant, à mille mètres d'altitude, de profondes vallées que l'homme, de ses mains, avait transformées en escaliers étroits où poussait la vigne. Oui, des kilomètres et des kilomètres de terrasses retenues par des murets de pierres, entassées une à une au cours des siècles ! Aujourd'hui, tous les combattants du monde s'étaient donné rendez-vous à Bhamdoun, pensa Marwan. Ils venaient de partout. Ils montaient de Beyrouth, de Saïda, de Tripoli. Ils descendaient de Damas. Tous convergeaient là.

Marwan n'en savait pas la raison. Il ne connaissait pas l'enjeu. Pourquoi se battre à Bhamdoun ? Pourquoi cette rencontre dans un endroit perdu, inconnu du monde ? Que représentaient cette montagne secrète, fermée sur elle-même, et ces blocs de béton de deux ou trois étages, ultime bourg d'un chapelet de stations touristiques dont on voyait mal l'importance stratégique ? Non, décidément, Marwan ne comprenait pas. D'ailleurs, cela ne l'intéressait pas. Ce n'était pas son problème, pas son rôle non plus de penser, de porter un jugement, d'interpréter. Sans cela, où irions-nous ?

Bhamdoun était un combat de plus. Ce n'était pas sa bataille, mais il s'y engagerait, pour éviter des représailles contre ses sœurs, puis pour défendre sa peau. Voilà ! Il avait finalement deux bonnes raisons de jouer le jeu, de se donner à fond, de tuer...

Le reste n'avait pas d'importance : mourir en connaissant le prétexte du combat, l'alibi et la motivation des chefs, ou tout ignorer, quelle différence ? Marwan avait seulement entendu dire que les Syriens et les Palestiniens s'accrochaient sérieusement à Bhamdoun. Il faudrait mettre le paquet, avait-on prévenu. L'armée syrienne, c'était une sorte de rouleau compresseur. Il fallait s'attendre au carnage et ne pas trop espérer revoir sa mère. Les Syriens ? Marwan n'avait pas de préjugés : ni pour, ni contre. Hier, ils avaient aidé les Palestiniens. Aujourd'hui, ils juraient de les écraser. Demain, ils les relèveraient peut-être, ils les soigneraient. Aucune raison — pour l'instant — de haïr ce nouvel ennemi. Mais pas de motif, non plus, de l'aimer. Pareil pour les Palestiniens. Indifférence, avec une pointe de lassitude, même s'il était encore de leur combat.

S'il avait lu les journaux, Marwan aurait su pourquoi il allait à l'hécatombe. Depuis le mois de juin, les Syriens réclamaient le retrait des Palestiniens de la montagne. Les autres ne bougeaient pas. Leurs hommes, leur quartier général se trouvaient là et ils y étaient bien. Trois mois à se chamailler, à refuser de négocier, à se préparer sur le terrain, à camper sur un territoire qui n'était ni aux uns ni aux autres. Les Palestiniens mobilisaient leurs troupes. Les Syriens convoquaient leurs régiments, mais aussi les blindés, les hélicoptères, les chars. Sans avoir lu la presse, Marwan comprit immédiatement : le rapport militaire était de un à dix en faveur de la Syrie. On l'avait conduit à l'abattoir, impossible de trouver un mot plus juste :

— C'était du suicide ou du pur héroïsme, dit Marwan. Nous étions quelques centaines, armés de Kalachnikov et de RPG. Ils étaient des milliers appuyés par des chars T-54, par une artillerie lourde, par des MIG 21 et des Sukhoï. Nous savions dès le départ que nous n'avions aucune chance de nous en sortir. A quoi bon se battre ? Tout était joué d'avance. Le vainqueur était connu, et ce n'était pas nous. J'allais mourir pour rien[1].

Les consignes de Damas étaient claires :

« Nettoyer les positions palestiniennes dans toute la montagne. »

Après trois mois de pourparlers et de face à face, l'ultimatum était tombé :

« Quarante-huit heures pour en finir. »

Et ce fut la folie...

La rage, la haine, la barbarie. Tous les instincts libérés, tous les barrages brisés, tous les coups permis, toutes les atrocités encouragées. Jamais on n'avait vu un tel déluge de feu et de fer. Combats hallucinants. Missiles, obus, bombes. Explosions et bruit d'enfer. De partout, on tirait, avec n'importe quel calibre. Et on tombait. Bouillie d'hommes. Surtout, il y avait la peur. Oui, Bhamdoun, avec son déchaînement de sauvagerie, fut la bataille de la peur. Le mot reviendra sans cesse dans le récit des survivants. Marwan avoue lui aussi :

— J'avais la trouille, à en faire dans mon pantalon. Une trouille qui me paralysait littéralement. Je tremblais de tout mon corps. J'étais en sueur. Je ne pouvais pas m'en défaire. Elle me tenaillait de partout. C'était atroce... plus fort que tout, insurmontable. J'avais honte, mais que faire ? Nous en étions tous là, car nulle part il n'y avait de salut possible. Il y avait trop d'horreur, trop de bombes, trop de dangers et de délires. Tout était concentré là, sur ce champ de bataille ravagé où nous étions. Je me répétais : *je suis foutu, foutu.* J'implorais : *mon Dieu, faites que je m'en sorte !* Et soudain je l'insultais : *bordel, pourquoi tu m'as foutu là-dedans ?*[2] Je fermais les yeux, comme la première fois où j'avais pris un fusil. Je m'en voulais de cette peur... mais elle ne me lâchait pas. A cause d'elle, j'allais perdre mes réflexes et j'allais mourir. Je m'étais fait à cette idée : ça arriverait comment ? Une balle dans la tête ? Est-ce que ça ferait mal ? Jamais je ne m'étais posé la question. Jamais je ne m'étais mis à la place de la victime... et ce fut plus terrible encore. La peur redoubla : peur d'être pulvérisé par une roquette, d'éclater sous un obus, d'avoir les jambes arrachées par une mine... et je pleurais... j'appelais stupidement *maman poule.* Je n'étais pas le seul à me tourner vers ma mère que je ne reverrais jamais. Et j'en voulais à mon RPG qui ne me protégeait de rien. Je l'insultais lui aussi : *tu parles d'une arme absolue ! Tu parles d'un héros ! Je suis à poil, oui !*

Dix ans après, Marwan est en nage. De Bhamdoun, il ne s'est pas encore remis :

— Cette bataille a changé le cours de ma vie, reconnaît-il. Après avoir vécu cela, impossible d'être comme avant. Il en reste une rage immense, une soif de vengeance, une haine générale. On déteste les autres : ceux qui y étaient, ceux qui vous y ont poussé, mais plus encore ceux qui n'y étaient pas. Après cela, il n'y a plus de pitié possible, plus de pardon. On a touché le fond des ténèbres. On a tout fait et on a tout vu, si bien qu'on pourra à nouveau tout faire et tout voir sans éprouver la moindre émotion. Le survivant est un mort en sursis... tout lui est indifférent et tout lui est permis. Il n'a qu'une chose en tête : faire payer cela aux autres.

Faire payer aux autres ! L'expression fétiche, l'expression alibi ! Le moteur de la haine peut-être. Ecoutez Marwan, au plus fort des combats :

— Nous étions condamnés, mais ils ne m'auraient pas comme ça. Pas question de me rendre, pas question de faire de cadeau. Les salauds, j'allais vendre très cher ma peau ! Je n'allais pas me laisser massacrer sans réagir. L'instinct de survie ne déserte jamais. Il donne des forces insoupçonnables, il permet des prouesses. Il efface tout le reste. Il décuple notre énergie, mais aussi notre haine. Alors, je me suis mis à foncer dans le brasier, à hurler, à attaquer. C'était trop pour un seul homme, pour un seul lieu, pour un seul jour, mais je ne m'en rendais plus compte. J'étais dans l'action. J'étais ivre, abasourdi. J'étais quelqu'un d'autre, sans doute plus vraiment un homme. Une sorte de machine, de robot. C'était irréel.

Marwan était un piéton inconscient cheminant parmi les mastodontes à chenilles. Il surgissait au milieu d'une rue en flammes, ajustait son RPG sur un char — cinq secondes pour se placer ! —, il hurlait comme un fou, pour tout oublier, pour se donner l'illusion du courage, pour forcer le sort et se protéger les tympans contre trop d'explosions. Il ne trouvait le réconfort que dans le contact physique avec son arme. Elle tremblait avec lui, puis se calmait avec lui. Tous deux avançaient à l'instinct et se vidaient ensemble. Tous deux avaient un objectif commun, une finalité unique :

— Dégommer l'autre ! Aller jusqu'au bout de la bataille ! Avancer le plus loin possible. Tenir ! Tenir !

Hélas ! Marwan ne pouvait que tomber dans le piège de l'ennemi. Il avait peur du choc frontal ? Il se trouvait à découvert, seul contre la masse d'acier d'un T-54 braquant sur lui son œil noir, un T-54 dont la silhouette massive et basse, avec le grincement infernal des chenilles, suffisait à vous couper les jambes. Et pourtant ! Des grappes d'adolescents se jetaient, grenades à la main, sous les monstres dans un ultime acte de désespoir ou d'héroïsme dont personne ne saurait jamais rien. Marwan craignait au contraire l'encerclement ? L'ennemi l'enfermait, lui et la poignée de survivants, dans Bhamdoun à moitié détruite, plus peuplée de morts que de miraculés. Les derniers compagnons étaient fauchés par groupes entiers.

— Nous les laissions crever, se souvient Marwan. Que faire d'autre ? Nous vivions nos dernières secondes, mais gagner précisément une seconde sur la vie était important, notre seule motivation, notre seule ambition. Un jeu de massacre où nous étions les quilles. C'était de plus en plus dingue, inimaginable. Contre les canons à tir ultra-rapide, les Palestiniens résistaient au fusil. C'était du western grandeur nature.

J'ignore si Marwan a été réellement forcé à y participer, mais j'ai pu vérifier qu'il n'exagérait pas en parlant ainsi de Bhamdoun. Le récit qu'en faisait, jour après jour, la presse libanaise est hallucinant. Il y était question, malgré le flagrant déséquilibre des forces, de lourdes pertes infligées aux Syriens et d'une « résistance héroïque des Palestiniens »[3]. Un journal constatait :

« Les combattants palestiniens pris sous un déluge de feu d'artillerie, de missiles, de tirs de canons auquel ils n'ont pas les moyens de faire face tiennent leur position le plus longtemps possible, avant de décrocher quand la situation devient totalement insoutenable, pour s'accrocher à une nouvelle position, quelques mètres plus loin. »

Le journaliste libanais parlait d'un « degré d'horreur inégalé à Beyrouth ». Il a décrit des francs-tireurs défiant, tels des cowboys, les blindés syriens. Douze chars ont été ainsi détruits, de façon... *artisanale* !

Et Marwan de constater :

— Les salauds d'en face s'en donnaient à cœur joie avec leurs gros moyens. Nous voulions montrer au monde que nous avions résisté, que nous étions des hommes, des héros, que nous savions nous battre même si la défaite était obligatoire. La bataille était tellement injuste que je me suis mis à aimer à nouveau les Palestiniens. Comment ne pas admirer leur courage, leur détermination, leur sacrifice ? Quels combattants ! Quelle foi en leur cause !

Le ton change :

— Après, explique Marwan, nous avons sombré dans l'atrocité. Ce fut maison par maison, homme par homme... au poignard. Boucherie sans témoins. Trop tard pour s'interroger, pour s'offrir une nausée ou un dégoût. Inutile de philosopher sur nos incapacités morales ou physiques à égorger un être humain. Dérision, que tout cela ! L'autre était là, poignard à la main, haine dans les yeux, mépris aux lèvres. C'était lui ou moi, depuis le temps qu'on me le répétait ! Et puis, moi aussi, j'avais des comptes à régler, des vies à venger, un corps à défendre et à défouler... moi aussi j'avais du sang plein les mains, un regard enragé, une envie de tuer... oui, tuer et tuer encore... jusqu'au dernier... avec plaisir cette fois... comme un acte de justice, de réparation, comme un bienfait ou un fait d'arme, ou un acte d'héroïsme... pour protéger Beyrouth, et Chiyah, et *maman poule*, et ma terre contre l'ennemi, contre l'envahisseur, contre le Syrien après avoir lutté contre le chrétien, contre tous ceux qui en voulaient à notre communauté, à nos biens, à nos alliés. Je n'étais plus un mercenaire, plus un milicien. Je me sentais une âme de fedayin... pour la première fois de ma pauvre vie. Il avait fallu en arriver à ce degré d'horreur pour que naisse en moi quelque conviction, quelque raison de détester et de me battre.

Dans la petite pièce où, depuis des heures, Marwan me raconte sa vie, sagement assis sur une chaise, sans aucun geste et avec peu d'écarts dans la voix, il bondit soudain. Le voilà debout, en position de combat, bien calé sur ses jambes, souple, bras plié pour mimer l'estocade. Il ne parle plus. Il crie. Il aligne des mots, des sons. Il ne respire pas. Il halète. Il oublie son air sage, ne cherche plus à paraître respectable, *gentil garçon* comme disait sa mère. Il est effrayant. Métamorphosé. Le voilà, d'une façon incongrue dans ce bureau paisible, face à moi, redevenu combattant. Il revit Bhamdoun. L'ennemi, c'est certain, est là, devant lui. Il le voit. Il l'imagine. Il le hait et s'apprête à le tuer de nouveau, cet inconnu mort voilà dix ans, de ses propres mains. Triste spectacle ! Pauvre Marwan ! Cet élan inattendu en dit plus long que son discours. La rage et la peur déforment son visage à l'en plus reconnaître. C'est un autre, qui gesticule là, devant moi. On pourrait dire un fou, s'il ne répétait les gestes qui ont donné la mort, s'il ne mimait la réalité, s'il ne livrait la vérité :

— Han ! Dans le ventre. Dans les reins. A travers la figure. Tchaf ! A travers la gorge. Pas le temps de penser, pas le temps d'hésiter. A chaque coup porté, je gagne, j'avance, je me rassure, je remporte un sursis sur la mort. L'autre tombe. Je l'enjambe. Je cherche le prochain, je le provoque, je l'appelle : *viens ici, mon salaud*. Mon cœur va exploser. On l'entend à des kilomètres. Le sang bat aux tempes. C'est trop intense. Je ne vois plus rien. Je ne sais plus qui je suis ni qui est devant moi. Nous ne sommes plus des hommes. Nous sommes des bêtes, c'est cela, des bêtes sauvages. Excitation suprême. Hurlements. Question de secondes. Nous marchons à l'instinct. Les gestes échappent à notre volonté. Ils répondent à un automatisme... Une obsession : *je dois l'avoir, je dois me le faire*. Se lancer, foncer, agresser, garder le dessus... tenir encore. Malgré l'autre. Malgré les bombes, la peur et la fatigue. Et toujours le bruit, le souffle des obus. Fureur. Folie alimentée par la folie. Tout va trop vite. Rien de comparable ne peut être vécu. Tuer à bout portant. Enfoncer encore la lame dans le corps déjà mort qui me tombe dessus, qui m'éclabousse. Et déjà, il faut passer au suivant. C'est comme cela : un piège. Même pas prémédité : la mort en série. Et la cadence s'accélère. Impossible de tenir ses comptes. La lame entre et ressort aussitôt. Tout cela n'a plus d'importance, plus de conséquences, plus de signification. Routine. Automatisme. Etat second. On ne pense qu'à soi, pas aux morts. S'en sortir, s'en sortir.

Marwan s'immobilise un instant, comme s'il affrontait un adversaire, comme s'il lui parlait, l'avertissait :

— Ta vie ne compte pas. C'est la mienne qui importe. Et quand je t'aurai descendu, quand je t'aurai étripé, percé de partout, j'éprouverai une immense jouissance, un sentiment de grande victoire, un vrai bonheur. Je sombrerai dans l'euphorie. Je serai soulagé, heureux. Et je crierai de plaisir : *je l'ai eu* ! Et je passerai à autre chose, au suivant.

Marwan se calme. Il me regarde, reprend ses esprits et, en retrouvant sa chaise, me demande :

— Tu veux savoir ce que l'on ressent dans ces moments-là, quand on perçoit physiquement, à travers le poignet, le dernier soubresaut de l'autre ? Exactement la même chose qu'à un match de foot, quand ton équipe marque un but.

Je regarde Marwan, abasourdi. Lui va très bien. Que dire de plus ? Qu'ajouter au récit de l'ancien lycéen sensible et fragile quand il vous dit qu'éventrer ou égorger un homme provoque le même plaisir que jouer au foot ou encourager son équipe depuis les tribunes ? L'aveu paraît, chez lui, tellement naturel qu'il en devient banal : une évidence. Ce qui sépare l'adolescent normal du tueur ? Comment des hommes en arrivent-ils à de tels excès ? Comment peuvent-ils aimer la guerre, se délecter de la souffrance d'autrui, pratiquer le massacre et la torture ? La réponse est là, à cette étape de l'itinéraire de Marwan :

— Bhamdoun a tout changé, répète-t-il. Parce que tuer signifiait sauver sa propre vie, s'en sortir, avancer, parce que tuer avait un sens, une utilité, cet acte me réjouissait forcément. Echapper à ce que nous avons vécu là-bas, grâce à son simple poignard, en tranchant les gorges comme on élague une forêt pour se frayer un passage, c'était tout simplement merveilleux. Je n'en revenais pas moi-même. Cela tenait du prodige.

— Vraiment ?

— Tu ne peux pas comprendre, affirme Marwan. C'est exaltant, fantastique. Aucune autre situation ne peut être comparée à cela, car rien n'est plus fort que la lutte contre la mort, que le corps à corps pour la survie d'un seul des deux combattants. C'est comme l'amour, mais en beaucoup plus intense, forcément. Et après, c'est aussi comme l'amour, mais en bien plus fou. D'un seul coup le vide, le silence... comme si j'avais fumé du haschich. Je planais. Une ivresse, mais différente, jamais vécue, inconnue... à n'y plus rien comprendre. Envie de rire et de pleurer. Fatigue absolue, même plus la force de tenir son arme. Là, c'est le corps tout entier et l'âme qui débandent. Et j'étais heureux. J'avais envie de me parler, de me murmurer, à moi, des mots d'encouragement et de bonheur : *Tu t'en es sorti, c'est bon, tu as gagné.* Pour moi, plus rien ne serait comme avant. J'appartenais au royaume des morts-vivants. Je n'aurais plus jamais peur. Rien ne me ferait horreur. J'étais désormais capable de tout, c'est-à-dire du pire, sans la moindre retenue, sans le moindre scrupule, sans aucune notion morale. Que signifie la morale quand on a vécu cela ? Plus rien ! Je pourrais tuer n'importe qui, n'importe comment. Je savais que je serais craint, donc respecté. On me fêterait à Beyrouth. Je raconterais mes exploits qui feraient le tour de Chiyah. Une seule chose serait impossible à dire : comment était mort, sous mes yeux, un groupe de copains...

Il se tait. J'insiste cette fois :

— Les mots te feraient-ils peur ?

— Je ne pouvais pas avouer à leurs mères la façon dont ils étaient morts. Je les revois encore, mes copains, bras en l'air au balcon d'un immeuble à moitié détruit, agitant un chiffon blanc, car tout était perdu. Ils se serraient les uns contre les autres et tremblaient de tout leur corps. Je revois leurs regards terrorisés. Ils semblaient attendre le verdict. En bas, un Syrien est descendu d'une jeep. Il y a eu un souffle terrible, un immense éclair et une flamme de cinq mètres. Oui, le soldat venait de les allumer au lance-flammes, là, sur place, alors que pour eux la guerre était finie. Ils s'étaient rendus, à la loyale, après s'être bien battus. Et voilà qu'on les carbonisait ! Et moi, j'étais planqué tout près, complètement impuissant.

Dans les yeux de Marwan, malgré le temps, toujours la hargne, ou un serment de vengeance impossible à assouvir. Une question incongrue me vient à l'esprit :

— Après cela, c'est vraiment nécessaire de continuer à vivre pour le rescapé ?

La réponse de Marwan sonne comme un cri d'enfant :

— Bien sûr ! La vie, c'est l'essentiel !

*
**

Marwan aurait dû s'en souvenir : les retours ne se passent jamais comme prévu. Il en avait fait l'expérience après Baalbek. Il le vérifierait encore.

Il se croyait héros. Chiyah allait pavoiser pour l'accueillir. Il s'imaginait porté en triomphe, sollicité de toutes parts, admiré, peut-être même remercié d'avoir résisté ainsi à l'envahisseur. *Maman poule* serait là, au milieu de la foule, fière de son enfant. On lui pardonnerait la défaite, puisque les dés étaient pipés. On louerait son courage. On voudrait toucher, approcher, embrasser le miraculé. On lui devait respect, amour et admiration. Les Syriens eux-mêmes ne s'y étaient pas trompés.

Le dernier carré des survivants avait quitté Bhamdoun, pour se réfugier dans une petite vallée en contrebas. Une folie ! Un suicide ! La troupe syrienne aurait pu massacrer ces malheureux, jusqu'au dernier. En quelques minutes. Sans témoin. Hommage au courage des vaincus ? Le vainqueur leur accorda la vie. Ils purent quitter la vallée et regagner Beyrouth. Leur ardeur au combat méritait les honneurs et leur valut ce privilège. D'où l'optimisme de Marwan, d'où sa fierté et ses certitudes.

Hélas ! Chiyah réagit de tout autre manière. Le pardon syrien ne faisait qu'aggraver les choses. Les survivants étaient des traîtres, des poltrons, des vaincus. On leur attribuait tous les malheurs à venir du pays : ils avaient ouvert la route de Beyrouth à l'ennemi. Ils furent sifflés, insultés, humiliés. En guise de vivats, Marwan fut hué, tourné en dérision par ses propres voisins. Ces visages qui se détournaient, qui l'évitaient ou l'accusaient, ces yeux qui se moquaient ou méprisaient, il les connaissait tous depuis toujours. Jamais il n'avait été regardé ainsi, jamais on ne l'avait rejeté, jamais Chiyah n'avait eu honte de lui. Pour Marwan, le choc fut terrible. Une nouvelle brisure, une rupture.

Un ami d'enfance lui lança :

— Les combattants de Bhamdoun sont tous des chiens !

La réplique cingla :

— Et toi, fils de pute, pourquoi tu n'étais pas là-haut pour te battre avec nous ?

La remarque ne rencontra aucun écho. Non, Chiyah n'était pas du côté de Marwan. Chiyah ne pardonnait pas la défaite. La population faisait bloc mais, cette fois, contre ses propres enfants qui, à ses yeux, avaient failli. Situation insupportable pour Marwan.

— Ce rejet, cette injustice ont changé beaucoup de choses en moi, dit-il. Je n'avais pas prévu cela et c'était incompréhensible. Pour la première fois, j'étais contre Chiyah. J'y avais des détracteurs, des ennemis. Tout s'effondrait autour de moi, tout mon monde... Voilà qu'on me crachait dessus ! Je découvrais qu'on ne m'aimait pas. Une terrible colère monta en moi, quelque chose d'irrémédiable. Ces coups-là étaient bien plus pénibles à encaisser, à admettre, à pardonner que ceux de l'ennemi. Au bout du compte, je me sentais exclu de Chiyah. Ce n'était plus ma terre, plus ma famille... un rêve ou une illusion s'étaient brisés à tout jamais. Ils me le payeraient cher, eux aussi. Je compris que, depuis longtemps, Chiyah n'était plus qu'une fiction : Georges et les autres étaient partis, le quartier était coupé en deux, beaucoup de copains étaient morts, à Bhamdoun ou ailleurs. Chacun choisissait son camp, son clan, sa milice. On ne se voyait plus. On ne se parlait plus. Bref, tout était cassé. Il fallait s'attendre à d'autres ruptures, se préparer à d'autres blessures, à de nouveaux combats. Le retour de Bhamdoun avait montré tout cela et surtout qu'il ne fallait compter que sur soi.

Plus question pour Marwan de poser les armes. Il avait des amis à venger, un honneur à retrouver, une vie à défendre, des comptes à régler. Il avait surtout la rage au cœur :

— Je compris que nous nous étions battus pour rien à Bhamdoun. Mes copains étaient morts inutilement. On ne les considérait même plus comme des enfants de Chiyah, alors que nos propres ennemis s'inclinaient devant notre résistance héroïque !

C'était inacceptable, trop en trop peu de temps. J'étais complètement écœuré. Mon seul refuge, c'était les Palestiniens. Eux
m'avaient vu au combat. Les autres, je les détestais, je les rendais
responsables de notre défaite, de notre écrasement sous le nombre. Ils me payeraient cela, oui. Et celui qui m'offenserait, celui
qui se mettrait en travers de mon chemin, crèverait sur place,
comme un chien ! Tout cela tournait dans ma tête et dans mon
cœur. Une terrible rancune, une méchante haine. J'avais effacé
tout mon passé, renié tous mes attendrissements. La page de
Chiyah était bel et bien tournée. Les salauds regretteraient de
m'avoir rejeté !

En montant à Bhamdoun, Marwan s'était juré :
— C'est la *der des der* !

Après Bhamdoun, tenir le serment était impossible. Marwan
était, à nouveau, pris dans l'engrenage. Il ne pouvait échapper à
la surenchère. Dérobade interdite. Impossible de s'extraire de la
guerre. Plus il avançait, plus il s'enfonçait. Chaque jour chargeait
un peu plus son bagage et l'obligeait à aller toujours plus loin,
jusqu'au bout.

A chaque pas, il trouvait une raison de se battre, un alibi à la
haine, un argument à la mort, une obligation de se défendre.
Marwan était pris dans un cercle vicieux, dans un cercle infernal.
Une tempête l'emportait et il ne trouvait aucune branche pour
s'accrocher. Aucune issue ne se présentait à lui. A chaque fois,
une main le jetait au milieu du cyclone. Aujourd'hui, Chiyah
tout entier lui interdisait de sortir de la tourmente, le poussait au
beau milieu de la fournaise.

Oui, il y avait toujours une occasion de se battre, de se détester,
de se fabriquer de nouveaux ennemis. Il y avait toujours une
vengeance de retard, une rancune de décalage si bien qu'à la
volonté de paix des uns correspondait la folie des autres, puis à la
trêve des seconds répondait la reprise des hostilités des premiers.
Ainsi se multipliaient et se démultipliaient les sources de conflits.
Cela était vrai pour Marwan, pour Chiyah, pour Beyrouth et
pour le Liban. Et les voisins seraient entraînés dans cette logique.
Onze ans de guerre ne s'expliquent pas autrement. Il y a toujours
un feu mal éteint, une amertume en suspens, un laissé-pour-
compte, une injustice ou une folie pour relancer le combat.

L'étincelle peut jaillir d'un individu, d'une famille, d'un clan, d'une milice, d'un camp. La haine ne s'apaise jamais. Chaque jour, chaque bataille, chaque épisode éloigne un peu plus l'homme de l'homme pour le rapprocher de la bête. Et les hommes s'éloignent des hommes.

Autant dire que pour Marwan le pire n'était pas encore arrivé. Autant dire qu'il n'était pas le seul à raisonner ainsi. S'il avait été une exception, s'il était sorti de la normalité libanaise, Beyrouth ne serait pas à feu et à sang depuis autant d'années. Tous sont entraînés dans le mouvement et suivent un processus identique de régression, de vendetta, de déraison. Ecoutez la confession d'un combattant chrétien, d'un homme de l'autre camp, au même moment, après une autre bataille :

« J'avais quinze ans, j'ai tué cinq hommes là-bas. Le premier, je me suis dit : *c'est pour mon frère Karim*. Le deuxième : *pour mon frère Noël*. Puis pour mon oncle et pour ma tante. Et le cinquième, je l'ai tué pour moi, en acompte. Parce qu'à quinze ans, quand on doit faire couler le sang, on se sent déjà mort (...) J'ai continué à tuer les ennemis du Liban et de la foi chrétienne, et je continuerai tant que Dieu le permettra[4]. »

Il ne connaît pas Marwan, bien sûr. Ils se tirent dessus, sans se voir. Mais ils parlent le même langage. Alors, pourquoi s'arrêter ? Comment s'arrêter ? Rémi Favret, qui a recueilli ce témoignage, note :

« Au Liban, j'aurai souvent l'impression que cette guerre est une guerre des morts-vivants, au-delà de la mort, là où plus rien ne compte. Ni un massacre de plus. Ni un espoir de paix. »

NOTES DU CHAPITRE 10

1. Les Syriens que Marwan aurait dû en principe connaître avant cette bataille en raison des bombardements sur Beyrouth, disposaient

alors de 20.000 hommes sur le territoire libanais et de plusieurs centaines de chars. Selon l'OLP, 2.500 Syriens étaient engagés à Bhamdoun.

2. Il s'agit là de la seule allusion à Dieu que nous a faite Marwan au cours de l'ensemble de nos entretiens.

3. *L'Orient-le-Jour*, 13-10-76.

4. *Actuel*, n° 67. *Dix ans dans la tête d'un tueur libanais*, par Rémi Favret. 1983, que je remercie pour l'aide apportée dans cet ouvrage.

11

L'INCENDIAIRE

Le ciel de Chiyah s'est embrasé. Une ville entière en feu, avec les flammes qui percent la nuit, qui jouent avec la nuit. Une ville illuminée qui rougeoie, avec les ombres qui dansent. Aucun bruit, aucun cri. Seulement le crépitement du feu.

Sur le toit d'un immeuble, dominant le grandiose spectacle, huit garçons contemplent le tableau aux tons fauves. Le mouvement des flammes, les couleurs qui changent, se marient, se défont, les subites éclaircies puis l'obscurité avant un nouvel éclat, avant que le feu ne renaisse, les fascinent. Ils ne s'en lassent pas. Ils n'en reviennent pas. Jamais leurs yeux, qui n'ont guère quitté Chiyah, n'ont vu aussi belle chose. C'est presque une communion devant la beauté, devant l'inmaîtrisable, devant l'extraordinaire. Extase : le feu est partout. Il les entoure. De toutes parts, Chiyah se consume. Rien n'est épargné : ni les immeubles, ni les maisons entourées de vergers, ni la station-service qui explose, ni l'église Saint-Michel.

Un des garçons, un gamin décontracté en jean et polo, espiègle et gesticulant, joue du saxo. L'air est joyeux. Il accompagne le jeu des flammes. Les autres chantent :

> « Je combats sur les trottoirs de Chiyah.
> Je me bats pour la gloire d'Allah. »

C'est leur hymne.

Le chef, lui, est silencieux. Légèrement à l'écart, il est perdu dans d'insondables pensées. Si on osait, on dirait qu'il a les larmes

aux yeux. Mais le sourire dément la tristesse du regard. Il admire,
lui aussi. Et son âme voyage, aidée par le haschich, de maison en
immeuble, d'immeuble en mosquée, église ou palais, de foyer en
foyer, de brasier en brasier. Chaque point incandescent est un
souvenir, une étape, un passage. Etat second : il sort d'une
ivresse — griserie du combat — pour sombrer dans une autre
ivresse, celle de la victoire, de la fascination devant l'incendie, de
la puissance absolue d'avoir déclenché le sinistre. Sentiment de
fin du monde.

Les autres, les sept gamins qui l'accompagnent, qui dansent sur
la terrasse, qui se tortillent comme les flammes, ont bien du mal à
se donner des allures de guerriers et des airs de méchanceté. On
dirait plutôt une bande du samedi soir, des complices de quartier.
Le Kalachnikov et le RPG n'y font rien : leur rite ressemble à un
divertissement. On leur donnerait Allah sans confession ! Mais le
chef, c'est autre chose. On comprend qu'il a vécu. Trop vécu à
Beyrouth. Il n'a que deux ans de plus, mais deux ans de guerre,
de violence, de haine. Dix-sept ans, tout juste, qu'il est sur terre. Il
a déjà fait le tour des hommes. Avec les autres, il entretient un
étrange rapport. Il se veut le père et le protecteur. Il a de la
tendresse. En échange, il ne veut rien. Il refuse les amitiés, ne
croit pas à la confiance mais plutôt à l'intérêt. Les copains, comme
ceux d'avant la guerre, ce n'est plus possible. Ici, on vend son âme
et sa peau trop bon marché pour conserver quelque illusion. Il
doute de tout, jusqu'à la fraternité des armes : elle ne dure que
l'instant du combat. On peut partager, dix ans durant, la peur et
le danger, le même sac de sable comme oreiller... et trahir à la
première occasion, dit-il.

Il hausse les épaules : au fond, les copains, les seuls, les vrais,
sont en face. Les amis d'hier, les Georges, Michel, Gaby, Joseph et
autres chrétiens avec lesquels il a grandi, qu'il n'a pas revus
depuis deux ans... mais qu'il interpelle encore, les nuits de répit :
— Georges !
— C'est toi, Marwan ?
— Oui ! Comment ça va ce soir ?
— Ça va être calme.
— Tu nous réveilles à quelle heure ?
— A sept heures !

— Non, à six heures, pour ma douche.

— OK.

A six heures, l'obus tombe, comme promis. Georges est un garçon de parole. On peut compter sur lui. C'est une façon de se dire qu'on n'a rien oublié du passé. Voilà, c'est à cela que pense secrètement le chef, ce soir, devant l'incendie. Les autres ne pourraient pas comprendre. A quoi bon parler ?

Il restera assis là, pendant des heures, à regarder le feu, à admirer le ciel, à renifler la nuit, tout en caressant son foulard rouge, frappé de la tête noire d'un lion. Ce morceau de tissu, il le tient des Palestiniens. Tout un rituel ! Une sorte de curriculum vitae. Il dit le courage de celui qui l'arbore. Il suggère les faits d'armes et rappelle que cet homme-là ne craint pas la mort. Marwan n'est pas chef pour rien. Il est fier de l'emblème comme du titre : dans la guerre, il est quelqu'un. Ces galons, il les a gagnés sur le terrain, à Bhamdoun notamment, même si les chiens de Chiyah l'ont raillé. Aujourd'hui, ils voient, les imbéciles ! Qu'ils crèvent ! Qu'ils y laissent leurs maisons ! Après le feu, Marwan ne sera que le chef de ruines, mais il sera chef. Avec des hommes, des Kalach, des RPG, un canon de 75, un autre de 81, avec un bazooka, un mortier de 60 et de 80, avec trois jeeps, de l'essence et des munitions à profusion. Avec la nourriture qui arrive à heure fixe. Avec la respectabilité, feinte sans doute. Et alors ? Marwan se sent très fort et à l'abri. Le mouvement le protège. S'attaquer à lui signifierait provoquer une nouvelle bataille.

Marwan, ce soir, est intouchable et haï. A Chiyah, désormais, il fait figure de voyou, de tueur, de fou. Il aime, car c'est exact. Il se sent tout cela à la fois. C'est sa vengeance à lui. Sa façon de faire pleurer Chiyah, parce que Chiyah, après Bhamdoun, l'a fait pleurer, lui, le brave garçon.

Un de ses gamins s'est approché. Le feu, se reflétant sur son visage, donne au chef une expression de cruauté qui intrigue le gosse :

— Tu ne trouves pas cela beau, Marwan ?

— Si, c'est magnifique. C'est ma main qui a allumé cela.

— A quoi rêves-tu ?

— A tout ce qui brûle... Chiyah, mon passé...

— Pourquoi avoir fait cela, si tu es triste ?

— Je ne suis pas triste. Je suis heureux. C'est trop beau... j'ai fait sortir tous les rats.

— Les rats ?

— Oui, les derniers chrétiens mais les autres aussi. Ceux qui se sont moqués de moi. Je leur ai montré ce qu'il leur en coûtait. La ville m'appartient. Je suis un héros. J'ai tous les pouvoirs. Je suis l'Empereur de Chiyah.[1]

— Ta mère pleure, Marwan. Ils lui disent que tu es un assassin, un cinglé, un bourreau.

— Ce qu'ils disent, je m'en moque. Qu'ils crèvent ! Quant à ma mère, laisse-la. Elle m'aimera toujours. D'ailleurs, je leur ai laissé une chance, à ces chiens. Je les ai prévenus par mégaphone. Qu'est-ce qu'ils veulent encore ?

— Pourquoi tu restes là, Marwan ? Ils vont te trouver.

— Je reste parce que c'est beau. Je ne m'en lasse pas. Je veux voir la nuit brûler et le soleil se lever sur les cendres, sur mon empire. Je suis bien là. C'est le plus grand jour de ma vie. C'est fantastique ce pouvoir ! Personne n'osera éteindre mon incendie. Tu verras : c'est notre feu. Ils le respecteront. Personne ne nous en fera reproche. La ville est à nous, avec ses immeubles, ses rues, ses voitures. On peut tout prendre, tout faire. Tu ne peux pas soupçonner la jouissance que j'éprouve en ce moment. J'ai pris possession de mon quartier. Je les domine tous et tous se soumettent à moi, à ma force, à ma loi.

D'un bond, Marwan se lève et il hurle à la face de Chiyah :

— Je suis Marwan ! Marwan ! Je suis l'Empereur !

Il regarde ses hommes, hilares :

— On ne sera pas punis, les gars. On ne risque rien. Profitez du spectacle. Ils disent à ma mère que je suis un bandit ? Qu'ils viennent me le dire, les cons ! Les bandits, on les met en prison. Moi, je suis libre. Je me balade avec mon RPG. Autrefois, pour un couteau, on faisait six mois de taule. Aujourd'hui, on peut aller au restaurant avec un missile. Il ne nous arrivera rien. Nous en avons le droit. Nous ne faisons rien de mal, les gars.

Une soixantaine d'immeubles et de maisons brûlent à ses pieds. C'est son *en-bas* qui part en fumée, c'est son enfance qui se consume. En feu l'église où il jouait avec Georges. En feu l'épicerie de Joseph. En feu les maisons qu'il aimait tant, qu'il aurait voulu offrir, plus tard, à *maman poule*. Tout cela n'a pas d'importance. Il n'éprouve rien. Rien qu'une jouissance à la vue des flammes.

Huit garçons sur un toit rient des malheurs qu'ils ont provoqués. Ils savent que rien ne se dressera devant eux.

*
**

Au petit matin, il n'y avait plus que des cendres, des pans de murs calcinés, des immeubles noircis, des restes de maisons et un peu de fumée s'évanouissant dans un ciel trop pur. Il y avait surtout le silence tellement inattendu à Chiyah et pourtant absolu. Il signifiait la consternation, non pas devant les dégâts, mais devant l'acte commis par un enfant du quartier. Oui, silence de la honte face au sacrilège de Marwan que plus personne ne reconnaissait. Ses excès semblaient rejaillir sur l'ensemble de la famille, compromettre tout le monde, souiller l'honneur de la communauté. On était plus affecté par son geste iconoclaste que par la perte de ses propres biens. Lui ne se sentait pas coupable. Les autres — les victimes, les innocents — se trouvaient des responsabilités et pleuraient en son nom. Ils invoquaient Dieu :

— Rends-nous notre enfant tel qu'il était ! Retire le Diable en lui !

Cette destruction, Chiyah la vivait comme un viol. Elle modifierait à jamais l'âme du quartier. Elle serait une indélébile blessure, bien plus terrible que les coups venus d'en face.

Bien sûr, les femmes allaient dégager les ruines. Elles les fouilleraient de leurs mains pour en extraire une casserole, un matelas, une chaise. Les hommes, eux, allaient entasser les parpaings et reconstruire des abris où l'eau coulerait à nouveau. Ils bricoleraient quelques fils électriques et se raccorderaient clandestinement sur le réseau urbain, gratuit et sans défaillance malgré la guerre. Mais cela ne suffirait pas à reconstituer Chiyah. Il n'y aurait plus le même cœur ni le même esprit. Jusqu'aux regards qui seraient différents et n'oseraient plus se croiser comme avant. Le déshonneur s'était abattu.

Seul Marwan, par qui tout était arrivé, pavoisait. Ces ruines, c'était sa gloire. Ces larmes, son bonheur. Un chef ne s'attendrit pas. Il ne regrette rien. Il avance, sans états d'âme et sans se retourner...

Quand ses yeux furent rassasiés ou lassés, quand sa tête fut vide de s'être trop délectée de la vengeance à ne plus savoir qu'inventer, quand le tableau flamboyant évoqua seulement un lendemain de fête à en devenir triste, Marwan abandonna la terrasse, sa loge. Il descendit dans la rue, faire l'inventaire ou l'inspection de son nouvel *en-bas*. Torse bombé, RPG à l'épaule, cynique : « *On est toujours ainsi avec une arme*, prétend Marwan. *On se compose cette image, instinctivement, automatiquement.* » Si bien qu'il jouait, Marwan. Il *faisait* le chef ! Il s'identifiait à son héros, collait à son personnage idéal, vivait son fantasme. Il interprétait *l'Empereur de Chiyah*. Sa nouvelle obsession, son nouveau surnom que l'on trouverait bientôt sur les murs, où des peintres anonymes allaient dessiner la légende du guerrier Marwan, contribuant au renom et gonflant son ego. Hélas ! dans son esprit, dans ce contexte, l'empereur ne pouvait être que démesure et cruauté. Il ne trouvait sa justification que dans l'excès.

— Voilà ce qui se passe dans la tête d'un tueur, affirme Marwan. C'est la meilleure technique pour surmonter le choc. On s'identifie à quelqu'un d'autre. On se regarde de l'extérieur. On ne se sent pas responsable des actes de son double. On joue en permanence la comédie. Finalement, on ne sait plus qui est *lui* ou *moi*, ni qui fait quoi, ni si tout cela est réel ou fiction, sérieux ou pas, important ou non. On agit mais avec la sensation d'être témoin des exactions d'autrui. On en rajoute et la folie du personnage imaginaire qui nous habite est grisante. Elle alimente nos excès. Impossible de s'en extraire. C'est un délire permanent.

Le jugement est porté avec le recul du temps. Sur l'instant, Marwan n'était qu'euphorie. Il marchait, ivre de son pouvoir, dans les rues désertées. Il riait. Il interpellait les absents :

— Où êtes-vous, bande de rats morts ?

Les sept gamins le suivaient, poing fermé sur la crosse du Kalach, comme on s'agrippe à une mère. Ahuris, mi-émerveillés, mi-épouvantés, ils mesuraient l'ampleur de leur raid. Ce n'était pas le moment de flancher. Alors, eux aussi, se mirent à bomber

le torse sous leur polo ou leur chemisette. Et ils se poussèrent du
coude, comme après une bonne plaisanterie. Avec un décalage
de deux ans, ils tombaient dans l'engrenage où avait été pris
Marwan. Aujourd'hui, le chef faisait office d'Hani pour sept
nouveaux tueurs imberbes. Leur attitude, leur insouciance, au
milieu des restes brûlés de Chiyah avait quelque chose de surréaliste.

Entre deux pans de murs éboulés, une silhouette s'est dressée.
Un archange. Une apparition. L'homme était grand. Il se tenait
droit. Un regard brillant et serein. A la main — une belle main où
couraient des veines gonflées — il tenait une canne noueuse.
C'était un vieillard impressionnant et digne. Avec des cheveux
blancs bien peignés, avec une chemise serrée, blanche, au col
fermé sur un cou maigre. Il était presque élégant, cet homme seul
à se dresser là, complètement inattendu parmi les décombres. Il
était à la fois intégré au décor, avec les ruines lui servant de cadre,
et en dehors, comme le survolant, comme en surimpression.
    Etrange face à face : le chef, brusquement arrêté, perplexe,
troublé, et le vieillard impassible, comme un rendez-vous inéluctable, sur la route des garnements. Ils restèrent à se regarder, à
s'observer, à se chercher peut-être sans se retrouver.
    Marwan parla le premier. Le ton était presque amical :
    — Tu es encore là ? Tu n'as pas fui avec les autres ? demanda-
t-il au vieillard.
    — Où aller ?
    — N'importe où. Te mettre à l'abri...
    — Je n'ai pas d'ailleurs. Ma vie est ici et elle s'achève aujour-
d'hui.
    Ce n'était pas de la résignation. Un fait. Une échéance, dans la
logique des choses. Ni amertume, ni regret.
    — Qui a fait cela ? s'inquiéta le vieil homme.
    — Moi ! proclama le chef.
    — Toi ?
    Les yeux du vieillard se brouillèrent. Il agita sa canne :
    — Toi, Marwan ? Tu as fait cela ? Malheureux ! Je vais te

battre avec ce bâton ! Je vais te corriger, petit voyou ! Comment, toi, tu as pu commettre un tel crime ?

Voyant gesticuler le vieux, Marwan, le chef, éclata de rire. Il le trouvait ridicule, tout à coup, ce grand-père épuisé, menaçant le guerrier avec un dérisoire bâton d'olivier. Les sept gamins en armes se mirent à rire, eux aussi, face à l'inconnu en colère qui s'époumonait :

— Petits voyous, petits voyous !

Soudain, la canne s'abattit sur Marwan et le frappa au front. Le sang coula, mais le chef continuait à rire.

— Regarde, cria le vieillard, c'est ma maison qui a brûlé ! Ma belle maison et mes livres... tout ce qui était à moi et qui t'était destiné... ma maison et mon verger où tu venais jouer avec Georges... où je t'apprenais le monde, petit malheureux... regarde ce que tu as fait !

Le vieux pleura, mais pas de désespoir. De déception. Toujours avec dignité. Une façon de dire :

— Il n'y a rien à espérer de la vie et des hommes.

Il murmura :

— Toi, Marwan, tu étais tellement gentil. Un bon garçon. Je croyais en toi.

Marwan regarda ses complices. Ils ne riaient plus. Ils ne comprenaient pas, ne savaient pas quelle attitude adopter. Ils attendaient une réponse. Ils guettaient le chef. Tout pouvait basculer. Ils s'étonnaient du visage en sang de Marwan, de son silence et de ses hésitations, de sa gêne. Drôle de scène ! L'*Empereur de Chiyah*, à peine sacré, immobilisé net dans sa progression, s'inclinant pour un vulgaire coup de bâton, vacillant devant un ancêtre désarmé, devant un presque-mort.

Le chef réalisa l'enjeu, comprit le risque. Il jouait son autorité aux yeux des gamins et surtout sa place à Chiyah. Si un vieillard aux mains nues était capable de lui tenir tête, Marwan n'existait plus, n'effrayait plus. Inutile de philosopher. Le chef avait dix-sept ans. L'autre soixante-dix. La rafale partit d'un coup, chargeur vidé. Elle faucha le vieil homme et, littéralement, le coupa en deux. Il s'écroula aux pieds du chef, dans une mare de sang. Mais les cheveux restèrent blancs sous le soleil de Chiyah.

En voyant le cadavre, en reconnaissant la nuque familière et les longues mains qu'il avait admirées autrefois, Marwan se souvint d'un homme déjà âgé appuyant sa canne sur la main d'un enfant, quand il arrachait la queue des lézards :

— Tu as mal ? demandait l'adulte en forçant sur le bâton.

— Arrête ! Arrête ! suppliait l'enfant.

— Tu vois, le lézard aussi a mal. Tu ne le feras plus jamais, promis ?

— Promis ! avait dit le gamin.

Ainsi ils étaient devenus amis, complices, père et fils. Tout cela à la fois.

Aujourd'hui l'enfant se faisait appeler *Empereur*. Il venait de tuer le vieillard, Papa Abou.

***

Marwan m'a raconté la mort incroyable de Papa Abou sans aucune émotion, sans réticence et sans regrets. C'était obligatoire, cet assassinat. Question de survie pour le chef, pour l'*Empereur*. Routine. C'est la vie ! Ensuite, il a continué sa balade dans Chiyah, à faire le bilan de l'incendie, à vérifier que personne ne protesterait et qu'après Papa Abou[2] nul n'oserait s'interposer.

— On ne t'a jamais parlé de ce crime ?

— Jamais, me répond Marwan. Au fond d'eux-mêmes, les gens n'étaient peut-être pas d'accord. Mais ils savaient ce qui les attendait s'ils le disaient tout haut. Alors, mon prestige a encore grandi.

— Et toi, au fond de toi, qu'as-tu pensé ? Qu'as-tu éprouvé ?

— Rien. Absolument rien.

NOTES DU CHAPITRE 11

1. La guerre a engendré de nombreux surnoms à Beyrouth. Pour des raisons de sécurité, j'ai transformé le véritable surnom de Marwan en *Empereur de Chiyah*.

2. Même démarche pour cette appellation familière (« Abou » signifie « Père »).

12

FRANC-TIREUR

« C'est un artisan de la tuerie. Il ne tire pas beaucoup, sous peine d'être vite repéré. Il est patient, attendant des heures à observer, sans tuer. Il peut rester un jour entier sans rien voir. C'est un solitaire. Il se constitue un petit univers, autour de sa planque, de ses fantasmes, de ses fusils et de sa bouffe. Il a une arme de précision et un Kalachnikov, au cas où les choses tourneraient mal. Il ne tire qu'une seule fois. S'il manque la cible, il décroche avant d'être découvert, mais il est terriblement frustré en cas d'échec. »

Marwan résume ainsi le métier de franc-tireur. J'admire la concision de la définition. Il n'a pas hésité : la tirade est sortie d'un jet. Il a dit l'essentiel, avec l'accent de la sincérité, avec conviction. Nul doute, dans la guerre, dans l'art de tuer son prochain, c'est la méthode et le rôle qu'il préfère. Comme il dit : c'est son truc. Profession, franc-tireur. Ça lui convient assez. Vivement que l'on puisse porter cela sur la carte d'identité. A ses yeux, c'est un métier noble. A la fois technique et artistique. Un *job* où on ne se salit ni les mains ni l'esprit, à l'en croire. Bref, Marwan revendique le titre. Il en est fier. Il pourrait exercer toute sa vie une telle discipline sans jamais se lasser. Ahurissant ! Révoltant !

Pour parler de ses années de franc-tireur, Marwan s'enflamme. Il s'anime. Il vit. Là, visiblement, il sort de la routine, du quotidien, de la corvée. Des mots nouveaux apparaissent dans le récit :

passion, sport, plaisir. Il aime ça. De 1977 à 1985, Marwan a été franc-tireur à Beyrouth, sur la ligne verte. Appointé pour prendre son fusil à lunette, s'installer dans un fauteuil, attendre le gibier — en l'occurrence des enfants, des femmes et des hommes innocents — puis tirer et tuer. Huit ans de ce *sport* ! Vécus avec délices et évoqués avec nostalgie : c'était le bon temps. Huit ans, trois mille jours portant chacun leur acte de décès, sans jamais se poser de question sur ce qui se passe en face, côté victime. Sans l'ombre d'un doute. Sans culpabiliser le moins du monde. Une fête foraine plus qu'une guerre. Huit ans de meurtres prémédités, en série, en ne laissant aucune chance à la cible. Huit ans d'assassinats à la pièce, de sang-froid, commandités par des responsables respectés, interlocuteurs des grandes nations civilisées dont ils reçoivent aide et amitié. Cela non plus, il ne faudrait tout de même pas l'oublier ! Marwan appuie sur la gâchette, mais il y a toujours une main pour remplir le chargeur. Sans cela, la longue hécatombe insensée aurait cessé depuis longtemps. Marwan n'est que l'exécutant. Où est la véritable responsabilité du crime ? A qui attribuer les dizaines de milliers de morts du Liban ? Le franc-tireur remplit une mission précise qui lui a été attribuée en toute conscience par des dirigeants politiques, connaissant parfaitement les conséquences de leur décision, programmant sciemment la tuerie. Le franc-tireur n'est en aucun cas un « indépendant », un travailleur à son compte, un tueur fou. C'est au contraire un employé discipliné, recensé, dont les chefs connaissent minute par minute l'activité et la position. Il s'agit d'un soldat fiable qui ne transgresse pas les ordres et ne les discute pas. D'après Marwan, il n'y a pas de bavure avec les francs-tireurs. Ils ne se permettent aucune initiative. On leur dit de tirer, ils tirent. On leur demande de cesser le feu, ils arrêtent. Un contre-ordre et ils épaulent à nouveau. Ils répondent ainsi à un jeu politique subtil qu'ils ne cherchent même pas à comprendre. A chacun son rôle. Eux, sont des techniciens de la mort, des horlogers du crime à distance.

La journée ordinaire du franc-tireur Marwan commence à six heures, avec en écho les derniers échanges d'obus du petit matin, sur la ligne de démarcation. Un premier café, une douche, le treillis et les rangers. Chez lui, Marwan rassemble son attirail : le Kalach et ses huit chargeurs remplis, quatre grenades, une pochette de premiers soins. Le petit déjeuner a son importance. Il le savoure, surtout lorsqu'il est préparé par *maman poule*. Elle sait marier à merveille le fromage et le miel, les œufs au plat et la crème. Un baiser, un *sois prudent* machinal (il est loin le temps des premières frayeurs !), et Marwan quitte l'appartement familial pour se rendre au QG de son employeur du moment :

— Je me mets au service de la milice la plus forte, dit-il. Ça change d'un jour à l'autre et ça ne me gêne pas. Ils sont tous pareils : ils ont un idéal, forment une milice, touchent de l'argent d'on ne sait où, prennent de l'importance, pactisent avec l'étranger, écrasent les autres. Nous, nous pouvons bien crever pour eux, ils ne nous pleurent pas. Chacun essaye de s'en sortir au mieux... et au bout du compte plus personne ne croit plus en rien. Comme on s'est fait trop d'ennemis, on ne peut plus décrocher. Les grands chefs, eux, s'enrichissent avec la guerre. Alors, on se sent de plus en plus mercenaires.

Au QG, Marwan prend les consignes. Encore un rapide café et deux gamins l'accompagnent, portant deux caisses de munitions jusqu'à sa planque où l'attend son fusil de 14,5 mm, « comme ma petite amie », plaisante-t-il.

Il apprécie cet instant, ces retrouvailles matinales avec l'arme fidèle qu'il espère chauffer, exciter bientôt, oui, comme une femme docile et complice :

— J'aime ce fusil, avec un recul terrible. Je le coince sur ma poitrine, avec un sac pour me protéger de la secousse.

Les gamins — les serveurs ! — ouvrent les caisses de munitions tandis que s'installe le maître. Marwan apprécie ce rapport, cette hiérarchie, mélange de respect qu'on lui porte et d'initiation qu'il concède aux cadets. Il faut voir avec quelle considération, avec quelle curiosité et quelle admiration les petits grouillots de la guerre observent Marwan pour comprendre la satisfaction orgueilleuse qu'il tire du rite quotidien de l'installation.

Le rite ne s'éternise pas pour autant. Marwan aspire à la solitude. Rien ne doit distraire son attention et c'est pour être seul qu'il a choisi ce métier, « le plus excitant de la guerre », dit-il :

nul chef sur son dos, personne à fréquenter, un esprit qui vagabonde, pas d'autre interlocuteur que soi-même.

Un dernier regard sur le maître et les deux gosses se retirent. L'image de Marwan en reclus volontaire, capitaine d'une carcasse de béton et de fer qu'il est seul à ne pas déserter, gardien d'une épave éventrée par l'obus et fouettée par la mitraille, cette image les marque. Elle ajoute au prestige, contribue à la légende de l'Empereur solitaire auquel ils s'identifient. Eux aussi rêvent du poste. Bientôt ils auront leur chance. Voilà qu'ils ont treize ans et ils incarnent la nouvelle génération de la guerre, tellement précoce et tellement douée qu'elle effraye les aînés... pourtant bien trempés ! Les meilleurs d'entre eux, repérés pour leur habileté, leur sang-froid et leur loyauté, seront discrètement approchés. Cela se passera d'homme à homme, entre quatre yeux, sans autres témoins que le chef et le candidat. Le nouveau franc-tireur ne se vantera pas du privilège, pour des raisons de sécurité. Ce sont des travailleurs anonymes, des hommes de l'ombre et du mystère. Il faut dire qu'auprès de la population, terrorisée par leurs tirs aveugles, ils n'ont pas bonne presse. Qu'importe ! Pour vivre heureux, vivons cachés ! Avec en prime un salaire mensuel de 350 livres, une aubaine à Beyrouth. Chrétiens et musulmans sont alignés sur le même barème, question d'équité et de moralité. A travail égal, salaire égal. Cela met l'homme abattu à 35 livres pièce, bon an mal an, le chômage technique dépassant rarement la semaine dans la profession. Marwan, en huit ans de franc-tireur, ne s'est pas arrêté plus d'un mois consécutif. Il commente :

— Il y a toujours prétexte à perdre une balle.

Le voilà donc à son poste, avec son fusil, ses balles, la radio chantant faiblement, le talkie-walkie où grésillent les ordres, et une bière. Ses yeux balayent en permanence l'horizon, à la recherche de tout ce qui bouge. Ils scrutent un désert, un no man's land ravagé, un terrain à bombes et à obus, de talus et d'engins calcinés, avec comme fond les façades ouvertes et mutilées de Beyrouth-Est, les immeubles vides des chrétiens, les fenêtres et les balcons béants où se terrent les francs-tireurs d'en face, de l'autre camp... l'ennemi. La Ligne verte. La ligne de tir. La

coupure. Interdit de communiquer. Il faut créer une zone d'insécurité, séparer à tout jamais deux communautés, abattre tous
ceux qui prétendraient passer, malgré tout. Tuer sans somma-
tion, sans distinction. Telle est précisément la mission des francs-
tireurs :

— Nous sommes là pour créer un climat de psychose permanente, de terreur au contact des deux communautés, explique
Marwan. Notre objectif est de « déstabiliser » la situation, de
couper toutes les voies de communication, d'impliquer les civils
dans la guerre, d'entretenir une tension extrême, de couper la
ville en deux, de mettre le feu aux poudres.

Il énumère ce sinistre programme avec une sérénité déconcertante, toute militaire, en soldat consciencieux et précis. Il
connaît les conséquences de ses actes :

— Le franc-tireur, c'est ce qui fait le plus peur à la population.
On peut échapper à une bombe, à un attentat, à une fusillade,
mais pas à un tireur embusqué. C'est un œil qui vous traque en
permanence et que vous ne voyez pas. Implacable. Sans dialogue
possible et sans part de hasard. Une balle, au moment le plus
inattendu, brisant la trêve... et c'est la mort, là, entre deux mondes, à découvert, avec personne pour venir vous chercher.

Marwan sourit :

— La balle du franc-tireur, entre les combats, signifie : *nous
sommes toujours là.*

Une façon de dire que la guerre ne s'arrêtera jamais.

Marwan explique qu'une poignée de francs-tireurs suffit à
terroriser une ville, à la paralyser, à ébranler l'ensemble de la
population :

— A moi seul, je tiens la voie d'accès à l'aéroport, raconte-t-il.
Au total, neuf francs-tireurs peuvent contrôler la ligne verte et
isoler dans les faits Beyrouth-Ouest de Beyrouth-Est. A Chiyah,
en temps normal, nous ne sommes que quatre tireurs embusqués. Cela suffit largement.

— N'as-tu pas le sentiment d'être parmi quatre dingues qui
empoisonnent la vie de milliers d'innocents ?

— Si, tout à fait ! Mais nous obéissons à des ordres, à un plan
concerté dont l'enjeu nous dépasse. Moi, je fais mon petit boulot
et ça me plaît. Le reste n'est pas mon problème. Je sais bien que

les gens, au fond d'eux-mêmes, nous haïssent, qu'on les dérange. Parfois je rêve d'une petite vie simple : acheter un taxi, me marier... mais je sais que ce n'est pas possible, je n'y arriverai jamais. Le destin est différent. Alors je continue, j'essaye de m'en tirer le mieux possible. Franc-tireur, c'est encore ce qu'il y a de mieux : un sport, bien payé, pas trop dangereux. C'est un très bon exercice. Il faut être toujours vigilant, rusé, plus intelligent que celui d'en face. C'est un jeu aussi, très subtil : choisir son emplacement, attendre son heure pour tirer, inventer mille trucs pour ne pas être vu, changer de cache tous les jours et de quartier tous les six mois. Bref, flairer l'instant où il faut décrocher, ne pas trop pousser la provocation, ne pas narguer l'adversaire pour être efficace, seulement efficace, c'est-à-dire se comporter en grand professionnel.

Le choix du poste est essentiel. Le franc-tireur n'est pas réellement en première ligne. Il serait trop vulnérable. Il se place dans un immeuble qui ne donne pas directement sur la rue visée. Ainsi, on ne montera pas le déloger. Il cherche un bâtiment collé à un autre, protégé par un autre et il tirera entre les deux. Sa hantise : qu'une roquette réponde à sa balle. Si bien que le repérage des lieux est une affaire personnelle et sérieuse. Ensuite, Marwan avertit ses supérieurs du lieu de sa planque. Toutes les trois heures, un milicien passera... pour vérifier si Marwan est toujours vivant.

Et commence la longue attente ! La fascinante attente, à en croire Marwan, à en croire l'Empereur. Pitoyable univers ! Un cadre de béton, une chaise en fer, une paire de jumelles, des sacs de sable en guise de protection et un baril transformé en passoire pour poser le fusil. Et pourtant, il aime cet environnement, Marwan. Ça se lit sur son visage. Il le dit :

— Mon plaisir, c'est d'attendre en silence, terré là, seul dans l'immeuble abandonné et enfin de tirer, parfois après quatre heures d'observation, d'inactivité apparente. En réalité, il se passe toujours quelque chose. Tout bouge, tout est en mouvement en moi, tout est à l'affût de la moindre information. Quand la cible s'écroule, là je suis heureux. J'ai le sentiment d'avoir accompli mon devoir. Ça donne un sens à ma journée.

Oui, ahurissant ! L'autre meurt et lui est content. Il l'a descendu froidement, l'inconnu à qui aucune chance n'est donnée, et il jubile. Je cherche une pointe de défi chez Marwan. Il veut choquer, c'est certain. Mais non ! Il est sincère. Il est naturel. Il n'est capable d'aucune malice. Il dit les choses comme elles se présentent, comme elles sont. C'est sa façon d'être honnête. S'il manquait la cible, il aurait l'impression de voler son salaire et ça le chagrinerait. Ça ne serait pas convenable. Une sorte d'abus de confiance, de trahison ou d'escroquerie. En tout cas une faute professionnelle. *Maman poule* et le pauvre Papa Abou avaient raison : le fond est bon chez Marwan. On lui confie un contrat et il a à cœur de le remplir. En cas d'échec, il est tout retourné, honteux, vexé.

Heureusement, les cas de frustration sont rares. Le franc-tireur a le bon rôle et la victime part avec un lourd handicap. Autant dire qu'elle n'a aucun atout dans son jeu. Marwan le reconnaît avec plus de fierté que de cynisme :

— J'ai 75% de réussite totale, annonce-t-il.

Traduisez : quand je vise cent personnes, depuis ma cache, j'en tue soixante-quinze avec une seule balle à chaque fois. La conversion donne le frisson. A Beyrouth, pourtant, c'est la routine. Un entrefilet dans le journal, en bas de page : *victime d'un franc-tireur*. Aussi banal que : *renversé par une voiture*. Mais comment ne pas sursauter quand Marwan précise :

— On ne va jamais au-delà de dix personnes par jour.

La réalité d'un tueur, c'est cela. Parvenons-nous seulement à réaliser ce que cela signifie concrètement ? Marwan est devant moi, se racontant sagement, poliment. Un être normal que le visiteur poussant la porte du bureau par accident ne remarque même pas. Et pourtant ! Ce même Marwan aligne les cadavres, confisque la vie. Il donne la mort en série, à la chaîne, sans scrupules et sans remords. Oui, *le gentil garçon* et l'assassin sont le même homme. Il ne se pose pas ce genre de questions, l'Empereur Marwan. Il continue à avancer, sans imaginer un instant que nous avons pris du retard ou que nous n'avons plus envie de suivre. Lui, il sait où il va. Il a la santé. Il affine ses statistiques morbides :

— Je blesse à 80% généralement au buste, dit-il. Ce n'est pas si mal. Et quand je suis en grande forme, avec une bonne arme, je fais mouche jusqu'à 900 mètres, alors qu'un tireur moyen est efficace entre 250 et 500 mètres. C'est pour cela qu'on m'apprécie.

Ses secrets de franc-tireur, il n'hésite pas à les livrer :

— J'essaye de me placer à 200 mètres de distance, raconte-t-il. Plus près, c'est trop risqué. On peut me localiser. Jamais je ne m'approche à moins de 50 mètres. De plus, je tire en biais par rapport au camp ennemi. Ainsi, ils ne voient pas d'où part le coup de feu. Pour un piéton, je fixe ma mire sur 500 mètres et j'attends qu'il soit bien dedans. Ça prend en général trente secondes de mise au point et d'attente. L'autre ne se doute de rien. Moi, je le vois avancer, j'ai l'impression de l'attirer dans un piège, de lui imposer mon itinéraire. Je lui dis : *viens, viens mon petit*. Je sais qu'il va mourir, qu'il n'a plus que trente secondes à vivre, puis vingt, dix, cinq... lui, il ignore tout. A quoi pense-t-il pendant ces secondes essentielles de son existence, ces dernières secondes où il bouge, où il respire ? A des futilités sans doute. On ne peut pas penser en permanence à la mort. C'est fascinant, cet instant, pour le franc-tireur.

Marwan secoue la tête, rêveur, et il répète :

— Fascinant, vraiment fascinant. Un mélange de grande exaltation et de calme absolu. L'esprit s'affole, s'enivre, chavire. Le corps est serein. Les mains ne tremblent pas. On a le contrôle parfait de soi. Ce plaisir est difficile à imaginer quand on ne l'a pas vécu.

Difficile en effet...

La victime s'est donc présentée, inconsciente. Elle a surgi d'une ruelle, elle étend son linge, elle apparaît à une terrasse, elle s'aventure sur un terrain vague, traverse une avenue, de l'autre côté de la ligne de démarcation. Mise au point, coup de feu. Elle s'écroule. Mais, pour Marwan, tout va très vite. Il n'a qu'une vue partielle de l'événement. Sa victime, il ne l'identifie que rarement :

— A huit cents mètres, on ne voit qu'une ombre dans la lunette. A cinq cents mètres on voit une silhouette bien nette, mais on ne peut pas dire si c'est une femme, un enfant ou un homme. A deux cents mètres, on commence à voir le visage de la cible, dit-il.

— Ça n'inspire pas la pitié, ce visage innocent ?

— Non. On ne le connaît pas. Il faut tirer sur tout ce qui bouge. On se moque du reste. Sans cela, il ne faut pas faire ce métier. On peut même tirer sur les civils de notre camp. C'est la loi. L'insécurité doit être permanente et n'épargner personne. Le franc-tireur qui l'oublierait casserait la règle du jeu.

— Si ta mère se présentait, tu tirerais ?

— Elle ne viendra pas. Elle connaît le danger.

— Qui vient alors ?

— Des imprudents, des gens qui doivent absolument franchir la ligne, d'autres qui font trop confiance à la trêve, d'autres qui tentent leur chance ou veulent visiter un parent, de l'autre côté, profitant d'une accalmie ou de l'ouverture provisoire d'un passage.

— Quel conseil donnes-tu à ceux qui veulent passer ?

— Renoncer, ne pas traverser la ligne, ne pas jouer avec les francs-tireurs. C'est de la folie, du suicide. Sans cela, s'ils insistent vraiment, qu'ils attendent le coup de feu du franc-tireur destiné à un autre, puis qu'ils foncent, très vite. On ne tire qu'une fois et on décroche... il faut profiter de cet instant... à moins qu'un second franc-tireur n'ait pris le relais.

— Quel sentiment éprouves-tu en voyant s'écrouler la victime ?

— Je ne la vois pas. Je tire et je déménage aussitôt. Je ne sais même pas si je l'ai manquée, tuée ou blessée. Je ne l'apprends qu'après, par les miliciens en observation ou par la radio. Si bien que c'est pas terrible de tirer. Ça ne veut rien dire, ça ne représente rien. Il y a une concentration extrême avant. Mais dès que la balle est partie, c'est fini. Ce n'est plus mon problème. Je plie bagage en vitesse. C'est comme si je ne voyais pas la guerre. En huit ans de franc-tireur, je n'ai jamais lié cette cible qui s'écroule à une vie, à un personnage, à une histoire. Je ne veux pas le savoir. Je n'en parle pas. Je n'y pense pas. Je cherche un autre poste, je tire à nouveau et, deux ou trois heures plus tard, je reviens au premier. J'ai oublié ce qui s'est passé là. On a dégagé le terrain. J'attends le suivant. Et le soir, je dormirai très bien. Personne ne m'interrogera sur ma journée. Ni mes chefs, ni ma famille, ni mes amis, ni ma petite amie éventuelle. A Beyrouth, chacun a trop de secrets inavouables pour tourmenter les autres. Nous sommes à la fois solidaires et complices, unis par nos forfaits respectifs comme vous le seriez, vous, en tant que peuple français, si vous étiez dans la même situation. Je fais mon boulot et cela suffit comme explication. On imagine quel est mon travail mais on ne porte pas de jugement. Ce sont les circonstances qui veulent cela. C'est une affaire personnelle qui se vit seul. Si j'y trouve mon compte, on est content pour moi et c'est tant mieux. Moi, je préfère le métier de franc-tireur au grand merdier style Bhamdoun. J'ai vécu trop de batailles d'enfer, avec la peur aux tripes, pour ne pas choisir mon confort personnel.

Marwan le franc-tireur n'a donc pas d'état d'âme. Il le proclame. Le seul risque, selon lui, c'est l'ennui. Ses journées d'artisan du crime sont longues. Il prend son poste à sept heures et demie le matin et ne le quitte qu'à dix-neuf heures trente. Douze heures de solitude. La matinée surtout est difficile. Les chrétiens tirent, pas les musulmans. Non, il ne s'agit pas de religion, mais plus prosaïquement de position du soleil dans le ciel. Le matin, Marwan a le soleil dans les yeux. Pas question de pointer le fusil, à cause des reflets. Surtout, la poussière se dégageant du canon brillerait comme mille diamants au point que l'on pourrait non seulement le repérer, mais aussi identifier son arme. Alors, on se contente d'observer. On cherche les collègues, histoire de les allumer au RPG. On assiste à l'hécatombe orchestrée par les autres, impatient de prendre la relève dès que l'astre aura viré de bord, abandonnant le Christ pour se ranger du côté d'Allah.

En attendant, Marwan joue les voyeurs. Il aime suivre aux jumelles les gestes précis de ceux qui ne le voient pas, qui ne soupçonnent pas son regard indiscret et lointain :

— C'est comme un viol, dit-il. Et après, je les « prendrai » vraiment, dès que le soleil sera mon allié.

Autre façon de tromper l'ennui : former un jeune. De temps à autre, pas systématiquement, Marwan ne dédaigne pas de jouer les professeurs. Il part avec un gamin de Chiyah et il lui apprend les ruses du métier. Son dernier élève avait tout juste... dix ans !

— C'est le plus jeune que j'aie eu, explique Marwan. Il me suivait partout. J'étais une sorte de Dieu pour lui. Il observait chacun de mes gestes, buvait mes paroles. C'est incroyable comme il était éveillé et curieux. Il ne laissait rien passer, m'interrogeait sur tout. Celui-là était né avec un Kalach entre les mains et, tout à coup, je me suis senti très vieux à vingt-six ans. Dépassé. Il voulait tout comprendre, pas comme ceux de ma génération qui tirent dans le tas et c'est tout. Pour moi, c'était un combattant, un vrai, comme un autre. Ce n'était ni un gosse, ni un fils, ni un copain. Un jour, il a pris une balle dans le ventre, juste à côté de moi. Il se roulait par terre. Il me regardait comme si j'étais le Sauveur. Il avait les larmes aux yeux, mais il ne pleurait pas. Un sacré gamin ! Et moi, j'étais l'Empereur, là, très impressionné par le courage du gosse.

— Qu'as-tu fait ?

— Rien. Je ne suis pas médecin. Je lui ai dit de foncer à l'hôpital. Je ne sais pas comment il a fait, mais il s'est traîné jusque là-bas. Il s'en est sorti. A peine sur ses pattes, il a réclamé son fusil. Ils sont comme ça maintenant, enragés, malades. Ils ne connaissent pas ceux d'en face, ils ne les ont jamais vus, ils n'ont jamais marché dans les rues de Beyrouth-Est (c'est un pays étranger pour eux), mais ils veulent les massacrer. Tous.

Marwan s'inquiète, il moralise :

— Les événements ont enfanté une drôle de race ! Cette génération a eu la guerre pour école, pour mère, pour famille. Elle ne conçoit rien d'autre. La paix ? Ça ne veut rien dire pour ces gamins. Ils n'imaginent même pas que ça existe. Vivre sans fusil ? Mais c'est l'angoisse ! Ce n'est pas possible ! C'est la mort ! Vivre sans ennemis ? Sans chrétiens ? Sans Juifs ? Sans Palestiniens ? Mais alors, contre qui se tourner ? Contre qui se défendre ? Contre qui tirer ? Et que faire de sa vie, de ses journées, de ses mains ? C'est cela le drame. Leur existence, leur avenir, leur passion, leur sujet de conversation, c'est la guerre. Ils n'ont jamais joué aux billes, mais à la guerre. C'est leur milieu naturel. Moi, Georges et les autres, nous avons dû nous forcer, nous avons dû apprendre, surmonter nos dégoûts, vaincre nos réticences avant de nous battre. Mais eux ? Ils sont passés du ventre de leur mère à la guerre. Ils sont nés sous les bombes. Et voilà qu'ils font

peur à leurs propres parents. Comment s'en sortir ? Comment en
faire des enfants normaux ? Comment leur apprendre la pitié ?
Comment les préparer à la paix ?
— Et toi, que leur dis-tu ?
— Rien. Ils me riraient au nez. Je perdrais tout mon prestige à
leurs yeux et ils deviendraient dangereux, menaçants. Ils ne
pourraient pas comprendre. Ils attendent de moi que je sois
l'Empereur, celui qui a incendié Chiyah, qui était de tous les
combats, de tous les massacres, celui qui a tué Papa Abou qui était
comme mon propre père. C'est mon rôle, je ne peux pas en sortir.
On ne me croirait pas.
Il réfléchit :
— C'est pour cela que j'ai choisi d'être franc-tireur. Ça m'évite
de trop voir les autres, d'assister à tout cela, de me refléter dans
leurs yeux de gamins.
— Affolant !
— Oui, affolant ! Dix ans de guerre ont produit des combat-
tants de toute trempe et de très haut niveau. Tiens, rien qu'à
Beyrouth-Ouest, je pense qu'un millier de gosses de douze à
quatorze ans pourraient être d'aussi bons francs-tireurs que moi.
Tu penses vraiment qu'ils vont renoncer à exercer leur talent, en
toute impunité, en échange d'un traité de paix ?
— Qu'y faire ?
— Rien.
— Tu es désespéré ?
Marwan se rebelle :
— Moi ? Pas du tout ! Je vis ma vie. Je reprends les armes, à
chaque fois, pour rester dans le coup, pour être le meilleur, pour
être toujours l'Empereur.
Et pour m'en convaincre, ou s'en persuader, le voilà reparti
dans le récit de ses exploits, avec un bonheur évident :
— Le plus beau, c'est d'allumer une voiture, lance-t-il. C'est
comme au cinéma. Moi, je suis posté dans mon immeuble et, de
l'autre côté de la ligne, la bagnole s'élance, à fond, le nez levé et le
cul par terre, en pleine accélération. Elle fonce. On devine l'angoisse des occupants. C'est magnifique, cette voiture tout seule
au milieu d'un désert, d'un paysage lunaire, entre les deux
Beyrouth. C'est irréel. Avec la chaleur qui fait danser les objets.

Elle n'a qu'une chance sur dix de traverser la Ligne. Plusieurs
fusils la braquent. Chacun le sait. C'est le silence et le suspens.
Terribles minutes, interminables secondes. Il y a un port à atteindre, mais l'embarcation coule... panique. Le chauffeur donne de
grands coups de volant. A droite, à gauche, à droite encore. La
voiture zigzague. Toute la route ! Elle est folle. Elle est ivre. La
rive se rapproche et chacun s'en étonne. Déjà, on se détend.
Gagné ! Moi, dans mon viseur, je vois parfaitement le chauffeur
dont les mains agrippées se relâchent. Il a bien mérité son salaire.
Il pense déjà au retour, à vide ou avec d'autres clients. Drôle de
métier, que taxi à Beyrouth ! Oui, je lis tout cela sur son visage, à
travers ma lunette. La mise au point est faite. J'aime bien cet
instant, cette image floue qui tout à coup est nette, comme un
signal, comme une invitation à tirer. C'est beau, avec les quatre
traits précis de la mire, quatre fins traits noirs convergeant sur la
cible. Dans quelques secondes, il sera sorti de mon champ de
vision, le bougre, le con. Enfin, une voix nasillarde au talkie-
walkie : *reprise des tirs* !

Le coup est parti. Tout va très vite : pare-brise éclaté, dérapage,
embardée et fin de course dans un bloc de béton. Je vois le
chauffeur, empalé dans la colonne de direction. Terminus, tout le
monde descend : un premier passager, épouvanté, stupide, titu-
bant, bras en l'air machinalement. Pan ! Une balle. Il s'écroule.
Puis un second. Et un troisième. Là, je ne décroche pas tout de
suite. Je prends le risque, mais je les veux tous. La voiture, c'est
fantastique. Il faut le vivre pour y croire. Ça arrive presque tous
les jours.

Marwan est fou, complètement fou. Un monstre... et pourtant
il dit la réalité !

Epilogue à l'*incident* : le lendemain dans *L'Orient-le Jour*, un
entrefilet annonce la mort de quatre personnes sur la ligne de
démarcation, victimes d'un franc-tireur anonyme. Seuls quelques initiés penseront : *c'est signé de l'Empereur.*

Marwan s'est allongé sur son matelas, apaisé. Il a allumé une

cigarette et, parfaitement détendu, avec la satisfaction du travail
bien fait, il a attendu la nuit. Aujourd'hui, il n'y aura plus de
balles perdues. La voix sans visage du talkie-walkie a ordonné de
cesser le feu. Quelque part sur la Ligne, les responsables des
diverses milices se sont rencontrés et ont décidé une nouvelle
trêve. Marwan n'est pas inquiet. Elle durera le temps de remplir
le chargeur. Il y aura d'autres piétons égarés, d'autres voitures
folles... et toujours le même plaisir à jouer avec ces inconscients, à
les ajouter au palmarès du franc-tireur, même si Marwan ne tient
pas de comptabilité car, dit-il, *cela n'a aucun intérêt.* Drôle d'épita-
phe pour les victimes *sans importance.*

Ce soir, Marwan jouera aux cartes avec les copains. Demain, il
s'accordera un jour de congé qu'on ne pourra décemment pas lui
refuser. Il enfilera son pantalon de toile bleu, sa chemise blanche
et ses baskets. Il se sentira tout bizarre sans sa tenue de milicien.
Vulnérable et maladroit. Il se hasardera pourtant dans les rues de
Chiyah, plaisantant avec les uns et les autres, taquinant Joseph
(« Alors, chrétien, tu n'as toujours pas rejoint tes chiens de
frères ? »), s'arrêtant devant les vitrines de chaînes stéréo,
regardant les filles sans oser les dévisager.

La promesse de cette journée réjouit Marwan :

— Demain, je serai un homme ordinaire, dit-il.

Les *empereurs* ont de ces rêves émouvants.

*
**

Marwan m'a raconté encore deux ou trois histoires de franc-
tireur. Son plus mauvais souvenir d'abord, celui qui l'a terriblement humilié. C'était un après-midi d'été, quand les Libanais
sont à la plage, essayant de voler quelques instants à la vie, et que
les combattants restent à leur poste, espérant chaparder quelques
morts. Personne ne se décidait à passer la ligne de démarcation.
Marwan désespérait. Enfin, un jeune homme s'est présenté en
jean et polo. Marwan l'a ajusté. C'était poignant, ce spectacle
d'un inconnu solitaire, marchant au milieu du terrain vague
interdit, décontracté et heureux, parmi les trous de bombes, les
carcasses de chars et l'herbe sauvage. Il était à portée de fusil. Il

s'offrait au tireur embusqué. Et le coup de feu a retenti. La balle a effleuré son talon. Le jeune homme a à peine bronché. Il s'est redressé, a regardé du côté de Marwan et, l'interpellant sans le voir, lui a lancé :

— Raté mon gars !

La moquerie, accompagnée d'un geste ironique, a rendu l'*Empereur* fou de rage. Il a hurlé, il a juré et a tiré de tous les côtés sans même penser viser à nouveau le provocateur, le miraculé qui venait de franchir la Ligne verte :

— Olé !

Ou encore ce témoignage aux accents de légende. Je n'ai pas pu en vérifier l'authenticité. Le personnage a-t-il existé ou est-il fantasme de Marwan ? Je ne sais pas. Mais il hante la mémoire de l'*Empereur*. Elle s'appelait Leila, ou plutôt se faisait appeler ainsi... car elle venait de Bretagne. Une belle fille, *très sexy*, au service du FDLP, le Front démocratique de libération de la Palestine. Très peu de gens la connaissaient. Elle était secrète et prudente, toujours seule, avec son fusil belge à lunette MG. *Franc-tireuse*, ce n'est pas banal ! Même à Beyrouth ! *Une vraie pro*, commente Marwan, encore admiratif. Un jour, sa mère est venue la voir. Savait-elle que sa fille de vingt-cinq ans faisait des cartons à Chiyah ? Qu'elle tuait consciencieusement des hommes et des femmes ? Marwan l'ignore. Il lui a très peu parlé. Elle se méfiait — elle aussi économisait ses mots — et il n'osait pas. Même avec le recul, l'*Empereur* ne se permet aucune familiarité verbale vis-à-vis de Leila. Mais on devine qu'il n'était pas indifférent, pas insensible. Au début, il l'a prise pour une espionne. Cette fille, ce n'était pas normal au milieu des combats. Jusqu'au jour où il l'a vue descendre de sang-froid un milicien devant l'église Saint-Michel :

— A partir de là, je l'ai respectée.

Elle était arrivée en 1976. Elle est partie en 1978, quand un mercenaire français s'est présenté. La fuite, pour ne pas être reconnue peut-être. La désertion devant un compatriote. Le destin solitaire. Personne ne l'a plus jamais revue. Marwan donnerait cher pour connaître son secret.

Troublé par ce récit, j'ai cherché Leila à Beyrouth. Personne ne se souvenait de son passage à part l'*Empereur*. Leila, votre histoire n'est supportable que si vous n'avez jamais existé. Hélas ! Malgré le doute et le mystère, je crains que vous ne soyez pas un rêve. Marwan a trop peu d'imagination pour vous avoir inventée. La guerre ne lui permet pas ce genre de luxe. Tout le reste de l'aventure de Marwan est vrai, terriblement authentique. J'ai pu le vérifier, le recouper, obtenir confirmation des moindres détails auprès de témoins. Leila, je n'ai donc aucune raison de douter de votre réalité. Une fois encore, hélas !

**

A présent, Marwan, laisse-moi te raconter une situation que tu n'as jamais vécue, que tu n'as jamais envisagée. Ecoute-moi, suis-moi et traverse avec moi la Ligne verte. Une seule fois, pose ton fusil, fais cet effort, passe de l'autre côté de la barrière et prends la place de la cible.

Tout commence par un barrage, comme une frontière. Les miliciens jettent un œil dans la voiture. Ils regardent les passagers comme on s'imprègne de la dernière image d'un condamné ou d'un voyageur promis à un périple sans retour, d'un homme qui se détache de notre monde. Puis ils vous lâchent, ils vous poussent dans le no man's land de la mort, dans la zone de tous les dangers, comme en haute mer, en pleine tempête et sans bouée.

La voiture démarre, accélérateur au plancher, pneus affolés. Elle se cabre. Là, Marwan, tu dis vrai. Mais, vécu de l'intérieur, côté cible, l'instant, l'événement, le pari n'ont rien d'exaltant. La Ligne verte n'a aucune beauté. Et la folle traversée aucun panache. Côté victime, ce n'est pas un sport et encore moins un plaisir. Ce privilège, cette délectation t'appartiennent. Pour nous, au bout du canon, en ligne de mire, c'est l'angoisse. C'est la peur. La voiture fonce et, déjà, nous regrettons d'être entraînés, d'avoir forcé le destin et provoqué le diable. A la place du mort, impossible de parler. Les yeux sont fixés sur les trous béants, obsédants, des immeubles éventrés, sur ces cavernes barbares où vous vous terrez, les Marwan, les francs-tireurs, à guetter la mort, à traquer la proie.

Depuis la voiture qu'on ne trouve jamais assez puissante, on vous flaire, on vous devine et on vous déteste. Notre sort est entre vos mains assassines. On ne vous voit pas : pas même la pointe d'un fusil, pas même le bout d'un nez. Rien. Le noir. Cela ajoute à l'effroi, à l'inhumain, au déséquilibre de la situation où nous sommes, d'avance, les perdants. Rien ne vit, rien ne bouge de votre côté. Nous roulons sur une planète fantôme. Un grand mal a frappé ici. Il ne reste que mort et désolation. Impressionnant. Terrifiant. Tous les malheurs du monde, toute la perversité des hommes concentrés sur ce territoire restreint.

Le chauffeur est en sueur. Il devrait nous apaiser. Mais non. Il se tait. Son extrême tension nous inquiète au contraire. Et voilà qu'il tremble ! Lui qui a pourtant l'habitude !

Sur la banquette arrière, la passagère se ratatine. Décomposée. Elle s'enfonce, elle disparaît. L'odeur d'huile lui monte aux narines. Soudain, elle comprend : on risque la vie des humains sur la ligne de démarcation, mais pas celle des voitures. Dans l'aventure, on ne lance que les épaves, au plancher et au pot d'échappement percés, façon de limiter les dégâts.

Le cœur bat et le souffle est coupé. Qu'ils sont longs ces cinq cents mètres de malheur, ces cinq cents mètres à découvert séparant l'est et l'ouest, ravagés et inhabités, où l'on est totale-ment vulnérable. Mains moites, esprit résigné. Qu'attendent-ils pour tirer ? Pour mettre fin à l'épopée ? On imagine : la balle fera voler le pare-brise en éclats, elle entrera là et viendra nous fracasser le crâne. On s'y attend. On le sait. On l'accepte puis-qu'on était candidat. Des pensées idiotes se présentent : ça fait mal une balle ? Pendant combien de temps ça fait mal ? Et on souffre de cette balle imaginaire...

Chacun se referme sur lui-même. L'équipage ne se sent même pas solidaire devant une mort probable. A chacun ses songes. La moitié du chemin ! Une victoire ? Non, un sursis, un délai inu-tile, un supplice de plus en plus intenable. On scrute les immeu-bles démolis. On cherche désespérément le tueur. Il joue avec nos nerfs. On ne rencontre que le noir des façades ouvertes sur l'insondable, que le front vérolé des bâtiments désertés. Alors, on s'évade. On regarde ailleurs, du côté des souvenirs. De ceux qu'on a aimés. On les imagine, eux qui ne peuvent pas nous imaginer dans ce pétrin. Où seront-ils, occupés à quelle tâche, quand la balle nous rencontrera ? On enrage de regrets et d'impuissance. On peste contre l'injustice. Cinq cents mètres seulement, mais ils remettent en question tellement de choses et en relativisent tellement d'autres.

On s'estime condamné et on voudrait forcer le destin. On voudrait que le franc-tireur, qui a forcément un cœur, et une mère, et peut-être des enfants, capte notre prière. On voudrait, contre toute logique, qu'il renonce à tirer, qu'il nous épargne... simplement parce que c'est nous, c'est moi dans la voiture. Pour obtenir son pardon, sa pitié, nous n'avons pas d'autre argument.

Et la voiture continue à foncer...

Les immeubles défilent et se brouillent. Beyrouth-Ouest s'éloigne et s'approche Beyrouth-Est. On va s'y écraser. La voiture va exploser sur les rails antichars, s'encastrer dans la chicane où nous attendent d'autres miliciens, ceux de l'autre camp. Ils nous regardent arriver, indifférents. Même pas solidaires. Ils ne nous tendent pas les bras. Les autres nous ont balancés à l'eau. Eux ne nous repêcheront pas. Il doit y avoir du mépris, chez les premiers comme chez les seconds, pour tous ceux qui passent la Ligne, qui revendiquent des attaches en face, qui veulent garder un pied dans les deux mondes. On peut donc crever sous leurs yeux. C'est chacun pour soi.

Un dernier coup de volant. Un dérapage et un freinage : c'est passé ! On ne réalise pas le miracle. On n'ose pas se réjouir. La voiture s'engouffre dans les ruelles de Beyrouth. Elle roule lentement, elle respire, elle flâne, se faufilant avec délices à travers les étals du marché, évitant les enfants et les femmes aux cabas bien remplis. La vie. Les cris. La musique. L'odeur des épices. Tout paraît très beau. Tout est plus beau.

Cette expérience, Marwan, je l'ai vécue après ton récit, en connaissance de cause, d'où forcément mon angoisse. Je t'ai imaginé à ton poste, à l'affût avec ton fusil à lunette. Le passage était officiellement ouvert, mais tu m'avais dit ce que cela a d'aléatoire, d'illusoire. Tu as peut-être vu passer ma voiture, tu l'as suivie. Elle transportait trois vies : celle d'une mère, 35 ans et trois enfants, celle d'un chauffeur, 33 ans et un bébé, enfin la mienne — accessoirement — 37 ans et deux enfants. D'une pression du doigt, de ce doigt qui a tant tiré sur la ligne verte, tu aurais pu arrêter net ces trois vies. Je n'ai pas à te remercier : tu n'as pas tiré, ce jour-là, car telles n'étaient pas les consignes. Sans cela, Marwan, tu aurais fait ton métier et nous n'aurions pas valu, dans ton esprit, plus de 35 livres libanaises, de quoi t'acheter quelques gadgets. C'est le destin, dis-tu. Tellement facile comme explication ! Comme alibi !

Côté cible, on ne te trouve ni excuses ni circonstances atténuantes. Ton rôle est tellement facile, tellement méprisable, tellement lâche. Il est impossible d'effacer le malheur que tü causes. On n'a pas le droit d'oublier ceux que tu as tués, ici, eux désarmés et innocents, toi assis dans ton fauteuil de franc-tireur, avant d'aller jouer aux cartes, dépourvu de toute conscience, de toute pitié, de tout sentiment.

Tu dis, tu te vantes, que le métier de franc-tireur est le plus beau de la guerre. Pourquoi pas le plus noble ? Voilà où tu es tombé, Marwan ! Es-tu réellement, aujourd'hui, un être humain ?

13

EN FAMILLE

« Mon histoire ne peut pas être dissociée de la tendresse et de l'amour que je porte à ma mère. C'est moi qu'elle cajolait le plus, lorsque j'étais enfant et je le lui rendais bien. Elle ne m'a jamais rien refusé et, au premier ennui, je me réfugiais dans ses jupons. Elle me protégeait comme une chatte ses chatons. Elle aimait mes sourires et mes yeux, me caressait sans cesse les cheveux. Pour un rien elle s'inquiétait. Dès que je m'éloignais un peu, elle tremblait. Elle avait toujours peur qu'il ne m'arrive quelque chose. J'étais tellement protégé que, de toute mon enfance, je n'ai jamais eu la moindre égratignure. J'ai été heureux, vraiment heureux. J'étais tout pour ma mère. J'étais l'univers de *maman poule*, malgré mes frères et sœurs. Je représentais toutes ses joies et ses uniques soucis. Elle croyait en moi, elle misait sur moi. J'étais l'avenir de la famille, son honneur. Elle me le disait tous les jours. Ce fut ainsi jusqu'à la guerre...

La guerre ! Pour *maman poule* ce fut très dur. Son projet s'écroulait. Pour la première fois, je lui échappais. Je m'éloignais et jouais à l'homme, mais pas à celui dont elle avait rêvé. Elle ne disait rien : il n'y avait rien à faire. Elle savait que notre génération allait être perdue, sacrifiée, mutilée. Je ne serais pas médecin. Chaque jour, elle risquait de me perdre. Elle ne pouvait que pleurer et me guetter, m'attendre des heures entières, des jours, dans l'angoisse et le désespoir, comme toutes les mères du Liban. Elle n'avait pas mérité cela. Désormais le bonheur se limiterait à

cette unique seconde où je frappais à la porte, après les combats.
Cela voulait dire :

— Ton fils n'est pas mort. Pas cette fois.

Maman poule sautait de joie. Elle m'embrassait, repoussait le
fusil sous le lit, sans autre commentaire que :

— N'y pense plus.

Elle aurait voulu me garder, m'enfermer, me séquestrer. Quelques heures de trêve et l'illusion d'une vie retrouvée. Nous
n'avions plus d'*en-bas*. Nous voulions au moins préserver notre
chez-nous. Jusqu'à la secousse du prochain obus qui éclatait
comme un ordre de mobilisation. Au revoir, *maman poule*. Ne
t'inquiète pas pour moi. Ces moments volés sur la guerre, c'était
merveilleux. J'en avais besoin pour tenir, pour trouver un sens à
notre combat, pour respirer, pour me repérer, pour me situer. On
ne peut pas exister sans famille.

Un jour, j'ai été blessé à la tête. C'était sérieux. J'ai bien failli y
rester cette fois-là. Une sale blessure sur le haut du crâne. Ce
n'était pas beau à voir et délicat à arranger. La balle avait littéralement frôlé le cerveau. J'étais complètement KO. Presque foutu,
Marwan. L'opération a duré plusieurs heures. Les médecins
avaient déjà tiré un trait sur moi. Pendant ce temps, *maman poule*
me cherchait partout. Elle ignorait où je me trouvais. Elle a
remué ciel et terre, interrogé tout le monde. En vain. Pas de traces
de son Marwan. Enfin, un copain lui a demandé :

— Combien tu me donnes si je te dis où est ton fils ?

— La terre entière, si elle était à moi !

L'autre lui a communiqué le nom de l'hôpital et le numéro de
la chambre. *Maman poule* a réquisitionné la première voiture et
elle m'a rejoint. Les visites étaient interdites. Elle a forcé la porte,
à grand scandale. Puis, silencieuse, elle s'est assise à côté de mon
lit. Elle a attendu là, seule, muette, pendant des heures et des
heures. Elle pleurait, mais de bonheur car elle m'avait retrouvé.

Au milieu de la nuit, je suis sorti de mon coma. J'ai senti
quelque chose de chaud et d'humide à mes pieds. J'ai tout de
suite compris, presque par instinct : c'était elle. Ma mère !
Maman poule ! Elle était là ! Elle attendait mon réveil. Sans doute
m'avait-elle tiré de mon terrible sommeil. C'était comme un
miracle. Je sentais sa chaleur et ses larmes sur ma peau. C'était

comme une seconde naissance. Et je me suis mis à pleurer. C'est vrai : j'avais le sentiment du nouveau-né. Je sortais du néant et tout allait être différent. La présence de *maman poule* m'a sauvé. Elle était indispensable. Apaisante. Rassurante. Elle était là pour tout assumer, pour tout comprendre. Surtout, elle m'aimait et elle m'aimerait toujours, malgré ce qui s'était passé, malgré mes crimes. J'étais encore son fils. Elle serait encore ma mère. Dans mon engourdissement, la lointaine formule d'Hani me revint à l'esprit : *même les tueurs ont une mère*. Alors, j'ai repris espoir. On ne me laisserait pas crever, seul sur mon lit d'hôpital. Il y aurait toujours un peu d'amour pour moi. C'était l'essentiel.

Les heures silencieuses ont passé. Nous nous sommes regardés, sans oser nous embrasser, nous caresser. Depuis longtemps, les yeux de *maman poule* n'avaient pas eu cet éclat et son visage cette beauté, cette jeunesse. Elle était belle ! Plein d'images du passé me sont revenues. Et puis je voulais qu'elle retourne à la maison. Elle avait tout plaqué pour moi. Elle avait oublié mon père, mes frères et mes sœurs. Elle voulait rester là, à attendre mon rétablissement, à prévenir mes moindres désirs, à contrôler les infirmières, à chasser les visiteurs. Et elle était jalouse !

Toutes les nuits, elle les passait là, allongée sur le lit voisin. Elle me regardait sans cesse. On aurait dit qu'elle m'admirait, qu'elle était encore fière de moi. Parfois, elle croyait que je dormais. Je l'entendais murmurer. Elle parlait à son Dieu — je vous ai dit que *maman poule* est chrétienne ? — et elle disait :

— Mon Marwan a échappé à la mort. Merci, mon Dieu ! Mais ne l'envoie plus jamais à la violence. C'est un bon petit, Marwan. Il faut l'aider. La guerre nous a fait assez de mal comme ça.

Après, elle s'adressait à moi, toujours persuadée que je ne l'entendais pas. Elle voulait que je vende mon fusil. Elle affirmait que nous allions partir à la campagne, dans la maison de ses parents, où les filles étaient belles, où on avait ouvert un restaurant, où personne ne me chercherait du mal. Elle rêvait, *maman poule*. Elle n'était pas dupe. Et alors ? Ça lui faisait du bien, et à moi aussi. Elle faisait semblant.

Elle disait à voix basse :

— J'espère que tu n'as tué personne. Ça ne serait pas bien et tu le payerais un jour, tu le sais ?

Bien sûr, je ne répondais pas. Elle connaissait la réponse, pauvre *maman poule*. Tous ceux de mon âge, au Liban, avaient du sang sur les mains. Mais c'était tabou. On se jouait la comédie. Tiens, par exemple, la mort de Papa Abou ! Elle ne m'en a jamais dit un mot. Pourtant, elle savait. On lui avait tout raconté. Elle en a pleuré des nuits et des jours entiers. Elle en a été malade, honteuse, folle... c'était encore dans sa tête. Une obsession. Une blessure. Un calvaire. Mais elle ne m'en parlerait jamais. Aucun reproche, aucune allusion, aucune leçon de morale. Etrange, non ? En réalité, il n'y avait pas d'autres attitudes à adopter. Comme chacun de nous, comme toutes les mères, elle connaissait la règle du jeu : si j'étais en vie, c'était forcément au détriment d'autres vies. Elle préférait cela à la mort de son enfant. Pour me conserver auprès d'elle, elle aurait sacrifié bien d'autres existences. C'est beau, ce genre de liens. »

Je n'ai pas osé interrompre l'*Empereur*. Je n'ai pas voulu couper Marwan. Il a parlé d'un trait, le visage étrangement illuminé. Durant nos dizaines d'heures d'entretiens, où l'aveu ne prêtait guère à la chaleur, cette tirade dédiée à la mère fut l'unique rayon de lumière, le seul souffle de vie, avec un authentique accent de tendresse. Avec des moments de fragilité et d'intense émotion. En face de moi, j'avais enfin un être humain. Profondément sensible et vulnérable. J'ai voulu l'entendre jusqu'à la fin pour me convaincre — pour vous rappeler — que Marwan le tueur, Marwan le monstre, reste au fond de lui-même un peu Marwan, tout simplement Marwan. Voilà, aussi, ce que l'on trouve dans la tête d'un tueur, d'un milicien...

Ces gens-là « compartimentent » leur vie. Méchants à l'extérieur, les voici gentils à la maison. Tortionnaires sur le terrain, enragés dans la bataille, mais bon père ou fils modèle chez eux. Cette double face, cette double vie — tellement paradoxales — les aident à tenir. Ils ont besoin d'une part de respectabilité. Ils ont besoin d'aimer et ils veulent être aimés. Ils y trouvent leur alibi pour combattre... au nom de l'Amour, au nom des leurs.

Marwan a beau dire que la famille a peu de place en temps de guerre, son ode à *maman poule* prouve le contraire. De sa famille, il parle avec passion. Elle n'a pas éclaté, malgré les déchirures.

Elle a résisté aux clivages de Beyrouth puis de Chiyah, malgré les fêlures politiques, malgré la haine environnante. Elle aurait pu, mille fois, voler en éclats. Elle reste, plus que jamais, soudée. Inutile d'épiloguer, chacun aura compris le prodige. Une photo résume le miracle, ou le paradoxe. Une photo unique qui trône sur le buffet de *maman poule*, sur fond de ruines. On y voit la couvée, réunie autour de la mère. Chaque enfant a grandi ou est né avec la guerre : quatre filles et trois garçons. Randa, 19 ans, porte le tchador. Elle croit en Allah et milite au sein du Parti de Dieu, *Hezbollah*. Nada, 17 ans, porte la minijupe, à la limite des fesses et de la décence. Elle est inscrite au Parti communiste, avec son frère Hassan. Le cadet, Ali, s'est enrôlé au contraire dans la milice chiite Amal, tandis que Marwan a tout connu sauf la foi : on l'a vu au Fatah, à Amal, au PSP et ailleurs. Mais ils posent tous ensemble, bras dessus, bras dessous, avec le même sourire et la même tendresse dans les yeux. A cet instant, ne dites surtout pas à *maman poule* que ses enfants sont des tueurs. Elle les croit enfants de chœur ! On peut s'y tromper en voyant cet émouvant tableau d'une famille indestructible. La paix ne fabrique pas de clans aussi solides.

Tous les dimanches ils se retrouvent. Aucun ne manque à l'appel, quels que soient les événements. *Maman poule* ne tolérerait pas les défections. Ils ne voudraient pas manquer le rendez-vous. Sur le terrain, leurs milices respectives s'étripent ? Tant pis ! Elles ont besoin de leurs fusils ? Tant pis ! Le dimanche de *maman poule* est sacré. Cette trêve-là, on ne la rompra jamais.

La grande table a été dressée et les mets sont épicés. Par beau temps, on déjeune sur la terrasse. Les jours de bombardement, on se replie dans la salle à manger, ou même à la cave. Dans tous les cas, on danse, on chante et on boit. On parle de tout et de rien. On se taquine comme des adolescents. A l'évocation de Zubeïda, Ali rougit :

— Vous avez vu comme elle est devenue belle ? demande Randa. Elle marche comme une Parisienne.

Lui, hausse les épaules. Marwan se lève et se déhanche d'une façon presque obscène pour mimer la jeune fille qui fait rêver les garçons de Chiyah, toutes tendances confondues.

Une autre sœur, jouant avec sa jupe, renchérit :

— Elle a des dessous troublants, Zubeïda ! Pas vrai Ali ?

Tous éclatent de rire.

On ne respecte rien... sinon les convictions d'autrui. Où va se nicher la tolérance ! *Maman poule* interdit les discussions politiques (« c'est juste bon pour se battre », dit-elle), mais la couvée proteste :

— On est des gens civilisés. On peut quand même exprimer ses idées !

Généralement, c'est Nada qui attaque, sur le mode :

— Les filles de *Hezbollah* font des simagrées. Elles se cachent le visage mais elles montrent leur cul.

Randa réplique sur le même registre :

— Au PC, il n'y a que des putes. Elles font l'amour dans la rue.

Et, une fois encore, toutes tendances confondues, on éclate de rire. En d'autres lieux, il en faudrait moins pour mettre le feu aux poudres. Là, c'est différent : on est en famille, on est chez *maman poule*. Tout est permis. Rien ne prête à conséquence.

En présence d'un *étranger* — un ami ou une fiancée — on essaye d'élever le débat. Quel étrange spectacle alors, de voir et d'entendre les enfants de Chiyah ayant oublié d'aller à l'école, mais s'interpellant à coups de citations croisées de Marx, Khomeiny, Lénine, du Coran, d'Engels ou d'Arafat quand ce n'est pas... du Christ, en secteur musulman !

Au bout du compte, remarque Marwan, nous arrivons toujours à la même conclusion : nous avons le même sang et nous sommes frères. Pourquoi parler de nos forfaits, de nos crimes ? Nous avons tous les mains sales. Nous avons tous été mêlés aux mêmes massacres, dans un camp ou dans l'autre. Au fond de nous, nous savons que nous nous valons tous, c'est-à-dire que nous ne valons pas grand-chose. Alors, pourquoi s'adresser des reproches ? Pourquoi faire souffrir notre pauvre mère, avec ces histoires ? L'important est de nous retrouver au complet, dimanche après dimanche. Cela signifie que, durant les combats, je n'ai pas tué mon propre frère...

Et puis, il faut partir, se séparer.

Les filles vont se coucher. Les quatre dans la même chambre, encombrée de deux lits. Marwan leur rend une dernière visite. Randa est déjà en boule pour la nuit. Il la pince, il la chatouille. Puis il tire des pieds, au hasard :

— C'est à qui ça ?

Nada rit :

— C'est à moi, lâche-moi, mal élevé.

La troisième sœur saute sur Marwan, elle l'enserre, elle l'embrasse. L'*Empereur* proteste :

— Laisses-en pour ma copine ! Elle m'attend.

Enfin la dernière, la cadette :

— Marwan, tu as oublié mon argent de poche.

— C'est vrai. Toi, tu ne gagnes pas ta vie.

Il lui glisse un billet de 250 livres (125 francs). Argent de mercenaire. Salaire de la mort. Argent pour du rouge à lèvres. Salaire d'une innocente.

— Merci Marwan, je t'aimerai toujours.

Toutes en chœur :

— Tu es le meilleur de nos frères.

Marwan savoure le compliment rituel. Il sourit, embrasse tout le monde puis il glisse la main sous le lit pour en retirer le Kalachnikov. Geste machinal. Ni lui ni les autres n'y prêtent plus attention. C'est comme si Marwan partait au travail à bicyclette. Comme les autres frères, avec leur M-16 ou leur RPG récupérés sous le canapé de *maman poule*.

— Au revoir, mes fils. Soyez prudents.

14

FONCTIONNAIRE DU CRIME

Marwan aime cet appartement où il habite depuis plusieurs années, près de la Ligne verte. L'immeuble est pratiquement vide, occupé seulement par deux familles et lui-même, avec sa compagne et la petite fille de celle-ci, la jolie Faten, 7 ans. Personne ne paye de loyer. Ils se sont installés là, sans rien demander. On ne leur cherchera pas querelle. A Beyrouth, à la guerre, les choses appartiennent à ceux qui les prennent. Les propriétaires sont morts ou en exil. On ne va quand même pas réclamer un loyer sur la Ligne verte ! Pourtant, Marwan parle de son logis avec fierté. C'est son toit, presque gagné à la sueur de son front. Lui, à 26 ans, « possède » ce bel appartement. Il s'en émerveille. Et voilà, le saint homme, qu'il offre le gîte à une veuve et à son enfant. Il parle en ces termes, le chef de famille Marwan. En pantoufles, l'*Empereur de Chiyah* a des accents de tendresse.

La façade est grêlée de balles et le dernier étage a été décapité par les obus. Cela fait partie du quotidien. On dirait que l'immeuble est né ainsi, qu'il s'agit de l'architecture nouvelle de la ville, de son esthétisme. On ne l'imagine plus autrement. La petite Faten, qui a grandi là, ne conçoit même pas qu'il existe d'autres villes, intactes. Les ruines sont son royaume, les trous d'obus le berceau de ses poupées.

Chez lui, Marwan aime l'ordre. C'est un maniaque. L'ordre des choses : les chaussures doivent être rangées, l'évier dégagé, les lits faits. Et l'ordre de l'étiquette ou des gens : l'homme est au salon, à attendre d'être servi, la femme est au fourneau à préparer

le *molokhie*, soupe verte au poulet et à la viande. Mais l'atmosphère est détendue. Marwan savoure les soirées à la maison, en
intimité ou avec les copains qui viennent parler, des heures
entières, de la guerre et de politique.

Le mobilier est moderne et sobre, avec des tons chauds pour le
canapé, les tapis et les rideaux. Il a tout pour être heureux,
Marwan, et il l'est effectivement : *sa* télévision, *sa* chaîne stéréo
et *son* magnétoscope. Le bonheur *Sony*. Rien à faire ! Il ne peut
pas s'empêcher de s'émerveiller devant ses biens. Le confort
bourgeois étonnera toujours l'enfant de Chiyah. Et il est content
d'en faire profiter une veuve, mignonne et brave, dévouée à la
cuisine et au lit, et une orpheline qu'il aime comme sa fille. Les
soirées passent à regarder des films d'horreur, pornos, de guerre
ou de science-fiction. C'est le répertoire de Marwan. Parfois, il
souffle dans le saxo et Faten danse en riant. Ou alors il démonte
son arme et Faten la remonte avec application. Famille unie,
famille émouvante.

— On s'aime beaucoup, dit sobrement Marwan.

Le soir, avant de s'endormir, Faten a le droit de s'attarder dans
le lit de la mère et de l'amant. On chahute, on s'embrasse, on se
caresse, sous la photo du papa de Faten.

Marwan explique avec respect :

— Il a été tué en passant la Ligne.

Ainsi s'écoulent les jours paisibles au domicile privé de l'*Empereur*. Seul un sujet est tabou : le « travail » de Marwan. On n'en
parle pas. Il rapporte son salaire à la maison, c'est tout ce qui
importe. Il confie l'argent à la jeune veuve qui en fait bon usage.
On ne se souvient d'aucune dispute à ce sujet. Mais quelle
étrange situation ! Le mari de cette femme charmante a été
abattu par un quelconque Marwan. La voici aujourd'hui nourrie
par l'*Empereur* tirant ses revenus du meurtre d'autres maris innocents. Elle n'y pense pas. Elle n'a pas les moyens d'y penser. Il
faut élever Faten, il faut prendre l'homme qui accepte de donner
de la tendresse à la mère et à la fille. Pour le reste, où trouver à
Beyrouth un amant qui ne soit pas compromis ?

Seule ombre au tableau, les départs et les absences de Marwan.
L'angoisse d'être veuve une seconde fois. La hantise d'avoir à
annoncer à Faten que son *faux papa*, Marwan, est mort à son tour.

Mais, là encore, on n'en parle pas. Marwan s'esquive sans rien dire, le cœur aussi serré que celui de sa compagne. Car il aime cette maison, ce repos, cette femme. Elle réclame un mot gentil. Il préfère le silence :

— Au revoir, ça veut dire adieu, se justifie-t-il.

Et il claque la porte sans se retourner. Il va à son métier, à ses secrets, à ses folies, à ses problèmes impossibles à partager ni à confier. Le masque tombe. Le voilà tueur.

Ça s'est passé comme cela le 17 ou 18 juin 85. Un homme d'*Amal* est venu le chercher à l'appartement. Il a pris un verre, tel un compagnon d'atelier ou quelqu'un venant proposer un emploi. Quelque chose de banal. La routine :

— OK, j'y vais, a dit Marwan en prenant son Kalachnikov.

Ni bougon, ni joyeux. Un fonctionnaire partant au bureau.

Dans la jeep, les temps ont changé. Le milicien a prévenu l'*Empereur* :

— Le *Mouvement* veut te désarmer. On te reproche de n'être pas très sûr. Tu as servi trop longtemps les Palestiniens.

— Ce sont nos frères ! s'est insurgé Marwan.

— Pas vraiment...

— Ils t'ont formé, toi aussi !

— Peut-être, mais les temps ont changé. *Amal* a pris le pouvoir à Beyrouth-Ouest. Le *Mouvement* trouve que les Palestiniens font un peu trop la loi. Il faut que ça cesse. Ils doivent comprendre qu'ils ne sont pas chez eux ici.

— Alors ?

— Alors tu es de notre côté, avec *Amal*... ou on te confisque ton Kalach et on te descend. Compris ?

— Compris !

— Et n'essaye pas de nous rouler.

— OK. Vous serez satisfaits de mon travail, assura Marwan, sans savoir réellement ce qu'on attendait de lui.

Beyrouth était complètement vide. Cela sentait la bataille imminente. Les milices mobilisaient leurs troupes. Les armes sortaient de partout. Les rues étaient aux jeeps montées de canons sans recul. Elles se dirigeaient vers la Cité sportive, là-bas, vers l'aéroport, entre Chiyah et Chatila. Deux quartiers hier amis, ou deux communautés solidaires. Tellement proches géographiquement, socialement, historiquement, économiquement. Deux quartiers aujourd'hui face à face : déshérités contre déshérités, musulmans contre musulmans, arabes contre arabes. Car Marwan a très vite réalisé : il s'agissait d'attaquer Chatila, ou plutôt d'anéantir les Palestiniens. Lui serait chargé de cette incroyable mission ! Il participerait à cette sale besogne, à ce travail absurde ! Jamais, il n'avait envisagé l'hypothèse : tuer de sang-froid des familles palestiniennes. Déjà, des centaines de combattants étaient en place et d'autres convergeaient sur Chatila, Sabra et Borj Brajneh, les trois camps traditionnels, les trois lieux mythiques. De l'autoroute, ils dominaient les ruelles enchevêtrées et les maisons serrées de Chatila, comme on domine déjà un vaincu. En contrebas, on devinait l'angoisse des habitants attendant leur propre massacre, sans même une larme, puisque « cela devait arriver », formule rituelle résumant un destin.

En voyant Chatila se refermer ainsi sur lui-même, Chatila menacé, assiégé, Marwan se souvint du premier massacre, du fameux massacre, du triste massacre : le monde avait tremblé d'effroi. C'était en septembre 82. Le bourreau était chrétien, avec la bénédiction des Israéliens. Marwan en avait presque pleuré de rage, d'impuissance, de douleur. *Ils* avaient osé massacrer ses frères palestiniens, là, à deux pas de chez lui. On n'avait rien pu faire pour ces malheureux. *Ils* avaient commis les pires atrocités. Trois jours de folie, de boucherie infâme. L'odeur de mort flottait partout. Corps empilés, disloqués, criblés comme de vulgaires passoires. Enfants, femmes, combattants déchiquetés, amputés, éclatés. Des centaines de morts, d'innocents achevés à la hache... et bientôt des nuages de mouches. Marwan avait encore à l'esprit le récit des témoins. Ils s'étaient heurtés, à chaque pas, à des jambes et des bras arrachés, à des nourrissons au crâne ouvert et au regard figé, à des femmes éventrées tenant encore leurs enfants serrés contre elles. Et cette scène rapportée par toute la presse : une mère à genoux suppliant qu'on épargne son enfant de cinq ans, qui sera tué sous prétexte qu'adulte, il serait devenu terroriste. C'était trois ans plus tôt, au même endroit, avec les mêmes victimes. Marwan avait juré de venger les innocents. Il serait toujours aux côtés des Palestiniens. Le massacre avait donné un sens, une légitimité, un honneur à son combat.

Hélas ! aujourd'hui, en cet été 85, Marwan était bien aux portes de Chatila... mais en bourreau, pas en justicier. Difficile à vivre ! Quelle signification trouver à cette bataille ? Quel alibi pour surmonter son dégoût ? Quand les chrétiens avaient massacré les Palestiniens de Chatila, Marwan avait cru qu'il y avait des limites à l'horreur, des limites qu'il ne pourrait jamais franchir. Lui, pensait-il, ne pourrait pas commettre pareils meurtres, tuer ainsi femmes et enfants. Voilà qu'aujourd'hui, presque comme une épreuve, ou par défi, on le plaçait dans la situation des bourreaux de 82 et qui plus est, pour exterminer ses propres amis ! Ses maîtres, ses voisins...

Les enfants destinés à mourir sous ses balles, il les avaient vus jouer sous le soleil de Chatila. La jeune fille qu'il égorgerait lui avait souri hier. Le combattant qu'il transpercerait lui avait appris à se défendre. Un homme normalement constitué peut-il commettre de tels actes ? Marwan en tremblait de panique. Il aurait bientôt la réponse.

Le camp de Chatila était bouclé. Impossible d'en sortir. Les Palestiniens étaient faits comme des rats. Sur chaque mamelon, sur chaque promontoire, on avait installé des armes lourdes et empilé les munitions. Il y en avait cent fois trop pour le petit carré de terre que l'on s'apprêtait à pilonner. Marwan assistait avec effroi à ces funestes préparatifs. Impossible de fuir, de déserter. Mais il se tiendrait à l'écart. Il était épouvanté par le déséquilibre des forces — canons, mortiers, orgues de Staline contre fusils et mitrailleuses — et par l'anéantissement programmé de milliers d'innocents. Voilà que la pitié remontait en lui, l'*Empereur de Chiyah*. Si, à la place des Palestiniens, s'étaient trouvés des chrétiens, les choses auraient été différentes. Il aurait eu du cœur et de l'enthousiasme à l'ouvrage. Il aurait aimé cette atmosphère, cette folle excitation, cette frénésie, cette activité qui précèdent les combats. Mais là, rien à faire. Cette bataille était dégoûtante, absurde. Ce n'était pas la sienne. Beaucoup de combattants de sa génération — les vétérans de 25 ou 26 ans ! — pensaient comme lui. Ils n'étaient pas à l'aise. Les autres, les plus jeunes, étaient pleins d'entrain. L'un d'eux hurla :

— On va rentrer là-dedans et on va tous les égorger !

Marwan eut un frisson. Il entendit en écho un slogan lancé trois ans plus tôt par un milicien chrétien, ici même :

— Fils de putes de Palestiniens, on va tous vous massacrer !

J'interroge Marwan :

— Comment peut-on participer à une tuerie que l'on condamne ?

— Au départ, on se demande ce qu'on fait dans cette galère. On a envie de foutre le camp, de se révolter. Mais on est coincé. On sait qu'on n'a pas le choix. Si on n'y va pas, on sera accusé de lâcheté ou de trahison. Alors, on essaye de rester un peu à l'écart, de ne pas faire de zèle, tout en faisant semblant de participer. Mais c'est illusoire. On est forcé de s'impliquer. La logique de la guerre prend vite le dessus. En quelques minutes, les cas de conscience disparaissent. Il faut foncer. Comme toujours, c'est *eux ou moi.* Alors, ce sera eux. Et la folie, la fureur, l'instinct de survie nous envahissent. Plus la situation paraît absurde, plus on se déchaîne, car on ne veut pas mourir pour une absurdité.

Marwan hésite, puis constate :

— C'est terrible. En réalité nous sommes des animaux dressés pour obéir à n'importe quoi. L'ordre arrive et nous y allons !

On lui a demandé de prendre trente combattants et de commencer à ratisser les premières ruelles, sans trop s'enfoncer dans le quartier. L'objectif était de ramener tout le monde au centre de Chatila, d'interdire toute évasion, toute sortie. Opération de routine. La terreur banale pour quelques rafales de mitraillettes, la mort de quelques attardés ou imprudents.

Et la bataille a commencé.

Le ciel s'est embrasé : tirs tous azimuts, pluie d'acier, pilonnage systématique et aveugle. C'était le 19 juin 1985, à 23 heures. Dans le monde, il ne se passait rien de dramatique, ce jour-là. Sauf à Sabra, Chatila et Borj Brajneh où l'on mourait par dizaines. Mais la mort, même industrielle, était-elle encore dramatique à Beyrouth ?

Marwan, lui, avait déjà basculé dans une autre logique, dans un autre mode de pensée, où les valeurs sont inversées. L'homme civilisé se préoccupe de son prochain, il s'impose des tabous moraux. C'est la base de toute société organisée. Le guerrier, lui, défend exclusivement son intérêt immédiat, au détriment de tout le reste.

Marwan raconte son état d'esprit au moment d'entrer dans Chatila pour y perpétrer un massacre sur commande :

— Je me sentais terriblement seul, abandonné, dit-il. Je savais que je ne pouvais compter que sur moi pour m'en tirer. L'unique allié, le seul élément de protection, était mon arme. Je m'y accrochais. Le monde se résumait à elle seule. Je l'agrippais de mes mains moites. Tout mon corps était tendu, presque doulou- reux. J'avais peur et je tremblais. Je n'en ai pas honte. C'est humain. Tout le monde a peur dans ces moments-là. Peur pour sa peau, pas pour les autres ni pour ce que l'on va commettre. A cela, on ne pense plus. Pas plus qu'on ne pense à l'enjeu poli- tique, ou aux raisons de la guerre. Tout a disparu très vite. On s'est préparé à tuer, immédiatement, à tirer le premier, sur tout ce qui bouge. Ça peut être un gosse, un chat, une femme, son propre copain, ou réellement un ennemi, peu importe : il faut tirer. Oui, avoir cette capacité de tuer sans prendre le temps de réfléchir, d'analyser. Le cerveau n'est pas assez rapide pour interpréter ce qui se passe... en cas d'hésitation, l'autre nous descend, d'où l'incroyable tension qui nous gagne. Je n'avais qu'une obses- sion : sauver ma peau, à tout prix. Je me le répétais avec rage. Je savais que le Palestinien était terré là, à quelques mètres. Il pourrait surgir d'un coup, sous mon nez, sortir de terre, dans mon dos, me poignarder. A moins qu'il ne me vise à distance... Et la folie me gagnait, la peur montait, la haine m'envahissait. Je perdais pied avec la réalité. Les obus s'écrasaient sur les maisons. Des rues entières étaient en feu. Pour moi, toute la terre brûlait. C'était la fin du monde. Alors, tout était permis. Il fallait tout casser. Aucun survivant ne pouvait être envisagé. C'était l'en- fer... avec mon Kalach, j'arrosais tout ce qui bougeait. Une vieille femme voilée a traversé la rue. Je ne sais pas ce qu'elle faisait là, c'était insensé. Elle courait. On aurait dit qu'elle avait été oubliée ! J'ai tiré et elle s'est écroulée sur place... ça m'a soulagé.

— Pourquoi abattre une grand-mère ?

— Parce que c'était peut-être un piège. Pareil pour les enfants : ils s'approchent avec un sourire et vous balancent une grenade dans les jambes.

En réalité, en quelques secondes, Marwan avait perdu le contrôle de lui-même. Toutes les digues avaient cédé, laissant la place à la barbarie, alimentée, encouragée, gonflée par la barbarie environnante. Avec le recul du temps, il le dit :

— A ce stade, il n'y a plus aucune barrière morale. Le bien et le mal ne signifient plus rien, pas plus que tuer. Nous sommes des bêtes sauvages. C'est fou ! Et nous sommes capables d'exécuter n'importe quel ordre, sans y penser, sans réaliser la gravité de nos propres crimes, sans éprouver la moindre pitié pour la victime.

Il réfléchit, comme s'il prenait conscience d'un fait nouveau :

— Etrange, non ? dit-il. C'est grave quand même...

Cette phrase, il l'a presque murmurée. Elle paraît tellement dérisoire en face de l'horreur des actes commis. Il semble que, malgré ses efforts pour comprendre, Marwan ne puisse pas prendre la mesure exacte de ses crimes. L'essentiel, pour lui, est d'être vivant, quoi qu'il en dise. Il est comme ces criminels de guerre capables d'analyser avec lucidité le mécanisme de leur propre folie, mais incapables de regrets. Ils ne font que justifier leurs atrocités, ils se trouvent des circonstances atténuantes... Ils oublient tout simplement leurs victimes. Ces gens-là ne pleurent que sur eux-mêmes.

La démarche de Marwan n'est pas différente :

— Dans les rues de Chatila, plaide-t-il, j'étais quelqu'un d'autre. Je n'avais plus de passé, plus d'avenir, plus de point de référence. Mon cerveau était vide. On l'avait débranché. J'étais un robot. Seul l'instant présent comptait. J'avançais, je devais abattre successivement tous les obstacles qui se présentaient. Il se trouvait que ces obstacles étaient des hommes, des femmes, des enfants... Pour moi, c'était une question de survie immédiate. Rien de plus.

La précarité de sa situation alimentait une véritable folie meurtrière, une bestialité à l'état pur. Marwan était redevenu un être primitif, guidé par le seul instinct de la jungle.

— Impossible de me contrôler, avoue-t-il. J'avais même peur des miens. *Amal* n'allait-il pas profiter de la bataille pour me descendre ? Et la hargne montait encore. Alors, ils ne m'auraient pas, les salauds ! Ils payeraient cher ma peau ! Ils la payeraient d'avance : avant de mourir, j'en tuerais cent ! Ni *Amal*, ni les Palestiniens ne m'auraient gratuitement, voilà où j'en étais. A aucun moment, je n'ai songé à renoncer, ni à en finir avec cette vie et avec cette guerre. Je voulais arriver au bout de la bataille, coûte que coûte, sans même savoir pourquoi, sans comprendre ce qui me rattachait ainsi à la vie.

Marwan me regarde :

— Le pire, confie-t-il, c'est que chaque combattant réagit ainsi. Nos folies se mêlent, s'ajoutent. Une parano se crée, qui nous entraîne encore plus loin. C'est presque une fête sauvage, un délire collectif, une transe infernale et sans fin... jusqu'à l'épuisement et où la mort n'a pas d'importance. On en arrive à fermer les yeux, à hurler, et à tirer dans tous les sens... On a des phases comme ça... et on se calme, et ça repart... ça n'a pas de limites car on est toujours le borgne au royaume des aveugles : il y a sans cesse l'exemple du pire, il y a toujours plus sadique, plus fou, plus salaud que vous pour atténuer vos propres crimes. Et vous donner bonne conscience. Et vous inciter à aller plus loin.

Trente-deux jours à ce rythme-là ! Oui, en mai-juin 85, on s'est battu pendant trente-deux jours à Sabra, Chatila et Borj Brajneh. Avec la volonté, dès la première seconde, d'en finir définitivement, de tout liquider. Il faut être plongé au centre de l'action pour comprendre comment des hommes, au départ ordinaires, en arrivent à la plus basse barbarie. Car les choses ne se font pas aussi naturellement que cela. Il y a des étapes à franchir. En feuilletant à Beyrouth les collections de *l'Orient-le Jour*, relatant jour après jour la *bataille des camps*, j'ai compris dans quel état physique et psychique se trouvait Marwan au moment où il a commis le plus horrible de ses actes de sauvagerie. Souvenez-vous : la partie de football, entre copains, au milieu des ruines de Chatila. Oui, souvenez-vous : « Le ballon, c'était un bébé de trois mois. »

Quand il a tapé du pied dans cette boule de vie, Marwan est-il encore Marwan ? Sans doute pas. Il sortait de ce que *l'Orient-le Jour* nous rappelle en trente-deux éditions :

19 mai : Vingt heures de combats féroces.

20 mai : Bombardements et duels d'artillerie.

21 mai : Les combats s'intensifient.

22 mai : Amal contrôle 90% de Sabra et Chatila.

23 mai : Les Palestiniens bombardent Beyrouth-Ouest.

Choses relevées au hasard des combats :

« Les jeunes miliciens, tête nue, en jean et baskets, armés de Kalachnikov et de M-16, foncent au milieu de la chaussée et vident leurs chargeurs avant de disparaître. D'un côté, six à sept cents combattants palestiniens, avec armes automatiques et roquettes antichars. De l'autre côté, deux mille miliciens chiites *Amal* soutenus par la 6ᵉ Brigade de l'armée libanaise. Dans les camps, théâtre de la bataille, quarante mille civils encerclés. »

« Le chef d'une section *Amal* ne parvient pas à retenir ses hommes survoltés. L'un d'eux, T-shirt et pantalon léopard, le bras ceint d'un bandeau où est inscrit un verset du Coran, ordonne à ses compagnons de tirer alors que son chef dit le contraire. Une dispute éclate. L'homme au bandeau explique qu'il a été de toutes les batailles et qu'il veut en finir une fois pour toutes avec les Palestiniens. L'offensive est lancée. En deux heures, ils progressent de quelques centaines de mètres. »

« Une femme palestinienne jaillit d'on ne sait où, avec un bébé dans les bras, tandis que deux enfants, le regard plein d'effroi, sont accrochés à sa robe de chambre[1]. »

24 mai : Les Palestiniens offrent une résistance farouche.

Choses entendues :

« On va nettoyer ça en quelques heures », « Le maître nous a demandé d'en finir d'ici une heure[2]. »

25 mai : Les affrontements ont repris de plus belle.

26 mai : Les combats ont permis à *Amal* de grignoter quarante mètres.

27 mai : Reprise des bombardements aveugles sur Beyrouth-Ouest.

28 mai : Les ambulances renoncent à évacuer les blessés. On leur tirait dessus avec tous les calibres. La population manque de nourriture.

Choses vues :

« Les combattants palestiniens se cachent dans un réseau de

tunnels d'où ils surgissent pour harceler les miliciens *Amal*.
Ceux-ci font appel à des bulldozers pour fermer les galeries, et
enterrer vivante la population de la ville souterraine. »

29 mai : Bataille pour le contrôle d'un hôpital.

30 mai : *Amal* resserre l'étau.

1ᵉʳ juin : Sabra est tombé !

Choses vues :

« Les miliciens contemplent, sourire aux lèvres, le jeu de cubes
renversés et calcinés, vestige de Sabra. Rien n'a été épargné. C'est
pire qu'un tremblement de terre : toutes les maisons sont effon-
drées, mutilées, à ciel ouvert. Les rues sont défoncées par les
obus, couvertes d'éclats de verre, de parpaings, de vêtements et
de chaussures éparpillés. Un peu partout il y a des corps. Un chat
est venu se blottir contre la cuisse d'un soldat palestinien mort,
portant encore son chargeur sur la poitrine. Plus loin, vingt
combattants palestiniens épuisés, les yeux rougis de fatigue, ont
été faits prisonniers. A la Cité sportive, huit très jeunes garçons
qui tentaient de fuir ont été fauchés à la mitraillette. »

2 juin : La Croix rouge évacue enfin les blessés. On se bat
encore à Borj Brajneh.

Une photo à la Une : un enfant et son père. Une légende : *Les
enfants ont-ils une place dans cet enfer ?*

3 juin : Encore des convulsions.

4 juin : Violents tirs d'artillerie.

5 juin : Accalmie.

6 juin : Accrochages sporadiques.

7 juin : Bilan côté palestinien : 500 tués et 1 500 blessés.

9 juin : Pour la première fois, un convoi est entré dans le camp
de Borj Brajneh et a pu apporter des vivres, sous les balles des
francs-tireurs.

13 juin : Terrible pilonnage depuis la montagne.

Photo à la Une : sur l'aéroport de Beyrouth, six jeunes pirates
posent fièrement devant le Boeing de la compagnie jordanienne
Alia, qu'ils viennent de dynamiter.

14 juin : Recrudescence des combats.

15 juin : Bilan d'une semaine à Beyrouth : trois détournements d'avions[3], 560 tués et 2 289 blessés libanais dans la bataille
des camps, 800 tués et 4 000 blessés côté palestinien[4].

17 juin : Damas décide de mettre fin à la bataille des camps.
18 juin : Accord conclu à Damas. A Beyrouth, *Amal* lance une vaste offensive contre Chatila.
19 juin : Nouveaux combats.
23 juin : Les combattants des deux bords quittent leurs positions.

Choses vues :

« A 10 h 45, des représentants du mouvement *Amal* et des Palestiniens scellent leur réconciliation par une accolade. Un bulldozer commence à déblayer l'accès aux camps. »

Trente-deux jours pour en arriver là.

Au même moment, un responsable du mouvement *Amal* précise aux journalistes, en guise de conclusion à la bataille des camps :

— Nous ne devons pas appeler ceci une guerre. C'est plutôt un dialogue par les armes[5].

Marwan, lui, a été toucher ses mille livres libanaises au bureau d'*Amal*, salaire de son mois de travail routinier. De cet argent, il n'a pas eu honte. La paye ne lui a paru ni volée ni dérisoire. Il avait très envie de revoir sa compagne. Ils ont fait l'amour. Après, Marwan a dormi. Très bien. Il le précise sans provocation. Il explique simplement comment les choses se sont passées. Après un mois de sauvagerie, après des centaines de morts et des milliers de blessés, les chefs se sont embrassés sans rancune devant les photographes du monde entier. Au micro, ils ont prétendu qu'ils n'avaient fait que discuter, ou presque ! Alors, peut-on en vouloir à Marwan lorsqu'il affirme en toute naïveté :

— Je n'ai rien fait de mal.

Le lendemain, à la Une des journaux, il n'était plus question de Sabra, de Chatila ni de Borj Brajneh. *L'Orient-le Jour* annonçait la reprise des combats sur la ligne de démarcation. Marwan ne serait pas chômeur.

Une semaine plus tard, j'ai traversé Chatila. Il n'y avait que ruines. Les vieillards et les femmes remuaient les décombres à la main. Certains avaient encore la force de me sourire. Aucun n'était hostile au voyeur qui ne pouvait rien pour eux. Qui ne leur apportait rien, pas même l'espoir. Des enfants, sortis des

trous, jouaient tranquillement au soleil. Des jeux simples : poupées de chiffons pour les filles, billes pour les garçons. Ils avaient
tout vu, mais ils ne disaient rien.

Six mois plus tard, je suis revenu à Chatila. J'avais en mémoire
les ruines. Je voulais connaître le prénom du bébé-ballon,
reconstituer toute l'histoire... peut-être parler à la mère. Chatila
s'était relevé. On avait reconstruit toutes les maisons, en béton
cette fois. Avec les mêmes rues étroites, avec les mêmes échop-
pes, les mêmes petits mécanos et artisans. Chatila vivait. Chatila
grouillait. Chatila chantait. C'était à la fois bouleversant et hallucinant. Je compris que la partie de football n'avait plus aucun
intérêt. Elle était refoulée au plus profond des mémoires. Ce qui
comptait ici, c'était la vie. Pas la mort. Pauvre bébé...

*
**

Longtemps après la bataille des camps, j'ai demandé à Marwan
s'il était facile, pour lui, de vivre avec le souvenir des horreurs
commises. Etait-il possible seulement d'avoir une existence normale ? Les choses ont-elles le même sens et le même goût ? Les
questions n'ont pas paru absurdes à Marwan, preuve qu'il se les
était lui-même posées. Il tenta de récapituler, de porter un autre
regard sur l'épisode de Chatila. Calmement, il me répondit :

— Bien sûr, cela reste gravé quelque part en moi. Je sais, au
fond, que tout cela est très mal. Mais on ne réalise qu'après toute
l'horreur et la stupidité de nos actes. Sur le coup, c'est différent.
Ce n'est pas très difficile. Après, bien sûr...

— Bien sûr ?

— On peut regretter certaines choses. On se dit qu'on n'aurait
pas dû, que c'était inutile ou pas indispensable.

— Ça t'est arrivé ?

— Oui, avoue-t-il enfin. Une fois ou deux, je me suis demandé
pourquoi j'avais fait telle ou telle chose. J'étais presque à l'état
d'enfance, quand on se dit : *j'aurais pas dû !*

— Et alors ?

— Alors, je me reprends très vite. Je sais qu'il ne faut pas
entrer dans ce processus. Qu'on est foutu, si on commence à se

poser ce genre de questions. On ne peut pas assumer tout cela.
C'est trop lourd, trop complexe. Il faut tout effacer, il faut avancer, organiser sa vie par compartiments : compartiment famille-
amis-repos et compartiment travail-guerre. Il faut banaliser notre
« travail ». On y arrive.

— Quel genre de choses un tueur, comme toi, peut regretter ?

— Quand je m'en prends à un enfant ou à une femme. C'est
difficile d'en parler. Il n'y a pas de quoi être fier ni se vanter. Après
ce genre de truc, ça m'est arrivé de délirer pendant une heure. Je
me disais : *et si c'était mon fils, ce gosse ?* J'essayais d'imaginer ses
parents. Je me disais qu'à leur place, je réduirais en bouillie le
salaud qui a tué mon enfant. A chaud, tout est possible. Mais, à
froid, on ne comprend plus ce qu'on a fait.

— Pourquoi commettre de tels actes ?

Marwan hésite. Il a, à la fois, envie et peur de parler. Puis il
lance comme pour se libérer :

— Il y a toujours quelque réticence à commettre ces crimes-là.
Parfois, on tue pour se prouver qu'on est capable de le faire. C'est
aussi bête que cela, tu te rends compte ?

Je me rends compte, hélas ! Marwan perçoit le malaise. Il
cherche l'alibi à présent, ou l'excuse. La circonstance atténuante.
Elle arrive, toujours la même :

— Dans le feu de l'action, on fait n'importe quoi. D'ailleurs, on
n'a pas le choix.

— Je sais : c'est toi ou l'autre, n'est-ce pas ?

Cette fois, Marwan va pousser plus loin l'analyse de son comportement, pressentant que l'argument rituel est un peu court :
se défendre est une chose, massacrer en est une autre.

Il précise :

— D'abord, c'est vrai, on s'habitue à tout. La peur et la survie
se mêlent comme une obsession. Elles engendrent un sentiment
meurtrier très violent, un instinct sanguinaire. Ensuite, il y a
surenchère, comme je dis souvent.

— Surenchère ?

— Oui. Il y a l'odeur terrible de la mort, l'odeur du sang. Ça te
prend aux narines. Il y a aussi la vue du sang. Ça provoque la
panique d'être saigné et un instinct animal : attaquer avant de

mourir ! On se découvre une violence inouïe. Et on frappe, on frappe encore, comme une bête.

Marwan cherche dans ses souvenirs :

— A Chatila justement, dans une maison vide, j'ai trouvé un Palestinien sous un lit. Il n'avait pas d'armes. Je l'ai tiré par les cheveux. Moi, j'avais un poignard dans la main. Il a voulu fuir. Alors, par réflexe, je lui ai planté le couteau dans le dos. Il est tombé. Il hurlait. Il saignait. Ses yeux lui sortaient du visage. Le sang, ça m'a rendu fou... je me suis acharné sur le pauvre type, sans même savoir pourquoi, sans utilité. Je serrais les dents, j'étais concentré sur ma main qui frappait, qui enfonçait et retirait la lame... C'était une folie passagère, inexplicable, comme quand on agite un chiffon rouge devant un taureau...

Marwan reprend son souffle :

— Après, on est écœuré, dit-il. Mais seulement après. On a honte d'être réduit à l'état de taureau fou. Pourtant, au départ, on est normal, fait comme tout le monde. C'est la guerre qui a mis cela en nous : cette folie, cette sauvagerie, cette déchéance. Le processus est long mais inévitable. Souviens-toi ! Mon premier tué, l'homme tombé de l'arbre ! J'en ai été malade ! Je n'étais pas différent de toi, alors...

Marwan soupire :

— Finalement, c'est peut-être banal tout cela. On s'habitue aux choses. Comme le journaliste, comme le médecin encaissent les horreurs, les banalisent, s'en détachent, ne se sentent pas concernés.

Il me prend à témoin :

— Toi, tu peux voir des cadavres, des blessés, n'importe quoi sans t'en émouvoir outre mesure, sans être impliqué. Tu regardes, tu prends ton téléphone, tu expliques ça au monde entier et tu rentres chez toi ! Pareil pour le médecin : des enfants meurent sous ses yeux, ça ne l'empêche pas de vivre !

— La différence entre toi et nous, Marwan, c'est que nous ne sommes pas responsables de ces malheurs. Moi, je suis témoin. Le médecin vient en aide aux gens. Toi, tu les tues.

— Le discours sur la responsabilité serait trop long, tranche Marwan. Suis-je coupable d'être né à Chiyah ? Ai-je mis le feu aux poudres ? On n'en sortirait pas. Je veux simplement te

montrer que, physiquement, toutes les atrocités sont supportables pour leurs auteurs... la guerre a même quelque chose de
fascinant. Sans cela, 90% des films ne parleraient pas de la guerre
ni de la violence, et toi, tu ne serais pas là à m'interroger, à vouloir
tout savoir !

— Peut-être bien.

— C'est certain. Ecoute les Libanais : même les mères trouvent des vertus à la guerre, même les victimes...

— Tu ne pousses pas un peu loin ?

— Non. Bien sûr que c'est moche. Bien sûr qu'on souffre. Mais
on s'y fait. On accepte. Plus : des gens comme moi finissent par y
trouver du plaisir, ou plutôt des satisfactions.

Marwan s'explique :

— Dix ans de conflit ont détruit tous mes tabous. Il n'y a plus
rien debout : ni maison, ni principes, ni Etat, ni morale. Seul
l'instinct me guide et rien ne me retient, ne me limite. Tellement
de rancunes se sont accumulées que j'ai toujours une bonne
raison de tuer. Alors, je délire sur la mort des autres. Je la prépare,
je la rêve puis je la savoure. Un nom à rayer sur la liste de mes
ennemis. Il y a une jouissance là-dedans. Celui qui m'a torturé,
celui qui a descendu mon frère, je le tue ! Il y a aussi le sentiment
de puissance absolue. L'ego gonflé à bloc. Personne ne s'intéresse
au mort. C'est un perdant dont on n'attend rien, forcément. Mais
l'autre, le tueur, on l'admire, on le courtise, on le respecte. C'est
humain. Tu comprends ?

— Pas vraiment.

— Si la violence gagne ton pays, tu comprendras très vite,
affirme Marwan.

Voilà des jours que j'interroge Marwan. J'ai l'impression, à
présent, d'avoir fait le tour du personnage. Mais il m'étonne
toujours : ce regard vide, impassible... mort peut-être. Ou plutôt
son absence de pitié, de regrets, d'humanité. Il se présente
comme un jeune homme respectable, se complaît dans le rôle de
la victime — oui, lui ! — et il voudrait nous piéger, agençant à son
avantage les éléments du puzzle. Il croit peut-être que nous

sommes dupes de sa tentative de manipulation. A moins que, réellement, il se sente innocent de tout péché !

Face à l'énigme Marwan, une ultime question me vient :

— Que retires-tu de tout cela ? Que t'ont appris onze ans de guerre ?

La question le déconcerte. Il n'y avait jamais réfléchi. Un long silence, il fait mine de s'interroger. Enfin son visage s'illumine, comme pour une révélation ou une découverte :

— Ça m'a préparé ! répond-il.

— Préparé à quoi ?

— Maintenant je suis prêt ! insiste-t-il.

— Prêt à quoi, Marwan ?

— Je suis prêt à affronter toutes les guerres ! Je m'en sortirai toujours. Je saurai me défendre. C'est important, tu sais !

Pour la première fois depuis le début de nos entretiens, l'interprète éclate de rire et porte un jugement :

— Ce n'est pas vrai !

Nous nous regardons, ébahis. La leçon, l'unique leçon que Marwan tire de onze ans de folie, de bestialité, de guerre... c'est qu'il est préparé à toutes les folies, toute la bestialité, toutes les guerres à venir.

NOTES DU CHAPITRE 14

1. *L'Orient-le Jour*, 23.5.85.

2. Le *maître* désigne ici Nabih Berri, chef du mouvement Amal.

3. Parmi les avions détournés, le Bœing 727 de la TWA, avec 41 passagers américains à bord, dont l'un a été tué.

4. Source : Abou Jihad, numéro deux du Fatah.

5. Propos de M. Haitham Joumaa, d'Amal, rapportés par *l'Orient-le Jour* le 23-6-85.

15

LETTRE A L'ENNEMI

J'ai demandé à Marwan d'écrire à Georges, le chrétien, l'ami d'enfance qui se bat en face, de l'autre côté de la Ligne. Voici cette lettre impossible, sans aucune correction.

« *Cher Georges,*
Je t'écris cette lettre, après toutes ces années, même s'il est difficile de trouver les mots justes et leur place. Devant la feuille blanche, les idées ne sont pas très claires. Je voudrais te dire que je me souviens de nos années d'avant la guerre. Les portes de ma mémoire se sont ouvertes sur le temps où nous vivions ensemble et heureux, surtout à l'école. Nous étions parmi les écoliers moyens et, à la fin du trimestre, nous rectifiions les notes sur le carnet, pour faire croire à nos parents que nous étions bons. Quand nous avons redoublé, toujours ensemble, te souviens-tu comment nos pères nous ont battus et comment nos mères essayaient de les calmer ? Je n'oublierai jamais ces jours, ni ces moments de bonheur. Nous étions les meilleurs au foot. Il y avait aussi le petit mur, à côté de ta maison, où on s'installait des heures pour parler, jusqu'à ce qu'on nous chasse. Parfois, on jetait des pierres dans le jardin de la voisine qui allait se plaindre à nos mères. Te souviens-tu quand nous jouions dans la cour de Papa Abou ? On y cueillait des fleurs pour les filles. Elles nous boudaient quand nous arrivions les mains vides et les plus grands se moquaient de nous. Souviens-toi de l'école buissonnière chez ta grand-mère. Qu'est-elle devenue, la brave femme ? Elle nous offrait des goûters et

voulait toujours savoir si nous étions vraiment en congé. Nous étions forcés d'avouer, et elle nous obligeait à faire de la lecture, exactement comme quand j'allais voir Papa Abou. Et la mer, te souviens-tu comme nous la regardions ? Nous ne pensions alors qu'à nous baigner. Puis la guerre est arrivée...

Il n'a pas fallu longtemps pour nous éloigner. Je me rappelle le jour où nous nous sommes quittés. Notre dernier regard d'adieu. Nos quelques mots. A cette époque, comment savoir ce qu'il fallait se dire ? Tout à coup le quartier s'est tu. Nos cris et nos jeux d'enfants ont disparu. Puis tout a disparu. La peur s'est installée. Souviens-toi, Georges, quand je t'ai rencontré au centre ville. Nous étions assis sous la statue des Martyrs, à manger des pommes de terre chaudes. Tu m'as dit que ta grand-mère aimerait me revoir, mais la peur était plus forte et cela m'empêchait d'y aller. Alors, on ne s'est plus revu. Plus jamais.

Je me demande souvent où nous serions aujourd'hui sans cette guerre et sans ces ruines. Comme il a été difficile de s'avouer mutuellement que nous portions les armes, que nous nous préparions chacun de son côté et que bientôt nous serions sur la ligne de front. Mais, malgré cet aveu, il n'était toujours pas pensable que j'ouvrirais le feu sur quelqu'un qui a été mon ami. Souvent, derrière ma barricade, je pense à notre adolescence, avec toi, avec les copains, quand il suffisait qu'un vieillard nous gronde pour nous faire fuir en courant. Tu te rends compte ! A présent, un regard de nous et ce sont nos parents qui tremblent.

J'aime penser à tout ce qui était beau et gai dans notre adolescence. Si tu me voyais, tu ne me reconnaîtrais pas. Et pareil pour moi. Je ne sais même pas s'il me resterait quelque pitié, quelque tendresse pour un ancien ami.

Jamais nous n'aurions pu imaginer nous retrouver un jour chacun dans un camp. Les circonstances ont voulu que tu te trouves non seulement de l'autre côté, mais juste en face de moi, à quelques mètres. Quand je t'ai vu, pour la dernière fois, c'était comme si tu quittais le pays. Mais tu es là et je ne peux même pas te voir, à cause de cette haine qui nous habite tous. Je n'ose plus pointer mon nez, car j'ai peur que tu sois mon tueur. Quelle serait ta réaction en apprenant que tu m'as tué ? Moi, si cela m'arrivait, je ne me pardonnerais jamais ta mort.

Nous étions des copains du même sang, du même toit. Aujourd'hui encore, je n'arrive pas à comprendre que nous ayons perdu une telle amitié. Souvent, je monte sur les terrasses avec les jumelles, rien que

*pour chercher ton visage. Hélas ! c'est comme si tu avais disparu de cette
terre. Mais j'aurais tellement aimé que tu sois avec moi pour grandir,
pour regarder les filles, pour apprendre à les aimer.*

*Ces jours heureux sont partis avec la guerre. Un à un les amis ont
disparu. Bientôt, il ne restera que nous. Plus personne ne nous connaîtra ni ne nous reconnaîtra. Et nous, nous ne pourrons même pas nous
retrouver. J'aimerais te donner des nouvelles des voisins. Mais la plupart sont partis ou sont morts. Ceux qui sont restés n'avaient pas le choix.
Ils étaient cloués par la misère que tu as connue ici.*

*Nos terrains de jeux sont devenus des terrains de mort. J'ai compté :
dans notre camp, vingt-cinq de nos anciens copains de lycée ont été tués
depuis onze ans. Et toi, chez toi, combien ont disparu sous nos balles ? Je
n'ai pas besoin de te décrire notre vie : des semaines dans les abris, avec
le cri des mères et des enfants à chaque obus que tu nous envoies. On
dirait la fin du monde. C'est nous qui avons provoqué cela. Comment
est-ce possible ? Que s'est-il passé, Georges ? Voilà la situation dans
notre Chiyah où je vis seul maintenant et où tu me manques...*

*J'espère qu'un jour je te reverrai dans un beau pays. Je voudrais fuir
cette guerre, fuir vers ce monde merveilleux et inconnu dont nous rêvions
ensemble, dans le verger de Papa Abou.*

Marwan. »

16

UN TERRORISTE A PARIS

> « Quand on tolère le mal, il pullule. »
>
> Saint Vincent de Paul.

« Maman poule,
Ici, à Paris, la vie est très dure. Tu ne sais pas la difficulté de partir de chez soi, de quitter son pays. Moi qui mangeais au creux de ta main, j'ai oublié le goût de la nourriture. Ici, le pain est donné sans affection aucune. Je mange pour ne pas mourir, mais manger et boire sont ici des actes mécaniques. Tout cela pour te dire que j'ai compris que tu étais à la fois l'amie et la mère qui a toujours su comprendre et percer les plus profonds de mes sentiments, garder mes secrets. Il suffirait, aujourd'hui, que je te voie pour oublier mes souffrances et pour trouver la réponse à mes problèmes. Tu as toujours su me sortir du pétrin où je m'étais fourré sans comprendre comment. Je pouvais commettre n'importe quel acte, je venais te voir car aucun ami, aucun frère n'aurait été d'un tel réconfort. Tu m'écoutais et tu trouvais toujours la réponse juste. Hélas ! aujourd'hui tu es loin. Je n'ai personne pour m'indiquer le chemin. Je suis perdu, comme un aveugle, comme un enfant. Au fil de ces années de guerre, je ne savais plus très bien si tu étais proche de moi ou très éloignée. A présent je sais. Je n'ai personne d'autre que toi. Dis-moi quelle est ma vie ? Où dois-je aller ? Que faire et qui écouter ? Je pense à notre vieux dicton : ma mère est mon monde. *Donne-moi vite la réponse, je t'en supplie.*
Je t'embrasse de tout mon cœur.

Ton Marwan. »

Marwan me tend la lettre. Il l'a écrite cette nuit. Il me demande :

— Porte-la à ma mère, à Chiyah.

Traqué par toutes les milices de Beyrouth, Marwan, l'*Empereur* déchu qui a trop semé le malheur et trop donné la mort, trop souvent changé de camp et trahi trop de monde, s'est exilé. Un passeport, un visa et il a débarqué à Paris, en plein hiver. La ville était grande. On ne l'attendait pas et il ne s'y attendait pas. Un tueur à Paris, ce n'est pas très facile à caser, même avec beaucoup de bonne volonté. Il a fini par dormir dans le métro, une fois ses économies épuisées. Il s'en offusque, l'*Empereur*, d'être traité comme un vulgaire clochard. C'est tout juste s'il ne revendique pas le statut d'exilé politique, puisqu'il a été victime des *événements*.

Il a eu faim et en conclut que les Français n'ont pas de cœur. A Beyrouth, on est plus humain. Il a eu froid et s'est trouvé un pauvre manteau à carreaux, trop grand. Pitoyable, l'*Empereur*. Et lucide :

— Si *maman poule* me voyait dans cet état, que penserait-elle ? Elle n'a pas mérité cela.

C'est l'heure du bilan pour Marwan, dans un bistrot parisien où on ne le remarque pas, le tueur fou de Beyrouth. C'est un consommateur tranquille, aux yeux gonflés de fatigue. Il paye sagement son café avec les deux dernières pièces mendiées à la station Opéra. Depuis une semaine, il décortique chaque matin les petites annonces à la rubrique « Emplois ». Il a également frappé à la porte de journalistes et de photographes rencontrés à Beyrouth, compagnons de l'enfer. Je le soupçonne d'avoir proposé *ses* services à *nos* services. En vain. Rien n'a marché. Ce n'est de la mauvaise volonté pour personne, ni de la part de Marwan, ni des employeurs, ni des relations de combats. Il faut se faire une raison : il est inutilisable, Marwan. En dehors de la guerre, il n'est bon à rien. Il a tout oublié. Plus rien ne fonctionne. Ni le cerveau, si vif, si habile quand il s'agit de piéger les hommes, ni les mains, si précises quand il s'agit de tuer.

Il vient d'un autre monde, c'est le moins que l'on puisse dire. Tellement paumé, l'*Empereur de Chiyah*, qu'il avait pensé exercer son métier à Paris. Rien de moins ! Imaginez : un franc-tireur embusqué aux Champs-Elysées ! A moins qu'il n'ait espéré quelque entrée dans le milieu, ou jouer les gardes du corps. Pas si simple. A Beyrouth, il suffit de repérer l'enseigne de la première milice venue et d'entrer. On vous donne un RPG sans reçu. A Paris, c'est autre chose. Maintenant, Marwan a compris. Et il est sonné. Terriblement déçu. Voilà qu'il panique. Voilà qu'il coule. Dans un pays pareil, que faire ? D'où le SOS à *maman poule*. Extrait de son milieu, privé de sa guerre, il n'existe plus. Il a peur de tout : de traverser la rue, de descendre dans le métro, de croiser un policier. Pensez ! L'autre est armé, pas lui. Et peur de tout le monde, des hommes comme des femmes :

— Ma phobie, c'est les gens. J'ai l'impression qu'ils me veulent du mal, qu'ils me détestent, qu'ils me mentent. On ne peut faire confiance à personne.

La paix l'angoisse. Il ne se passe rien. Il n'a plus aucune utilité, plus d'identité, plus de pouvoir. Et rien ne l'intéresse. Ni l'amour (« Ça passe comme un obus »), ni la politique, ni les conversations, ni le foot, ni le cinéma... sauf pour voir les films de guerre. Maintenant que nous avons fait le tour de sa guerre, il n'a plus rien à dire. C'est une épave, l'*Empereur* privé de son Kalachnikov. Il redoute de se retrouver seul, là, après avoir bu son café. Alors, il fait durer. Il relance un combat, déniche une bataille au fond de sa mémoire. Il croit prolonger son existence, ressusciter le héros. Dans ses yeux morts une lueur monte, comme pour dire : *c'était le bon temps*. Pathétique illusion. Il porte un fardeau trop encombrant, mélange de massacres, de sang, d'explosions, de haine. Il voudrait s'en défaire mais n'y parvient pas : tout est gravé. D'ailleurs, il ne pourrait pas vivre sans. C'est son patrimoine, sa culture, son passé, son vécu. C'est lui. Il est piégé. Il a une formule terrible et juste :

— Avec le temps, c'est passé dans mon sang.

Il est condamné à la guerre à perpétuité.

Face à lui, on est désarmé. On ne voit pas comment l'aider, comment le repêcher ni vers quoi l'orienter. On ne comprend plus très bien. Je lui pose la question :

— Pourquoi cette guerre ?

Il ne trouve que quatre mots :

— Je ne sais pas.

Je sursaute :

— Tu t'es battu pendant onze ans ! Tu as tué, égorgé, torturé ! Tu as volé des dizaines et des dizaines de vies, tiré des centaines de roquettes, des milliers de balles ! Tu as, chaque jour, risqué ta peau... et tu ne sais pas pourquoi ?

Il tente une explication, parlant des armes venues de partout, du trop-plein de partis politiques et de confessions, puis il renonce :

— C'est trop compliqué tout cela. Je ne sais pas. Ça ne change rien.

Le voilà muet, lui qui avait si bien raconté sa vie, si bien cerné son personnage. Il était bon sur le factuel mais pas sur l'analyse. A moins qu'il n'ait au contraire tout compris, Marwan. Car il n'est pas stupide : à quoi bon parler, c'est-à-dire se lamenter ? Il sait que je vais retourner à ma machine à écrire et lui à ses armes. C'est le destin. Je ne pourrais pas sauter la barrière et me retrouver de son côté. Pourquoi devrait-il faire l'effort inverse ? Changer de métier, d'environnement, d'existence, d'identité, de nationalité ?

A ce stade, il peut bien me l'avouer : hier quelqu'un l'a contacté. Une vieille connaissance dont il a beaucoup appris. Elle était sortie de sa vie depuis une dizaine d'années. C'était Hani. Souvenez-vous : Hani le Palestinien. Le premier combattant de Chiyah, le premier Kalachnikov, le voyage à Baalbek, *mama Joseph* qui tendait les bras, la parabole sur la Mère et la Terre. Hani qui avait tout prédit. Hani qui avait raison. Voilà qu'il avait retrouvé Marwan, à Paris. Un sacré flair ! Une sacrée veine ! Et au bon moment ! Quand l'*Empereur* partait à la dérive, abandonné, perdu...

Hani avait justement quelque chose à demander à Marwan. Ou plutôt à proposer, car ce n'était pas un service mais un travail. Il serait payé et les frais aussi. Il s'agissait de prendre un paquet à Hambourg et de le déposer dans un aéroport. Rien de plus. Rien qu'une fois.

Marwan me regarde comme s'il s'adressait à nous tous, comme pour nous livrer un dernier message. C'est la haine qui habite ses yeux. Il nous accuse d'être responsables de tout cela. Nous serions coupables de non-assistance à personne en danger parce qu'incapables de le secourir. Nous serions coupables de meurtre par négligence en accueillant sur notre territoire des Marwan et des Hani. Voilà le tueur en moraliste et nous en accusés.

Souvent nous nous demandons comment arrivent les attentats, qui sont les terroristes et ce qu'ils ont dans le cœur. A présent, nous savons. C'est aussi simple que cela. En apparence, c'est inévitable. En réalité, ce serait facile à éviter. Quand une bombe explose à Paris, à Londres, à Rome ou à Bonn, nous n'imaginons pas de visage au terroriste. L'acte reste abstrait. Mais chaque attentat cache son Marwan et son Hani. Les tueurs, au-delà de l'idéologie ou de l'alibi invoqués, ont le même parcours, une histoire identique et des motivations semblables. Pour parvenir à déposer, sans état d'âme aucun, une machine infernale qui donnera aveuglément la mort, ils ont suivi le même processus psychologique. Souvent, ils ont été victimes des mêmes manipulations.

Ces hommes semblent loin de nous. En vérité, ils sont parmi nous. Ils nous côtoient. Nous les croisons, sans les voir. Le temps d'une émotion collective, après un massacre, ils font la Une des journaux. Puis nous les oublions. Mais ils sont là.

Après notre dernière discussion, dans un café parisien, Marwan s'est levé. Personne ne l'a remarqué. Seule une jeune femme a été troublée par son regard blessé, avant de replonger dans la lecture de *Elle*. Pourquoi aurait-elle soupçonné les mille meurtres de Marwan ? Comment aurait-elle imaginé que cet homme-là, aux yeux bouleversants à cet instant, était capable de taper dans un bébé comme dans un ballon ? Et que ses mains avaient torturé ?

Marwan, consommateur ordinaire, a traversé le café. Personne n'aurait pu l'en empêcher : c'était un tueur libre, un terroriste en puissance mais en situation régulière. Avant de disparaître, il m'a lancé :

— Je n'irai pas à Hambourg. Je ne prendrai pas le paquet d'Hani.

Je lui ai souri pour la première fois et je me suis mis à espérer. C'était une fin tellement rassurante à son histoire. Hélas ! Marwan a ajouté :

— Je n'irai pas cette fois.

210 MÊME LES TUEURS ONT UNE MÈRE

Déjà il avait disparu, me laissant seul avec son obsédant credo :
— Je suis forcé de tuer. C'est mon destin.
La vie l'en avait persuadé et il n'avait que vingt-six ans.

*
**

L'épilogue m'a été rapporté par un ami journaliste. Il a rencontré Marwan plusieurs semaines plus tard. Après notre dernière rencontre, Marwan avait reçu une lettre de *maman poule*. Elle lui ouvrait les bras. Il sauta dans le premier avion pour Beyrouth. Le Kalachnikov l'attendait sous le lit. Pendant quelques jours, il n'y toucha pas. Son entourage trouvait l'*Empereur* changé, bizarre. Le malaise ne dura pas. On vit enfin Marwan se présenter en grand uniforme, fusil à la hanche. Pour tout le monde, ce fut presque un soulagement. Un retour à la normale.

Marwan marcha vers la Ligne verte. Il attendit la nuit et il se mit à hurler, les mains en porte-voix dirigées vers l'autre camp :
— Georges ! Tu es là ?

Quelques secondes de silence, puis une réponse aussi claire, aussi joyeuse :
— Marwan ? C'est toi ? Tu es revenu ?
— Oui, Georges ! C'est moi ! Je suis là, juste en face !

Et la Ligne verte s'embrasa. Comme une fête immense. Chiyah avait retrouvé son Empereur.

C'était au printemps 86. Et tout cela a été vécu.

17

LE TUEUR EST EN NOUS

« Tant qu'ils se battent, ils n'ont pas de problèmes psycho-pathologiques. En période très agitée, de violents combats, la maladie mentale diminue. Les véritables problèmes apparaissent avec le retour à la paix, quand chacun réalise l'ampleur des dégâts et comprend ce qu'il a fait. »

Un psychiatre libanais résume ainsi l'état d'esprit d'une population en guerre depuis onze ans. Il confirme à sa façon que l'horreur est plus facile à vivre et à pratiquer qu'il n'y paraît.

Telle est la question posée par Marwan. Sa propre aventure le dépasse. Il est retourné à ses combats et à ses excès, sans cas de conscience particulier. Pour l'*Empereur de Chiyah*, nos entretiens ont marqué une trêve, pas un renoncement. Il n'a pas été touché par la grâce. Il n'en a pas les moyens : ses préoccupations sont essentiellement alimentaires et de survie immédiate. Il a perdu le sens moral. Mais il nous laisse choqués, sur une terrible impression de malaise.

Ses aveux blessent et gênent à la fois. Ils blessent par leur cynisme et leur dureté. Ils gênent car il s'agit de l'homme, c'est-à-dire d'un peu de nous-même. Marwan ébranle notre foi en la raison. Il laisse en suspens des interrogations aussi dérangeantes que fondamentales.

Trop impliqué dans la violence, dans l'incapacité de prendre quelque recul — « ceux-là sont au cimetière ! » dit-il — Marwan ne nous permettra pas de tout comprendre : pourquoi cet éternel besoin ou recours de l'individu à la violence ? Pourquoi l'instinct

de mort et de destruction après des siècles de civilisation ? Où es
la normalité quand la masse bascule dans la barbarie ? A quel:
assauts notre sociabilité peut-elle réellement résister ? Et, au
bout du compte, des questions égoïstes mais angoissantes : sommes-nous totalement à l'abri d'une situation de type libanais ?
Les lois sociales, la coexistence peuvent-elles voler en éclats chez
nous ? Enfin, sommes-nous — vous et moi — capables de commettre les mêmes actes que Marwan, confrontés à des situations
exceptionnelles ?

La réponse est à chercher au Liban, mais aussi en tous ces
points du monde où la violence humaine s'est déchaînée et où,
malgré des contextes différents, le comportement de l'individu
est identique. Psychiatres, psychanalystes, sociologues, philoso-
phes, militaires nous aident à analyser le mécanisme ou le mystère du retour de l'être civilisé à l'état barbare.

Je pensais trouver les praticiens libanais très occupés à suivre
les cas de dérèglements psychiques engendrés par la guerre civile.
Ils disposent d'un inépuisable réservoir de *cobayes*, d'un labora-
toire en prise directe sur la perversité, où l'instinct s'observe à
l'état brut, à l'œil nu.

En réalité, ils m'ont reçu avec bonheur, presque heureux
d'avoir de la visite. Paradoxalement, leurs cabinets sont peu
fréquentés. C'est à croire que la dépression et les troubles de la
personnalité sont le privilège des sociétés en paix et des gens
heureux.

Les spécialistes rencontrés à Beyrouth sont formels : les Libanais impliqués dans les combats ne souffrent pas de névroses. Ils
sont parfaitement équilibrés, ou se considèrent comme tels. Ils le
ressentent ainsi. Ils sont bien dans leur peau. Pis : ils s'épanouis-
sent. Ils se réalisent dans le sévice. Marwan n'est pas une exception. Un militaire occidental ayant vécu le drame libanais me l'a
confirmé également :

— Marwan est le milicien type, le combattant moyen comme
j'en ai connu des dizaines à Beyrouth. Il se comporte normalement, c'est-à-dire selon la logique de son environnement.

Dans le secteur musulman de Beyrouth, le Docteur Adnan
S. Houbballah, psychanalyste, va dans le même sens :

— En onze ans de guerre civile, dit-il, je n'ai eu à traiter que deux combattants souffrant de problèmes psychologiques. Ils avaient mauvaise conscience. L'un d'eux se reprochait la mort d'une femme et d'un enfant sur la Ligne verte. Il avait longtemps hésité avant de venir me consulter. Son entourage ne comprenait pas sa démarche ni les remords qu'il manifestait vis-à-vis des victimes. Je n'ai vu cet homme que deux fois. Il a estimé qu'il n'avait pas besoin de moi. Les milliers d'autres combattants, je ne les ai jamais vus dans mon cabinet. Apparemment, ils se portent très bien, comme votre Marwan.

— Est-ce à dire que les psychoses individuelles se diluent dans la folie collective, qu'elles y passent inaperçues ?

— C'est un peu cela. La guerre permet la réalisation de tous les fantasmes de l'individu. Par définition, elle supprime toutes les entraves, toutes les retenues, tous les interdits, toutes les lois qui ne font que limiter l'action. Avec la guerre, toutes les pulsions peuvent se libérer. Chacun est en mesure de vivre sa « folie » sans risquer aucune sanction, ni pénale ni morale. Il ne s'agit pas de justifier un comportement, mais de l'expliquer. Pourquoi, dans ce contexte de totale impunité, de légalisation du crime, avoir mauvaise conscience ? La dépression, les troubles mentaux viennent de l'impossibilité de vivre nos fantasmes refoulés par la civilisation. Il s'agit de désirs ou d'instincts primordiaux contenus depuis des millénaires.

La nature de l'homme et sa tendance sont de sortir des exigences morales imposées par la société, de lever toute inhibition. La guerre offre cette possibilité et procure un pouvoir extraordinaire à l'être civilisé, étriqué dans ses lois. Le gamin de quinze ans est maître de la rue. Il parade avec son fusil, à la fois jouet et phallus gigantesque. Il tire de la situation un bénéfice évident. Il est plus difficile et souvent plus pénalisant de se plier aux lois que de les enfreindre. L'arme n'est que l'instrument permettant d'accéder à ses fantasmes : Marwan incendiant Chiyah ou tuant Papa Abou, le *père* adoptif, en est le symbole.

Le psychanalyste précise :

— Nous sommes là dans le domaine du refoulé, si bien que la

réaction des uns et des autres est complètement imprévisible hors du contexte ordinaire. Il n'y a ni règle établie, ni pronostic possible. Je suis incapable de dire quel serait votre comportement dans la guerre. J'ai seulement noté que, très souvent, une répulsion proclamée de la brutalité cache en réalité un instinct violent très marqué. Plus le refus affiché est fort, plus l'agressivité sous-jacente est grande. C'est une façon de se protéger contre sa propre nature, comme si on avait l'intuition du danger. L'illusion ne résiste pas à l'épreuve des faits : au premier accident, tout vole en éclats. Il n'est plus question de civilité.

— Conclusion : nous sommes des violents qui s'ignorent ?

— Exactement. Il est plus valorisant de nous imaginer en victime qu'en bourreau. La réalité est différente. Dans les faits, il est plus confortable d'infliger le supplice que de le subir. J'ai vu des personnes très raffinées, très cultivées, sombrer dans la violence la plus insensée, sans motif apparent. Rien ne le laissait prévoir. J'ai observé cela chez un leader politique actuel du Liban. C'était un homme d'une extrême sensibilité. Il ne supportait pas l'idée d'un arbre coupé mais, subitement, il est devenu très cruel. C'est le prototype du basculement. Pour moi, ce processus reste un mystère.

Le Docteur Houbballah refuse les mots de *barbarie* et de *sauvagerie* pour qualifier l'attitude de ses concitoyens. Les massacres, les batailles, la traque de la victime sur la Ligne verte, ne sont pas des actes barbares. Il parle plutôt d'un comportement de type primitif, c'est-à-dire d'une régression de l'individu civilisé ou, pour paraphraser Freud, d'un retour d'une phase de développement supérieur à une phase inférieure.

Freud constatait :

« Les hommes deviennent névrotiques par privation. Leurs symptômes remplacent chez eux la satisfaction qui leur est refusée. »

En temps de guerre, la privation n'existe plus. Tout étant permis, l'homme retourne à son état instinctuel. Il est lui-même. La frustration abolie, un des facteurs favorisant la maladie mentale a disparu.

On comprend les raisons de la sérénité de Marwan et son

absence de remords. L'homme hésite à abattre les lois séculaires garantissant la convivialité. Mais dès que l'obstacle est franchi, tout va très vite. Plus rien ne le retient. Plus rien ne le censure. Le processus de régression n'est qu'une question de temps : celui nécessaire à la chute des conventions sociales et morales, comme nous l'a montré la culbute de Marwan du pacifisme à la folie meurtrière.

Ainsi abandonne-t-on son bagage de civilisation.

Dans un sens, l'être civilisé s'accommode plus aisément de la violence que le primitif. Ce dernier craignait « la vengeance des esprits de ses victimes, il devait subir toute une série d'épreuves expiatoires pour se laver des crimes qu'il avait commis »[1]. En cela, notait Freud, il faisait preuve d'une certaine délicatesse qui s'est perdue chez l'homme civilisé. Dans la société moderne, le désir de mort de l'étranger ou de l'ennemi reste enfoui dans l'inconscient, « toujours prêt à resurgir dans la réalité sans culpabilité »[2].

La guerre n'est pas considérée comme un scandale. Le guerrier n'a pas honte de ses actes. Au contraire, il agit au nom de la communauté dont il défend l'identité et les intérêts fondamentaux.

Là encore, Marwan a bien mis en évidence le processus qui fait de lui, pratiquement, un héros. Cela rend non seulement supportables les actes effroyables mais ils ont un caractère d'obligation et de noblesse. Il y a idéalisation de la violence et de l'arbitraire. Plus une société se sent menacée, plus elle est exigeante vis-à-vis de ses *soldats*, plus elle lève les tabous moraux habituels et légalise le déchaînement des instincts primitifs. C'est une question de survie, conférant à la guerre une honorabilité.

Un individu comme Marwan y trouve doublement son compte : il libère ses pulsions et il y gagne un statut. Il l'a remarquablement pressenti tout au long de son récit. Ce processus fait qu'il n'éprouve ni désespoir ni repentir, mais également que l'ensemble de la communauté a bonne conscience.

Aucun peuple ne souffre de culpabilité collective, quelles que soient les horreurs qu'il a couvertes dans son Histoire. L'Allemand ne se sent pas de dettes envers les victimes du nazisme, l'Israélien pour les morts de Sabra et Chatila, l'Américain pour les cain pour les Vietnamiens, le Français pour les Algériens, et le peuple autrichien élit en 1986 Kurt Waldheim Président de la République, malgré les soupçons pesant sur son passé nazi... toutes les sociétés réagissent d'une façon identique face à leurs péchés.

Y a-t-il une différence fondamentale entre Sabra et Chatila, Oradour, le massacre de My-Lay ou tout autre massacre commis dans le monde par un groupe d'hommes dits *civilisés* ? Le public ne le pense pas et, réaction ahurissante, il absout les coupables quand il ne s'identifie pas à eux.

Souvenez-vous, My-Lay ! Le 16 mars 1968, trois sections d'une compagnie de la division *Americal* commandée par le Lieutenant William Calley, exécutaient de sang-froid, sans nécessité, sans ordres et sans être menacées, quatre cents civils vietnamiens du village de My-Lai. Triste entrée dans l'Histoire ! Bébés, enfants, femmes et vieillards. Tous violés, sodomisés, égorgés. La bestialité, incompréhensible. Les *soldats de la Liberté* à l'état barbare ! Ebranlée, l'Amérique s'interroge sur la réelle supériorité de la civilisation du Nouveau Monde[3]. Pourtant 65 % de la population des Etats-Unis esquissent déjà un pardon à travers un sondage, estimant que ce genre d'*incident* est inévitable en temps de guerre. Dans les consciences, Calley est déjà acquitté :

— Ça aurait pu être n'importe qui de plus de 18 ans, mobilisé et envoyé au Vietnam, dit-on[4].

Les psychiatres cités par la défense ont plaidé la thèse de la folie temporaire. Entraîné dans l'action, Calley, 24 ans, devenu officier par accident après avoir été pompiste à Miami, a expliqué qu'il n'était plus lui-même au moment des faits.

C'était un Américain moyen, d'origine modeste, brave garçon. Sa voiture tombe en panne du côté de San Francisco. Il n'a pas d'argent pour la réparer. Un sergent recruteur local trouve la solution : « Engage-toi dans l'armée, pour trois ans. » Cet homme, décrit par ses camarades comme peu énergique mais docile, puis comme officier bon enfant, est envoyé au Vietnam... jusqu'au massacre.

Condamné à la détention à perpétuité en 1971, il est aussitôt

sorti de prison et placé en résidence surveillée chez lui, sur
décision du Président Nixon, puis libéré en 1974. Aujourd'hui le
citoyen Calley coule des jours paisibles dans sa ville natale où il
fait figure de héros :

— Au bar ou au restaurant, il y a toujours quelqu'un pour lui
offrir un verre ou un repas, rapporte un journaliste ayant
enquêté sur la réinsertion du bourreau de My-Lay[5].

Calley et Marwan sont-ils réellement différents ? Deux adolescents tranquilles promis à une vie simple. Deux rencontres : un
combattant et un sergent recruteur. Deux accidents : guerre du
Vietnam et guerre du Liban. Deux dérapages. Deux massacres. Et
l'impunité au bout du compte. Pourtant, en 68, les Libanais
tremblaient d'horreur devant les crimes du Lieutenant William
Calley et, aujourd'hui, l'Amérique ne comprend pas les barbares
du Liban. Ils paraissent tellement loin, tellement différents. Troublant, non ?

Troublant également le constat, en secteur chrétien de Beyrouth, de l'autre côté de la Ligne, du psychiatre Edouard Azouri.
Ses observations recoupent celles de son confrère en secteur
musulman. Lui aussi parle de la façon dont l'homme s'accommode de la violence :

— Tant qu'ils se battent, dit-il, ils n'ont pas de problèmes
psychopathologiques (...) Savez-vous qu'en 77 à Beyrouth on a
libéré les aliénés ? Ils sont partis dans la nature. On n'en a jamais
plus entendu parler. Ils se comportent comme les autres.

— A moins que ce ne soient les autres qui se comportent
comme eux ?

— Peut-être. Quoi qu'il en soit, celui qui participe à la guerre
s'en sort mieux psychologiquement que les autres. Il met en acte
ses fantasmes et se stabilise.

Le Professeur Azouri n'aime pas, lui non plus, le terme de
barbare. Il parle également de comportement de type primitif :

— L'individu passe par divers stades, toujours plus évolués ou
civilisés, qui le conduisent à l'état adulte. Mais des points de
fixations et des nostalgies de la période antérieure demeurent. Le
psychisme va effectuer tout naturellement la régression vers ces
stades précédents, à l'occasion de circonstances particulières.

218   MÊME LES TUEURS ONT UNE MÈRE

Il établit un parallèle entre guerre moderne et rites primitifs, quand le tabou du meurtre, du viol et de l'inceste devenait non seulement permis mais prescrit, quand il y avait union dans la même effervescence agressive. Le crime et la destruction étant autorisés, il n'y avait plus de raison à l'anxiété ni au remords, mais seulement au plaisir notamment de tuer. La manifestation moderne de cet état, de cette totale libération ou de cette fête rituelle est la guerre[6].

L'agressivité est bien en nous, partie intégrante de l'individu. Quand l'autre paraît, le premier réflexe est de l'éliminer. Le Docteur Houbballah rappelle le comportement de l'aîné quand se présente le nouveau-né :

— Il aspire à s'en débarrasser car c'est un intrus. Il dérange. Il remet en cause un statut, une sécurité, une tranquillité et des privilèges. La guerre civile reproduit ce schéma familial primordial. Elle se vit comme deux frères face à face. Chacun de nous a donc connu sa guerre civile. Elle a été le plus souvent canalisée ou désamorcée, par l'autorité du père à la maison, de l'Etat dans la nation. Quand la cellule primordiale éclate, le processus de dégradation est engagé. Personne ne peut prévoir la suite. Plus rien ne peut l'arrêter.

Les légendes antiques, les mythes et les tragédies classiques sont emplis de luttes fratricides tendant à accréditer cette thèse. Dans l'Ancien Testament et dans la mythologie grecque les frères sont presque toujours ennemis, comme si la violence originaire était celle-ci. Il suffit de rappeler Abel et Caïn, Jacob et Esaü, Etéocle et Polynice[7]. Les Libanais ont fait de la légende une réalité et Marwan s'est effectivement trouvé en situation de tuer son propre frère.

Psychanalystes, psychiatres et sociologues nous expliquent la facilité de tuer pour l'homme civilisé confronté à certaines expériences. Cette règle est-elle absolue ? Pourrions-nous réellement, vous et moi, commettre des actes de barbarie, même si le terme est refusé par les spécialistes ?

Le Professeur Azouri nous dit :

— Ce genre de choses peut arriver partout et avec n'importe qui. L'homme aspire fondamentalement à la régression qui n'est pas toujours négative. Ainsi, qu'est-ce qui nous oblige à chasser, à pêcher, à vivre sous la tente, sinon la recherche de la vie originelle profondément ancrée en nous ?

Certes, le processus de régression est long et plein d'aléas. Il n'est pas identique pour tous. Certains sont prédisposés ou plus fragiles que d'autres. Mais, d'une façon générale, nous sommes tous exposés au danger :

— L'objecteur de conscience est l'exception. J'ai connu des gens fort raffinés qui ont sombré dans l'agressivité primitive, remarque Edouard Azouri.

Son confrère psychanalyste en secteur musulman va dans le même sens :

— Si vous enlevez la loi, cela peut arriver n'importe où, dit-il. En 68, j'étais à Paris. Il n'y avait pas de réelles raisons à la folie. Le pays était prospère. Il n'y avait pas de déséquilibres internes flagrants. Et d'un seul coup, tout a éclaté. Les Français n'étaient pas très loin du seuil critique de la violence, quand tous les barrages cèdent et qu'on ne peut plus rien retenir. L'Etat lui-même était fragilisé. Heureusement, contrairement au Liban, il y avait quand même un cadre et il y a eu cette voix lointaine de de Gaulle, du Père. Les Français se sont repris. Ils avaient un point de référence. Pourtant, si on envisageait l'hypothèse absurde d'un véritable dérapage en France, ce peuple ne se montrerait pas plus *civilisé* que le libanais.

Et Marwan de pavaner :

— Mon aventure peut arriver à n'importe qui.

N'y a-t-il pas tentative d'intoxication de la part de ces Libanais ou, plus simplement, perte du sens des réalités ? Les praticiens de Beyrouth eux-mêmes n'ont-ils pas intérêt à absoudre leurs concitoyens ou du moins à minimiser leurs fautes, à ériger leur comportement spécifique en norme universelle ?

Ils semblent en effet oublier une tradition libanaise de razzia reposant sur les clans. Un consul de France notait déjà au début du siècle, au Liban :

« Où que le regard se tourne, ce ne sont que massacres ou promesses d'autres massacres, trafics et corruptions, fanatisme des masses et cynisme des Seigneurs, règlements de compte.

Chaque fonctionnaire est prêt à mettre le feu à son pays pour allumer sa cigarette. »

L'avis des experts étrangers, non impliqués dans l'imbroglio libanais, est donc nécessaire pour répondre à nos interrogations.

S'ils ne rejettent pas l'aspect « historique » de la violence dans certains pays, ils affirment cependant :

— A quatre-vingt-dix pour cent, nous serions des Marwan en situation identique.

Ils confirment l'impossibilité de prévoir les réactions individuelles en fonction du degré supposé de civilisation ou de culture. Ils citent en exemple l'origine sociale et le niveau intellectuel de dignitaires nazis ayant laissé à l'Histoire l'unique qualificatif de *boucher*.

Parmi les personnes interrogées à ce sujet, paradoxalement, ce sont les militaires qui gardent le plus de foi en l'homme. La plupart d'entre eux m'ont dit en substance :

— Le processus de dégradation de la personnalité est long. Bien sûr, les barrières individuelles sautent très vite, mais les barrières sociales, dans une nation comme la nôtre, résistent beaucoup plus longtemps et nous mettent à l'abri des gros accidents.

Pourtant, ils admettent qu'il est très facile de trouver quelqu'un pour faire n'importe quoi :

— C'est une question de conditionnement.

Quand ils évoquent leurs souvenirs de combats, notamment en Algérie, ils retombent dans la logique de Marwan. Ecoutez-les :

— La seule façon de m'en sortir, c'était de gagner.

— Arrivé à un certain stade, il y avait perte de l'affectivité y compris vis-à-vis de nous-mêmes. Au premier mort, j'étais bouleversé. A la fin, je retournais les cadavres d'un coup de pied. On était hors du monde.

— Nous étions dans un système où la fuite n'était pas possible.

— En Algérie, celui qui arrivait objecteur de conscience finissait en bon soldat. Il était parfois volontaire pour des opérations de commando. C'est le milieu qui veut ça.

Parmi les leaders de la psychiatrie américaine, le Professeur John P. Feighner, du Feighner Research Institute à La Mesa (Californie), est très direct. Selon lui, dans un contexte de violence, tout est possible. Il y a un retour à un instinct de destruction totale que tous les peuples ont connu, de l'Allemagne nazie, à l'URSS stalinienne en passant par la Chine de Mao ou l'Amérique en croisade anti-communiste au Vietnam.

Il est songeur :

— Vingt millions de Chinois volatilisés durant la Révolution culturelle, rayés de la carte par des Chinois identiques à eux-mêmes. Des milliers d'Argentins disparus, torturés et tués par des Argentins comme eux. Pourquoi ? Quand le crime devient légal, l'homme est capable de tout.

— Vous pourriez, je pourrais être Marwan ?

— Sans doute. Il n'y a pas, a priori, plus forte proportion d'assassins au Liban qu'ailleurs. Les circonstances ont transformé en tueurs des gens ordinaires.

Le Professeur Samuel Gershon, psychiatre renommé de la Wayne State University de Detroit, tient le même discours. L'histoire de Marwan le trouble et le fascine à la fois. Après m'avoir écouté attentivement, comme le médecin dresse déjà son diagnostic en entendant la description des symptômes, il parle du « terrible instinct de destruction latent chez tout individu. » Il admet que Marwan n'a pas le choix, qu'il est obligé de s'impliquer et qu'il y a phénomène de mimétisme. Mais Marwan en rajoute, note le psychiatre :

— Il en fait, ils en font tous, plus que demandé, plus que nécessaire. Il y a un sadisme propre à chaque individu, surtout chez les jeunes. Il y a soif de violence, surenchère permanente. Je ne me l'explique pas. Il y a mystère. La morale est plus facile à éteindre qu'à allumer.

Selon le Professeur Gershon, beaucoup d'éléments interviennent qui finissent par nous faire basculer. Un jour, la normalité change de camp. Il y a foule d'anormaux si bien qu'ils deviennent normaux. On l'a vérifié avec l'Allemagne nazie. Des voix se sont élevées, tout au début, contre les crimes d'Etat, notamment contre l'euthanasie des aliénés. Mais, très vite, le nombre des assassins ou des complices a augmenté, au point de noyer les tenants de la morale et de la raison. Le criminel a été banalisé puis glorifié. Et chacun en a rajouté.

A Paris, dans son bureau de l'hôpital Necker, le Professeur Yves Pélicier insiste lui aussi sur la fragilité des consciences et des lois. Cette fragilité extrême expliquerait le déchaînement de l'instinct de violence ou de destruction, même si le risque n'est pas identique pour tous. Il s'explique :

— Quand le plancher cède sous vos pieds, il y a deux possibilités. Soit l'étage inférieur tient et vous sauve. Soit il cède et vous tombez dans le vide. C'est pareil pour la conscience et pour la société. Il faut un cadre solide.

Le problème essentiel est posé : quels sont les facteurs favorisant la régression à l'état primitif ? Quel est le détonateur de la folie meurtrière ?

L'explosion, la guerre, le massacre, la torture sont trop systématiques pour échapper à des équations communes. Depuis 1945, on a recensé dans le monde plus de cent conflits armés majeurs, ayant entraîné la mort de 15 à 20 millions de personnes. Partout la sauvagerie s'est exprimée.

On s'est entre-tué ou torturé au Vietnam, Liban, Salvador, Pérou, Tchad, Guatemala, Soudan, Bangladesh, Cambodge, Mozambique, en Iran et Irak, Afghanistan, Ethiopie, Afrique du Sud, Colombie, Argentine, Indonésie, Angola, Namibie, Turquie, Ouganda, Birmanie et dans bien d'autres lieux encore. On ne soupçonne pas le dixième des horreurs commises. On découvre, au hasard d'un entrefilet, que tel conflit oublié se solde par des centaines de milliers de victimes. Comme la mort est lointaine, à l'instar de Marwan, on ne l'identifie pas à une histoire individuelle. Mais tous ces drames contemporains et pourtant d'un autre âge obéissent à un mécanisme identique.

Notre propos n'est pas le déclenchement des guerres, mais l'aspiration de l'individu par la violence.

Au départ, il y a la rencontre du sujet avec un *accident* extérieur. Pour Marwan, ce fut la guerre civile. Pour le lieutenant Calley, ce

fut la guerre du Vietnam. Pour le tortionnaire chilien, ou argentin, ou turc c'est ou ce fut la dictature. Sans ces accidents, nous
l'avons dit, les tortionnaires auraient été des citoyens ordinaires.

Pour qu'ils s'impliquent définitivement, pour qu'ils montent
en première ligne, il a fallu un *détonateur*.

Chez Marwan, ce fut l'incident des femmes en sang, en septembre 75. L'adolescent refusait la guerre jusqu'à cet épisode. Il
avait juré de rester en dehors et ne se sentait pas concerné, même
après l'entraînement au camp palestinien de Baalbek. Mais il a
vu les mères de son quartier blessées ou tuées par balles, baignant
dans leur sang. Marwan fut terriblement choqué, interpellé. Dès
lors, il ne pouvait pas rester indifférent. Il s'est lancé dans la
bataille pour porter secours aux siens : l'engagement initial est
souvent purement émotionnel.

Pour résister au choc, pour tenir longtemps et aller de plus en
plus loin dans la violence, l'individu a besoin d'autre chose
qu'une simple émotion. Il se dote alors d'un *alibi*.

Il est essentiel.

Il donne une respectabilité à la violence, un sens au combat,
parfois un objectif. Il donne surtout l'impression que l'on est
homme puisque le déchaînement de l'instinct s'appuie sur la
pensée, sur la réflexion. Comment expliquer autrement la nécessité pour le combattant de dessiner sur la crosse du fusil le visage
de la Vierge ou de Marx, du Christ ou du Che, de Khomeiny ou de
Mao ?

Il faut, en permanence, rappeler pourquoi on se bat. Il faut,
dans les moments de doute et d'horreur, se tourner vers quelqu'un. Bref, c'est la bonne cause. Même le bourreau a besoin
d'être rassuré. Il veut être du bon côté. C'est un héros positif !

Marwan ne s'est engagé dans la guerre qu'après s'être trouvé
l'alibi indispensable au repos de l'esprit. Tirer sur Georges aurait
été insensé. Tirer sur Georges pour défendre une communauté
devenait non seulement logique, mais vertueux.

La situation n'est pas aussi rare qu'il y paraît. On a vu des Noirs
se battre au Vietnam, des musulmans soviétiques en Afghanistan, des Français arrêter des Français pour le compte des Allemands. Oui, tout est possible, pourvu qu'on vous colle une
explication. L'idéologie a cette fonction et cet effet universel. Nul

besoin qu'elle soit très élaborée. Elle peut se résumer à quelques slogans. Elle provoque des miracles.

L'alibi peut s'appuyer sur une réalité : la misère, l'injustice, la dictature. Dans ce cas, bien peu résistent à la tentation de la violence. Jusqu'à l'Eglise catholique qui y souscrit parfois. Qu'opposer à l'arbitraire et à la violence d'une dictature ? Quelle autre arme pour les désespérés ? En Afrique du Sud, Mgr Tutu, Prix Nobel de la Paix, estime qu'en désespoir de cause, il faut lutter par la violence contre la violence.

Un peu partout, on entend le même discours. Une jeune Noire de Soweto, dont le frère de 17 ans a été tué par balle, affirme qu'elle n'a pas d'autre choix que le bain de sang. A Bogota, un militant du mouvement clandestin M 19 a opté pour la lutte armée, en réponse à « des siècles de terreur contre le peuple ». Il se proclame héritier de la Révolution française, du christianisme, de Marx et de Bolivar. Il a stocké les alibis. Il a, il est vrai, de quoi justifier sa rancœur. L'équilibre entre résignation et combat n'est pas toujours évident à trouver[8].

L'alibi peut, de la même façon, être totalement irrationnel. Il n'en est pas forcément moins efficace. Au contraire, les grandes hécatombes de l'histoire contemporaine se sont appuyées sur des alibis insensés, ayant pourtant alimenté une paranoïa collective pendant des années, voire des dizaines d'années. Ce fut le nazisme et l'extermination des Juifs, le stalinisme et la déportation ou l'élimination des « ennemis du Peuple », le maoïsme qui voulait transformer le monde et engendrer un homme nouveau.

Dans les trois cas, les dictateurs ont trouvé des millions d'exécutants, de fanatiques — en réalité des hommes et des femmes ordinaires — pour commettre des crimes monstrueux à l'échelle industrielle, au nom d'une idée. Hitler, Staline et Mao étaient parvenus à organiser d'une façon logique des thèmes délirants de persécution. Ils avaient donné un alibi aux meurtriers potentiels qui se sont avérés fort nombreux.

Le comportement de ces peuples très différents est identique dans le cheminement à celui de Marwan. Quand un enfant du nom de Pavel Morozov, héros de l'URSS stalinienne, dénonce son père à la police comme ennemi du Peuple et l'envoie à la mort, quand un Allemand ordinaire livre un Juif aux SS et le promet au four crématoire, quand un Chinois dénonce son voisin par lettre anonyme et le voue au camp de rééducation, ils n'agissent pas différemment d'un Marwan abattant Papa Abou. Ils sont soumis au même conditionnement. Ils sont persuadés d'avoir accompli une bonne action. A chaque fois, on retrouve la même logique :

— Tu es convaincu de la justice de la cause, explique un ancien tortionnaire chilien, Valenzuela[9]. Il faut dix ans pour réaliser ton erreur.

Il affirme :

— Avec un bon alibi idéologique, la torture devient une routine !

Comme l'a énoncé le biologiste Jean-Didier Vincent :

— Il faut être très évolué pour être aussi bête[10].

L'individu apparaît souvent comme un outil manipulé. Il s'identifie à un idéal, se fond à la foule au point d'en oublier sa propre identité. Il est en état de commettre n'importe quel acte, du plus honteux au plus héroïque. Dans ce contexte, la responsabilité individuelle est diluée. On peut parler d'*alibi de conscience*.

La question se pose : qui est coupable, celui qui donne l'ordre ou celui qui l'exécute ? On ne peut décemment pas acquitter un Hitler, un Staline ou un chef de milice libanais. Pas plus qu'on ne peut fermer les yeux sur l'implication des Etats dits civilisés dans les guerres et massacres. Ce sont eux qui ont conditionné l'individu, allumé le brasier, livré les armes. Mais il serait tout aussi dangereux d'absoudre le criminel, de déculpabiliser le bourreau. On ne ferait que renforcer l'alibi.

L'alibi valorisant recouvre en réalité des motivations plus égoïstes. L'idéaliste authentique est rare et le stimulant avoué n'est pas forcément le plus déterminant.

Avec Marwan, nous avons compris que la préoccupation essentielle est la survie. Beaucoup de combattants le confirment, quel que soit leur idéal. On en revient au mot de Valéry : « Ce qu'il y a de plus précieux en nous, c'est notre peau. »

La rage de survivre abolit toute pitié. Elle supplante tout le reste, décuple la force et la haine pour se transformer en véritable obsession. A partir de là, tout est permis et surtout tout est possible. L'homme refusant sa propre mort accepte parfaitement la disparition de l'ennemi. Il se transforme en robot à tuer pour assurer son salut exclusif. Ce choix inéluctable — *lui ou moi* — désamorce définitivement toute culpabilité.

On pourra opposer à cette vision, la conduite héroïque de certains combattants ou civils. Par définition, l'héroïsme est une attitude exceptionnelle, c'est-à-dire marginale. Marwan n'est qu'un homme ordinaire.

En poussant le raisonnement, on peut dire que l'individu bascule dans la violence et qu'il choisit l'excès par confort personnel. Le premier besoin de l'homme, bien avant la sexualité, est la sécurité, affirment les psychiatres. Quand on veut rendre un animal agressif, on lui retire toute sécurité. Il en est de même pour l'être civilisé. Face à une situation de danger, comme la guerre ou les troubles sociaux, le premier réflexe est de se fondre à un groupe, c'est-à-dire de se placer sous sa protection. La situation est plus facile à vivre, qu'il s'agisse de guerre ou de grève... Chaque camp en joue.

La grande astuce des dictatures a été d'utiliser ce besoin, pour obtenir l'adhésion de la majorité en offrant un refuge, une famille sinon un père à l'être isolé. Sous ces régimes, la complicité ne pose pas problème. Seul le refus coûte. La recherche de la sécurité et le phénomène de mimétisme sont déterminants à l'heure des choix fondamentaux.

La sécurité et l'assurance offertes par le groupe ont cependant leurs contreparties. On n'offre pas la protection par simple humanisme. Le postulant doit se plier aux lois de la communauté, justifier sa présence et rendre service. Il y a dépendance et obligation de se compromettre. L'alibi permet de maintenir l'estime de soi. Il donne une raison aux actes les plus irrationnels.

Dans le même temps, la revendication de sécurité étouffe tout sens critique. L'homme, bénéficiant de la protection du groupe, accepte tout pour ne pas en être exclu. L'exclusion est toujours vécue comme un drame, comme un déchirement, dans la mesure où elle remet en question son statut et sa tranquillité. Au nom de la sécurité personnelle, combien de compromissions ont été acceptées, combien de forfaits ont été commis, et pas seulement en situation de guerre ?

Nous sommes là dans le domaine de la psychologie des foules. Elle explique pour l'essentiel le comportement de l'homme face à la violence ou face à un événement exceptionnel.

Le sociologue Gustave Le Bon a tracé le portrait de la foule[11] L'homme civilisé n'en sort pas grandi. Tout cela paraît bien fragile. Les foules sont peu aptes au raisonnement et, au contraire, se montrent très portées à l'action. Leur puissance serait avant tout destructrice et elles agiraient « comme ces microbes activant la dissolution des corps ». Entraîné par la masse, l'individu se permet des actes qu'il serait incapable de commettre seul et même qu'il réprouverait.

Ainsi, la foule révèle à l'homme des aspects insoupçonnés de sa personnalité et elle lui donne la possibilité d'expérimenter ses fantasmes. Il y a un phénomène irrésistible d'entraînement, de surenchère, un mélange de jeu et de folie passagère. Une exaltation se crée. Le discours extrémiste l'emporte car il est le plus mobilisateur et le plus séduisant. A quoi bon être nombreux si ce n'est pour agir ?

Certes, il existe des groupes pacifiques, des foules immenses parfaitement maîtrisées. En 1979, j'ai vu six millions d'Iraniens accueillir leur Imam, sans débordements. Le Pape mobilise lui aussi des millions de fidèles autour de mots d'ordre de paix. Là encore, pas d'incidents. Sans parler des concerts rock ou pop, parfaitement canalisés. Mais la foule n'est-elle pas le reflet de son leader ? N'est-elle pas manœuvrable avec une facilité déconcertante ?

L'Imam accueilli avec sagesse retourne, quelques mois plus tard, la même masse et engendre le fanatisme : pour lui, on tuera et on ira mourir par dizaines de milliers. Ceux qui applaudirent de Gaulle à la Libération avaient acclamé Pétain sous l'Occupation. Le Général le sait qui lance : « *Les Français sont des veaux.* »

L'individu pris dans une foule n'est plus conscient de ses actes, notait Le Bon. Il est comme hypnotisé, avec un esprit critique en veilleuse et une capacité d'exaltation poussée au paroxysme. Les éventuels doutes sont étouffés, par la force environnante. La pensée se réduit à des stéréotypes, à des slogans. Elle doit entrer dans le moule unique, coïncider avec l'idée générale qui a été soufflée par le leader. Il y a « contagion des sentiments et des idées dans un même sens, tendance à transformer immédiatement en actes les idées suggérées ». Et le sociologue Gustave Le Bon de conclure avec pessimisme :

« Par le seul fait qu'il appartient à une foule, l'homme descend de plusieurs degrés de la civilisation. Isolé, c'est peut-être un individu cultivé, en foule c'est un instinctif. Il a la spontanéité, la violence, la férocité, et aussi les enthousiasmes et les héroïsmes des êtres primitifs. »

Exceptions faites de l'héroïsme et de l'enthousiasme, la définition convient parfaitement à Marwan. Elle s'applique en réalité à tous les Marwan que le monde a connus. Les différences de culture et de comportements sont abolies quand l'homme vit certaines situations. Les meneurs d'hommes l'ont parfaitement compris. Ils en usent et en abusent.

Deux éléments expliquent ce comportement lâche et irrationnel : la foule confère une puissance exceptionnelle et elle dilue ou supprime la responsabilité individuelle. Tous les psychiatres et sociologues interrogés se retrouvent logiquement sur cette constatation.

Le Professeur américain Samuel Gershon, à des milliers de kilomètres de Beyrouth, dominant les lumières de la ville immense en paix, me demande :

— Vous imaginez le pouvoir fantastique de votre Marwan ou d'un gamin de quinze ans, quand la foule entre en guerre. Ils peuvent, à eux seuls, anéantir une ville comme celle-ci. En plus, ils ne risquent rien. Quelle jouissance ils doivent ressentir. Fascinant.

— Ils ont un sentiment de puissance absolue, confirme à Paris le Professeur Pélicier. Ils sont pris dans un phénomène d'entraînement et de folie meurtrière. Le sang appelle le sang. Ils ne voient plus ni les blessés ni les morts. Ils tirent et ils tuent. Ils sont invincibles et ne se représentent pas leur propre mort. Ce n'est pas de la cruauté. C'est un phénomène général.

La folie étant collective, l'anxiété est diluée :

— Ce n'est pas moi qui tue, c'est le groupe.

Avec une lâcheté fondamentale :

— Je ne risque rien. Le nombre me protège.

Cette réaction est universelle. Le Bon faisait une différence entre les foules latines, au sang chaud, et anglo-saxonnes, plus pondérées. Nous avons parfois tendance à établir de telles distinctions, si bien que les drames ou les excès des autres nous laissent indifférents voire amusés. Des événements récents, proches de nous, montrent que nous avons tort.

Souvenez-vous : le 27 mai 1985, au stade du Heysel à Bruxelles, pour la rencontre de football Juventus-Liverpool, deux équipes de nations civilisées, l'Italie et la Grande-Bretagne... 38 morts.

La barbarie ne frappe pas forcément là où on l'attend. A y bien réfléchir, la folie meurtrière de ces Européens moyens n'est pas très éloignée de la sauvagerie d'un Marwan. Toutes deux procèdent des mêmes mécanismes psychologiques individuels et collectifs. Dans un cas comme dans l'autre, il s'agit d'une régression de l'homme d'une phase évoluée à une phase primitive. Simplement, la rétrogression s'est opérée chez Marwan — en apparence le plus *barbare* — en plusieurs années, et chez les supporters-assassins de Liverpool en quelques minutes.

Tout a commencé par un enfantillage, quand un supporter britannique a incendié un drapeau italien. A cet instant, personne ne pouvait soupçonner ni comprendre que le processus était enclenché. Il allait entraîner des centaines d'individus. Le drapeau incendié réjouit un petit groupe alentour. Il faut faire mieux. Une fusée part des tribunes. Dix jeunes Britanniques tentent de forcer le grillage les séparant des *tifosi* de Turin. Bientôt ils sont cinquante, cent, deux cents.

Il y a quelque chose de ludique et de surréaliste. Côté anglais, c'est la fête : on chante, on rit, on boit, on pousse et, rapidement, on piétine... on tue sans le savoir. Chacun y participe, chacun s'y précipite. Aucune tentative pour s'interposer. Il y a consensus pour agresser l'autre camp, avant même le début de la partie. La folie est contagieuse.

On vérifie là, d'une façon choquante, en grandeur réelle sur les écrans, la spontanéité de la férocité : « L'individu en foule est un grain de sable au milieu d'autres grains de sable que le vent soulève à son gré. » Il est tellement facile de participer au meurtre collectif ! Le seul mot de *participer* suggère les notions rassurante d'impunité et entraînante de solidarité dans l'action. La foule du stade belge concrétise sous nos yeux — sans honte et sans remords — son fantasme primordial : anéantir l'ennemi.

Il y a transfert du terrain de jeu aux tribunes. Selon les conventions sociales, l'individu civilisé doit projeter ses fantasmes de mort sur les onze joueurs de l'équipe « ennemie », canalisant, refoulant ainsi ses mauvais penchants. Il donne procuration à son équipe pour abattre pacifiquement l'adversaire. Le policier et les grilles sont là pour rappeler les barrières morales et évoquer l'éventuelle sanction en cas de transgression des règles. Dès qu'il y a faille — comme à Bruxelles — la perversité se faufile et l'instinct fait surface. Le grillage cède.

Côté italien, au contraire, c'est l'hébétude et l'impuissance. On ne trouve aucune riposte : les deux groupes n'appartiennent plus à la même catégorie. Les plus forts imposent leur loi aux plus faibles. Les premiers se conduisent comme une foule à l'état brut. Cela durera trois heures.

Bien qu'à un degré très différent, la foule de Bruxelles, comme celle de Beyrouth, est incapable de canaliser ses pulsions. Elle ne parvient pas à traiter de façon rationnelle les données environnantes. Tout va trop vite. Ces gens-là perdent pied. Ils sont hors du monde réel. Ils ont cessé de raisonner. Saisissant parallèle.

Bon nombre de participants à la folie du stade du Heysel avaient sans doute, avant le drame, l'idée d'un Liban barbare et étaient convaincus de leur propre sagesse. A Beyrouth cependant, aucun match de football, malgré les passions exacerbées, n'a dégénéré ainsi. A méditer.

Le sacrifice rituel de Bruxelles accompli, les supporters-assassins ont retrouvé leurs esprits. Beaucoup n'ont pas compris. Leur vision des choses n'a pas changé pour autant : aucun réel sentiment de culpabilité ne s'est manifesté. Chacun a repris sa place dans la société et n'a songé qu'à déplacer les responsabilités : c'était la faute des Belges, de la police, des grillages. Jamais la sienne. Un supporter anglais a même déclaré :

— Il ne fallait pas nous placer au contact des *tifosi*.

La civilisation tient à peu de choses !

En 1964 à Lima, une rencontre de football Pérou-Argentine avait fait 320 morts et 1 000 blessés. Ces gens-là ont le sang chaud ! En 1967 en Turquie, 40 morts et 600 blessés sur un stade. Ce sont des violents ! En 68 à Buenos Aires, toujours le football, 80 morts et 150 blessés. C'est l'Amérique latine ! En 1969, à nouveau la Turquie, 10 morts et 102 blessés. Encore eux ! En 1969 au Zaïre, 27 morts et 53 blessés dans les tribunes. Dans ces pays-là, la vie ne compte pas ! En 1971 à Glasgow, pour un but en dernière minute, 66 morts et 108 blessés. Ce doit être un accident. Enfin en 1974 au Caire, 48 morts et 47 blessés au cours d'un match. Ces Arabes !

Pour chacun de ces drames, nous avions une explication rassurante. C'était loin. Cela tenait aux tempéraments spécifiques des peuples et ne méritait pas réflexion plus approfondie. Nous n'étions pas concernés. C'était triste, évidemment. Mais le monde est ainsi fait : certaines nations sont plus évoluées que d'autres. D'ailleurs ces morts lointaines avaient quelque chose de réconfortant sinon de flatteur pour notre ego d'homme civilisé : elles prouvaient notre avance de deux ou trois siècles dans le domaine du savoir-vivre et de la retenue. Les atrocités du Liban allaient conforter cette conviction... ou cette illusion.

Hélas ! il y a eu Bruxelles.

Les Européens ramenés au rang des Sud-Américains, des Africains et des Arabes, tous ces gens au sang chaud. Dure réalité ! Les faits étaient là. Pour la première fois, en direct, nous nous sommes vus en *primitifs*. Le football n'était pas responsable. Le coupable était l'individu. Les titres de la presse à sensation ne nous ont même pas choqués :

« LES SAUVAGES ! », « PIRE QU'AU LIBAN ! »

Ils exprimaient une vérité plus profonde qu'il n'y paraît, ressentie collectivement.

Etrange circuit ! Nous étions à Beyrouth, nous voici à la maison. Toute société contient en elle les germes de la violence. Elle n'existe à l'origine que pour se défendre, donc pour se retrouver dans la force contre l'agresseur potentiel. Sans cette force commune, sans cette volonté de survie automatiquement tournée contre un groupe différent ou antagoniste, il n'y aurait pas de société.

La nation existe pour résister à l'envahisseur et pour affirmer son identité, donc à l'origine pour refuser ou repousser les autres. Je suis Français *contre* l'Allemand ou l'Italien, *contre* l'Arabe. Je suis Soviétique *contre* le reste du monde et *contre* l'ennemi du Peuple. Chaque groupe a besoin de son bouc émissaire pour s'affirmer, pour exister, c'est-à-dire d'un ennemi réel ou supposé. Quand prend-on conscience d'être Français ? Quand l'Allemand force les frontières ou que l'Arabe arrive. Et d'être Blanc ? Quand le Noir paraît.

Ce comportement ou ces réflexes ont placé depuis son origine l'humanité dans le cycle guerre-paix, progression-régression, civilisation-barbarie. Nous avons, ancré en nous, le sentiment que notre vie passe par la mort de l'autre. D'où les éternels conflits. Cette agressivité permanente découle de notre besoin de sécurité. Mais avons-nous réellement mesuré l'enjeu ?

Nous nous sommes couverts contre tous les risques avec, parfois, un esprit de solidarité nous renvoyant à l'essence de la société : assurance chômage, vieillesse, vie, vol, incendie. Nous avons tout envisagé : l'accident de l'enfant et le robinet qui fuit. A-t-on réellement prévu le risque collectif de barbarie ? Contre lui aucune compagnie ne pourra ni n'osera nous garantir. De ce fléau extrême nous avons pourtant tout à craindre : nous y laisserions nos biens et notre âme.

Exagération ? Prenez la presse : il n'y est question que de violence. Les hommes politiques, les autorités, les sondages, les éditorialistes ne parlent que d'un sujet unique : l'insécurité. Or, nous l'avons vu, l'être civilisé privé de sécurité est disponible pour n'importe quelle aventure.

De par sa nature et par sa fonction, Mgr Jean-Marie Lustiger, archevêque de Paris, est plus enclin à rassurer qu'à inquiéter l'opinion publique. Il veut donner des réponses et non provoquer l'angoisse. Malgré cela, son constat est alarmant !

— Notre civilisation joue avec la violence, dit-il. Il faut accepter d'entendre certaines questions. Quel cancer de l'esprit envahit notre vie ? Certes, la violence a ses habitudes dans le cœur de l'homme. Mais, jusqu'ici, le propre de la civilisation était de parvenir à la contenir. Aujourd'hui, l'homme ne contient plus sa violence. Il passe à l'acte.

L'archevêque parle d'un pays en paix et civilisé : la France. Ses propos pessimistes ne sont contestés par personne et ils pourraient s'appliquer à l'ensemble des nations modernes. Or, selon lui, « notre civilisation a lâché ses chiens : l'instinct de mort et l'esprit de vengeance[12] ».

Il parle d'actes presque banalisés dans nos sociétés, de faits divers absurdes par leur futilité, tel l'homme abattant de sang-froid un enfant trop bruyant. La barbarie provient de la banalisation et de la répétition, dans l'indifférence générale de tels actes.

Le problème immédiat de notre société est posé : elle n'est pas *barbare*, certes, mais déjà elle présente des symptômes ou des poussées de sauvagerie. La régression n'y est pas spectaculaire — ce n'est pas le Liban ! — ni constante. Elle est parfois à peine visible et nous avons tendance à nous la cacher. Elle a des manifestations et des causes multiples. Mais elle est bien là, en attente, à l'affût.

Dans tous les cas, la moindre attitude de type barbare, même isolée, entame notre patrimoine de civilisation. Elle rejaillit sur l'ensemble de la communauté, d'autant plus que celle-ci perd sa capacité à s'indigner. La barbarie individuelle ou marginale est l'expression ou le reflet de la collectivité. C'est un signe avant-coureur.

Un exemple : quand des citoyens ordinaires restent impassibles face au viol collectif d'une jeune femme par plusieurs voyous, dans un train de banlieue où il suffirait de tirer l'alarme, la société est malade et en danger. Il y a réaction de type primitif, non-assistance à personne en danger, de la part d'un échantillon représentatif de l'ensemble de la population. Coluche, interrogé sur ce fait divers, avait résumé le sentiment général :

— C'est dégueulasse à dire, mais moi aussi j'aurais eu peur. Je n'aurais peut-être rien fait. Un seul homme avec un couteau peut neutraliser six personnes.

Terrible constatation, par sa sincérité mais également par sa véracité. Elle résume ce que chacun pense au fond de lui-même. Notre société n'est plus capable d'assurer sa propre défense. La peur commande. D'où cet autre constat : pour que la barbarie s'installe, nul besoin de majorité. Une minorité peut imposer ses lois, soit par la crainte soit par la contrainte, ou encore par contagion. La sauvagerie peut prendre racine par simple indifférence du plus grand nombre.

Faut-il nous offusquer de la folie d'un Marwan, en condition de guerre, quand un Français moyen en temps de paix se substitue au juge, invente sa propre justice et est persuadé de son bon droit, puisqu'il ressent l'adhésion d'une majorité silencieuse ? Que dire quand le père de famille abat avec son fusil de chasse l'enfant bruyant dont parlait Mgr Lustiger ? Ou qu'il tire sur le voleur, l'émigré, le voisin, l'automobiliste ? Peut-on encore parler de civilisation quand la mère abandonnée se laisse mourir de faim en plein Paris, plutôt que d'alerter la voisine ? Quand le chômeur — ouvrier ou cadre, jeune ou âgé — se suicide faute d'interlocuteur, pour cause d'exclusion de la société ?

A chaque incident de ce genre, la convivialité est en question. La communauté ne se reconnaît plus comme telle et elle risque l'éclatement. La logique a été poussée tellement loin que l'opinion publique absout le pseudo-justicier mais ne s'émeut pas du suicide de l'innocent. Il y a disparition progressive de l'affectivité, puis de la solidarité et enfin de la pitié.

Comment en sommes-nous arrivés là ?

Par l'anxiété essentiellement.

Le citoyen moderne a accumulé récemment un certain nombre de thèmes obsessionnels angoissants. Ils sont à la fois irrationnels et objectifs. Irrationnels car ils s'apparentent à une véritable paranoïa. Objectifs car la peur s'appuie sur une réalité nouvelle non maîtrisée. Parmi ces thèmes on trouve le chômage, l'insécurité, l'immigration.

Dans tous les cas, ils se caractérisent par une plus grande précarité de notre statut. Ils sont le résultat d'une évolution sans précédent de notre environnement, dans tous les secteurs. En un peu plus de quinze ans, tout a bougé, tout a été remis en cause : libération sexuelle, émancipation de la femme, crise économique, chute de l'emploi, technologies nouvelles, famille, mode de vie, choc des religions, nouvelles maladies...

Tout avait commencé dans la fête, sur l'esprit de 68. Cela tourne à l'instabilité. On a déstructuré la société sans mettre réellement en place un nouveau cadre. On sait que l'avenir est incertain.

L'individu empli de certitudes est désormais déstabilisé, c'est-à-dire fragilisé. Il suffit, pour s'en persuader, de comparer la situation d'un jeune Européen arrivant sur le marché de l'emploi dans les années 60-70 avec celle d'un adolescent des années 80-90. Aujourd'hui le sol se dérobe sous ses pieds et il n'est pas certain que l'étage inférieur résiste.

Le citoyen se tourne vers les interlocuteurs traditionnels, ou institutionnels : Etat, famille, partis, syndicats. Il ne rencontre que doutes quand ce n'est dérobade. Ils n'ont pas de réponses. Jusqu'aux maîtres à penser qui refusent de penser et à l'Eglise qui s'interroge ou se divise.

Reste la voie individuelle. Elle est aléatoire et pleine de risques. Elle signifie la défiance vis-à-vis des autorités et des institutions. L'être civilisé entre dans une zone de hautes turbulences. Impossible d'en prédire l'évolution. Difficile de la contrôler. Nous en sommes, aujourd'hui, à ce stade. Notre attitude devant l'immigration montre assez bien le danger.

Face à une situation nouvelle, le réflexe est encore de désigner l'intrus, responsable de tous nos maux. Marwan a son Chrétien, l'Allemand avait son Juif, le Soviétique son saboteur, Pinochet son marxiste. Nous nous découvrons notre Arabe, notre *bougnoul*. Le regard se porte sur ce qui est le plus évident. Nous voulons pouvoir identifier immédiatement, physiquement, le coupable. Il faut le montrer du doigt et pour cela, il doit être différent de nous.

Cette fois encore, face à un danger qui à terme menace notre statut, nous pensons : *c'est lui ou moi*. Inconsciemment, nous raisonnons à la manière de Marwan : « Ils empiètent sur mon territoire », « ils me retirent le pain de la bouche ».

Et voilà, au pays de la Liberté, de l'Egalité, de la Fraternité, symbole de la tolérance, le racisme projeté en tête de nos préoccupations. Hier, nous étions prêts à accorder à tous les Algériens la nationalité française. Aujourd'hui, au fond des consciences, rôde le slogan : *Dehors les Arabes !*

Qu'est-ce qui a changé entre ces deux attitudes ? Notre propre statut. Dominateurs, en pleine expansion économique, confiants en l'avenir, nous étions généreux. Egaux en droits, confrontés au chômage, inquiets quant à nos lendemains, nous sommes agressifs et égoïstes. Il est, dans ces conditions, bien difficile de canaliser ses instincts, de conserver sa lucidité, de se comporter totalement en être civilisé. Nous assistons à des entorses ou à des accidents, aussi bien au plan individuel que collectif. Le seuil dangereux n'est pas très loin. Nous jouons avec les détonateurs de la haine, conscients des risques mais incapables de désamorcer la bombe.

Là encore, souvenez-vous de ce fait divers de novembre 83. Quatre paumés, candidats à la Légion, dans un train de nuit. « Le premier ennemi en vue, c'est l'Arabe qui regarde le paysage[13]. » Ils le bousculent, l'injurient, le frappent. Ils s'acharnent. Ils s'amusent. Ils s'entraînent l'un l'autre. Ils s'inventent une raison de cogner, se trouvent un alibi, du côté d'une guerre qu'ils n'ont même pas connue. L'autre ne répond pas. Il ne comprend pas : pour lui, la France était un rêve.

Les passagers ne bougent pas. L'Arabe tombe, sans connaissance. Encore quelques coups, pour le principe. Enfin la *bonne idée* :

— Si on le balançait sur la voie ?

On concrétise le fantasme collectif ou du moins énoncé officiellement par certains. Oui, *dehors les Arabes*... et toujours le même processus. A quatre, on est fort. On n'est pas coupable. C'est un meurtre purificateur, une sorte de sacrifice rituel pour sauver une société menacée, déjà contaminée. On se croit investi d'une mission. On est persuadé de bénéficier de l'approbation générale.

Dans la France de 1983, un innocent a été jeté sur une voie ferrée par quatre hommes de son âge, comme un sac, comme le ballon palestinien de Marwan. L'*Empereur de Chiyah* avait été conditionné pour tuer. D'une certaine façon, les quatre légionnaires fous de novembre 83 l'étaient également :

— A force de s'entendre dire *dehors les Arabes*, on le fait réellement, a commenté Me Jean-Louis Pelletier, avocat de l'un des tueurs.

Personne ne s'y est trompé. L'affaire a occupé des pages entières de la presse nationale et les analyses reflétaient bel et bien notre mauvaise conscience collective. Après le verdict, le 25 janvier 86, *Le Monde* résumait :

« Pour autant, le racisme n'a pas été jugulé (...) Ceux qui se battent contre lui le savent pertinemment. Les autres vont s'empresser d'oublier ce qu'ils voudraient tellement n'avoir été qu'un fait divers[14]. »

Longuement j'ai consulté le dossier et il y aurait beaucoup à dire sur cette affaire. J'en ai retenu quelques phrases terribles car elles résument parfaitement le problème. Elles montrent à la fois le mécanisme et la réalité de la barbarie dans un pays comme le nôtre. Elles ont été écrites par Anselmo Elviro Vidal, un des accusés, la nuit précédant le verdict, dans sa cellule. Elles s'adressent à nous tous qui ne sommes pas fondamentalement différents de cet homme ne reconnaissant plus ses propres actes :

— Nous, les imbéciles assassins, nous avons droit à une défense que la victime n'aura jamais. Je suis de tout cœur avec la partie civile pour que cette monstruosité que nous avons commise ne puisse être oubliée, monstruosité d'autant plus impardonnable qu'il s'agit de racisme (...) C'est un cri à la société française. J'ajoute que je n'ai jamais été raciste au fond de moi et que je souffre trop pour en expliquer plus. Il faut alerter ce peuple qui commence à écouter les fanatismes[15].

Que la raison est fragile pour l'individu et pour la société dans son ensemble !

Contre ce type de comportement primitif, contre la multiplication des poussées barbares, nous avons voulu dresser des garde-fous : deux millions de badges antiracistes *touche pas à mon pote* ont fleuri à la boutonnière[16]. Mais cette initiative généreuse n'est-elle pas plus inquiétante que rassurante ? N'annonce-t-elle pas la venue des temps obscurs ?

SOS racisme a été créé en novembre 84 par quinze personnes. En six mois le badge de la main tendue aux immigrés s'était déjà vendu à un million d'exemplaires. Les initiateurs du mouvement ont appelé au rassemblement de tous les Français, par-delà les clivages politiques traditionnels, convaincus que le racisme et l'intolérance n'étaient pas le monopole d'un seul camp. Ainsi a-t-on vu l'homme de la rue — lui qui, de plus en plus, laissait transparaître son exaspération raciste — arborer l'insigne de la fraternité. Ainsi des hommes politiques et des artistes, des journalistes et des industriels se sont-ils présentés en public ou à la télévision avec le badge que désormais « plus aucun Français ne pouvait ignorer[17]. »

Mais ce mouvement ne trahit-il pas, en réalité, la peur d'être nous-même raciste ? La petite main proclamant *touche pas à mon pote* n'a-t-elle pas pour fonction de conjurer le sort et de nous protéger contre nos fantasmes ? Jamais nous ne nous étions réellement posé la question du racisme, n'étant pas directement confrontés au problème. C'était en Afrique du Sud ou aux Etats-Unis, mais pas chez nous. Nous étions évidemment du côté des Noirs, avec les antiracistes. A présent, avec les Noirs et les Arabes devant nous, les choses ne sont plus aussi simples. Si elles l'étaient, nul besoin de lancer *SOS racisme*. Le Président du groupe, Harlem Désir, 25 ans, de mère Alsacienne et de père Antillais, n'aurait pas à expliquer :

— Notre but est de créer un mouvement d'opinion pour mettre un frein à la vague raciste en France, où la haine raciale est banalisée.

Nous avons ressenti une urgence à dresser les barrages contre la barbarie, mais nous avons également voulu prévenir notre propre psychose. Nous avons redouté la rupture des digues de la raison collective mais également individuelle. Ceux qui portaient le badge, craignaient que leur bon sens ne puisse résister à ce que l'inconscient ressentait comme une agression : l'immigration. Chacun a senti monter une nouvelle phobie et quelques-uns ont voulu la désamorcer avec un emblème symbolique censé nous ramener à la sagesse. A contrario, cela signifie que, dans une France dite tolérante, le citoyen ordinaire a besoin d'une petite main épinglée au col, bien en vue et en permanence, pour se convaincre qu'il n'est pas raciste. Une sorte de méthode Coué ou un panneau de signalisation routière, de bonne conduite, prévenant : « Danger ! »

Quel aveu !

Touche pas à mon pote apparaît donc comme une tentative d'exorciser nos démons communs, dans une société devenue incapable de les refouler. Avec une remarque : l'initiative échappe à l'Etat. Elle émane d'un groupe privé et restreint. Elle a gagné la France comme une traînée de poudre. Ne risque-t-on pas de voir, demain, un mouvement diamétralement opposé connaître le même succès ?

Quand une nation en arrive là, le dérapage est non pas probable mais possible. Les valeurs fondamentales sont remises en question et les esprits fragilisés.

L'Allemagne nazie cristallisait la haine collective sur les étoiles jaunes désignant les Juifs. La France démocratique des années 80 voudrait fixer la générosité sur les mains multicolores épinglées à des milliers d'exemplaires sur nos vêtements. Dans les deux cas, il s'agit de l'expression d'un clivage entre deux communautés raciales. En Allemagne le clivage était d'Etat, en France il est dans les esprits. Les peuples sauvent ou perdent leur âme sur ce genre de dossiers, préviennent les plus lucides d'entre nous. Ils savent qu'une minorité peut entraîner une majorité. Ils redoutent les retours de flammes. Ils pensent qu'une cause, fût-elle bonne, n'est jamais définitivement entendue. Les badges antiracistes n'ont-ils pas disparu aussi rapidement qu'ils s'étaient multipliés en France ? Sortez dans la rue et cherchez-les aujourd'hui : il n'y en a plus ! Les manifestations de racisme, les problèmes réels posés par l'arrivée massive d'étrangers, les déséquilibres engendrés par l'immigration, les interrogations n'ont pourtant pas été réglés ni même désamorcés. Simplement la vigilance s'est relâchée. Nous nous sommes lassés de la mobilisation.

Cela ne signifie évidemment pas que la guerre civile nous guette. Les Français se sont, à l'opposé, trouvé une passion pour la cohabitation ou la coexistence alors qu'ils ne voyaient que péché dans le compromis. Mais constatons combien l'opinion publique est changeante et imprévisible, y compris quand l'enjeu est primordial. L'exemple du racisme est le plus actuel, le plus évident et le plus explosif. D'autres événements peuvent opposer ou diviser les Français : chômage, insécurité, nouvelle pauvreté...

L'angoisse exprimée ici et l'inquiétude quant à l'avenir paraî-tront exagérées ou prématurées. Certains souligneront plutôt les raisons d'espérer dans une société avancée comme la nôtre. De nombreux éléments incitent sans doute à quelque optimisme et rien ne prouve que la barbarie est un passage obligatoire pour nous.

Il est vrai également que les titres des journaux ne reflètent pas toujours l'état réel du pays ni même l'état d'esprit de la popula-tion. Il y aurait danger à transposer sur l'ensemble de la société des faits graves mais isolés pour en tirer des conclusions définiti-ves. La crise n'a pas fondamentalement altéré notre capacité de réflexion et les sociétés atteintes n'ont pas perdu leur sagesse. Enfin, les mutations s'accompagnent d'incertitudes mais elles ne débouchent pas obligatoirement sur le drame. Leur but est, au contraire, de tendre au progrès.

Il n'empêche : le parti pris de la dramatisation répond à une nécessité de vigilance. L'Histoire a montré qu'un dérapage enclenché ne se contrôle plus. Il faut prévenir plutôt que guérir.

Les garde-fous que l'on peut ériger contre la barbarie sont de deux ordres : individuels et collectifs.

Même si l'homme est fragile, même s'il a peu de moyens d'action face à une folie collective, il ne faut pas a priori entrer dans la logique de Marwan prétendant qu'il n'y a rien à faire. Ce serait oublier les *résistants*. Minoritaires par définition, mauvaise conscience des peuples égarés, ils se sont manifestés de tous temps et sous tous les régimes. Ils rappellent que pour l'être vertueux, quel que soit le contexte, il y a toujours une marge de manœuvre, aussi faible soit-elle. L'attitude du corps médical face aux dictatures montre parfaitement la différence de comporte-ments possibles.

En Uruguay, sous la dictature militaire, avant 1985, de nom-breux médecins civils et militaires ont porté assistance... aux bourreaux ! Contre toute éthique médicale, ils se sont faits les complices de tortionnaires, auscultant les suppliciés en cours de séance afin de vérifier jusqu'où on pouvait aller dans le sévice.

Un de ces praticiens, le psychiatre Carlos Rivero de la prison de Libertad, s'est justifié ainsi :

— Ils étaient prisonniers et j'étais médecin militaire. C'était la règle dans la prison. Pour moi, c'était une question de tranquillité[18].

Sont-ils tellement différents de Marwan, dans leur raisonnement, ces médecins défaillants ? Mais il y a aussi, à l'opposé, des héros. Ils ont sacrifié leur tranquillité à leur conscience. Quelques exemples : en Afrique du Sud, le docteur Wendy Orr dénonce les tortures pratiquées sur cent cinquante-trois détenus de la prison de Port-Elizabeth où il est affecté. Au Chili, le Professeur Pedro Castillo, de l'Université de Santiago, ose présider la Commission nationale contre la torture et anime une campagne sur ce thème humanitaire. En URSS, en 1977, le docteur Anatoli Koriaguine crée un groupe de travail pour établir le bilan clinique des dissidents internés en asile psychiatrique. Il conclut pour cinquante-cinq d'entre eux qu'ils sont victimes d'une détention abusive, ce qui lui vaut sept ans de travaux forcés.

Plutôt qu'un Rambo réhabilitant implicitement les criminels de guerre, ces résistants anonymes ne devraient-ils pas être les héros de nos sociétés des Droits de l'Homme ? Le combat d'un Andreï Sakharov n'est-il pas là pour rappeler la responsabilité face à l'inacceptable ?

Hélas ! quel que soit leur courage, ces résistants nous disent également la limite de leur action.

C'est donc bien avant le mal qu'il faut réagir. Dans une démocratie, l'essentiel est de revendiquer son droit au libre choix et de défendre sa liberté de jugement. Tous deux dépendent de notre degré d'information qui, seul, peut nous permettre d'évaluer objectivement une situation donnée puis de déterminer notre action. L'information aide à dominer l'irrationnel qui engendre la barbarie.

Malheureusement, l'homme moderne est un homme pressé. Il a peu de temps à consacrer à l'information. Elle est de plus en plus dense, de plus en plus rapide, de plus en plus spécialisée et de plus en plus complexe. L'information que nous captons devient approximative. Elle prend la forme de titres simplificateurs, de formules, voire de slogans. Nos dirigeants en jouent. Il y a danger.

Sur chaque sujet, nous avons une idée arrêtée. Elle repose en réalité sur une série de mots-clefs qui déclenchent des réflexes conditionnés. Mais nous sommes incapables de reconstituer le raisonnement nous ayant conduits à une conclusion plutôt qu'à une autre. Or nous nous déterminons à partir de ces approximations.

Un exemple : l'immigration et l'insécurité. Pour les uns, il y a relation directe entre les deux phénomènes. Pour les autres, au contraire, il n'y a pas corrélation. Mais ni les uns ni les autres ne sont capables de donner les chiffres réels de la population immigrée délinquante. Il y a donc bien approche subjective et passionnelle d'un problème grave.

Cela signifie que, de plus en plus, nous raisonnons par stéréotypes. Un sondage de l'hebdomadaire *Le Point*, réalisé début 86, le confirme de façon « aussi amusante qu'effarante »[19]. On y voit notamment que le Français de droite a une idée totalement irrationnelle de son concitoyen de gauche et vice versa. Le Français pense par clichés et d'une façon caricaturale. Il y a donc perte de lucidité et de connaissance du monde réel. Ainsi, d'après le même sondage, « le simple énoncé d'une étiquette (politique) adverse suffit à déclencher des réflexes d'antipathie, des descriptions assassines, où rien ne trouve grâce. En politique, les Français raisonnent sur le mode primaire ».

Cette évolution est inquiétante. Il y a intolérance et incompréhension fondamentales entre deux communautés inavouées, dans un pays qui n'est pourtant pas en guerre civile. Il y a jugement a priori sur l'autre, donc conclusions erronées à partir desquelles on déterminera éventuellement une action.

Le Professeur Yves Pélicier met en garde contre une telle attitude en apparence anodine :

— Le stéréotype est une économie de pensée. C'est le plus grand danger pour une société. Elle risque d'y perdre sa faculté de jugement critique. En effet, il ne faut pas habiller l'autre d'une étiquette, sous peine de ne plus voir l'individu qu'à travers cet a priori au point de nier sa personnalité et de gommer son identité.

Le professeur s'inquiète de la simplification extrême des idées :

— Quand j'entends certains débats politiques entre nos dirigeants, dit-il, j'ai peur pour le résultat dans la banlieue de Lyon.

Montesquieu soulignait que la démocratie, plus que tout autre régime, exige la vertu des citoyens. Cette vertu est la meilleure arme individuelle contre la barbarie. A nous de la cultiver. A nous de l'enseigner. L'information rigoureuse y joue un rôle essentiel.

L'individu, quelle que soit sa qualité, ne saurait pourtant pas s'opposer seul à la barbarie. L'essentiel est donc le rempart collectif et institutionnel. L'homme doit être encadré.

L'Etat a un rôle déterminant. Sa fonction est de garantir contre les périls extérieurs et intérieurs. Par ses lois, il se différencie des sociétés primitives. Il répond à une nécessité pour l'homme ayant jugé « qu'il valait mieux acquitter des impôts que se battre perpétuellement, qu'il était préférable de payer un tribut à un seul magnifique voleur plutôt que se dépouiller mutuellement »[20].

La crise libanaise montre comment se développent l'anarchie et la barbarie quand l'autorité s'effondre. L'Etat disparaît parce que le citoyen ne se reconnaît plus en lui :

— Le père de l'un, n'est plus le père de l'autre, commente le Professeur Pélicier.

Il rappelle que d'autres pays ont connu des poussées de fièvre ou de folie mais se sont rapidement repris, grâce au cadre de l'Etat, grâce à la solidité des institutions : c'est la France de la Terreur en 1794 qui va retrouver ses esprits et ses valeurs, ou de 1945 qui se réconcilie très vite malgré les déchirures, ou de 1968 quand le Général de Gaulle siffle la fin de la récréation. Nos institutions ne sont pas sans failles, mais elles ont prévu leur propre cran de sécurité. Un pays structuré établit des règles et pose des ponts, fondements de la convivialité. L'Etat civilisé véritable doit trouver l'équilibre entre l'autorité et le respect de l'individu.

Mais la notion d'Etat n'est pas, à elle seule, une garantie absolue contre un comportement de type primitif. La barbarie peut être au contraire générée par un Etat, comme ce fut le cas avec l'Allemagne nazie ou l'URSS stalinienne. A l'idée d'Etat, il faut donc ajouter celle de la démocratie.

L'équilibre est difficile à trouver. « C'est un travail de haute précision qui suppose une grande délicatesse dans le maniement des institutions et des hommes[21] ». Une démocratie sans Etat sera incapable de résister à la sauvagerie, comme un Etat sans démocratie y sombrera.

Dans cette optique, le rôle du Chef, ou du Père, est déterminant. C'est lui qui trouve ou assure l'équilibre. C'est en lui que s'identifie la foule. Il peut être un modèle de vertu ou au contraire de vice. Le sociologue Gustave Le Bon relève que « les maîtres du monde, les fondateurs de religions ou d'empires, les apôtres de toutes les croyances, les hommes d'Etat éminents et, dans une sphère plus modeste, les simples chefs de petites collectivités humaines, ont toujours été des psychologues inconscients, ayant de l'âme des foules une connaissance instinctive[22]. » Puisque nous serons, en quelque sorte, *manœuvrés* par les chefs que nous aurons élus, veillons à leur vertu. La remarque n'est pas sans fondements, quand en Autriche un homme au passé contesté parvient à la magistrature suprême, quand en France les leaders de deux partis représentés au Parlement se voient attaqués sur leur attitude en temps de guerre, le premier sous l'Occupation allemande, le second en Algérie. Ont-ils l'autorité morale requise pour assumer de telles fonctions ?

La puissance de l'Etat est également une garantie contre l'agression intérieure et extérieure. Cette force est compatible avec la démocratie, bien que là encore l'équilibre soit délicat.

A Washington, un conseiller du Président Reagan pour les affaires étrangères me fait remarquer que les Etats-Unis sont la principale cible des terroristes dans le monde, mais que le terrorisme intérieur n'existe pratiquement pas. Sur l'ensemble du territoire américain, on a dénombré en 1981 quarante et une actions terroristes, dont aucune n'a causé de victimes. Elles étaient peu spectaculaires et émanaient de petits groupes, notamment Portoricains revendiquant l'indépendance. Le grand terrorisme international ne s'est pas attaqué à l'*impérialisme* chez lui. Cela tient à deux raisons essentielles. D'abord le contrôle aux frontières et la formation anti-terroriste accrue des membres du FBI. Ensuite et surtout la puissance des Etats-Unis auxquels il serait trop risqué de s'attaquer directement. Le raisonnement s'applique également à l'URSS, comme le note le journaliste Roland Jacquard[23].

La notion d'Etat doit cependant être complétée par celle de nation. Pour éviter de sombrer dans une situation de type libanais, chaque citoyen doit avoir le sentiment d'appartenir à un même pays, c'est-à-dire d'avoir un patrimoine commun. C'est la marque d'une identité, le signe que nous sommes congénères. Avec l'Etat, nous nous reconnaissons un Père commun. Avec la nation, une Mère commune, notre terre où a poussé notre culture et où nos biens se sont fixés. Pour assurer la paix civile, il faut que règne la confraternité. Quand les citoyens oublient qu'ils sont frères issus d'une même mère et d'un même père, ils se déchirent. Ainsi est née la guerre du Liban. Quand Marwan et Georges ont perdu l'idée de la nation, ils se sont séparés.

Il est donc nécessaire d'avoir la conscience d'une identité culturelle commune : si vous ne savez pas qui vous êtes, votre seuil de frustration est extrêmement bas.

Là encore, les Etats-Unis et l'URSS — dans des conditions évidemment très différentes — sont parvenus à inculquer à leur peuple le concept de *nation*, malgré la grande diversité des hommes qui la composent et malgré la jeunesse des deux pays. Souvenez-vous de l'accident de Challenger, en janvier 86, quand la navette spatiale, fierté de l'Amérique, a explosé avec sept astronautes à bord. Les Américains ont vécu le drame en direct mais surtout ensemble. Ils ont pleuré ensemble, dans une grande messe nationale, puis ils ont repris espoir ensemble. Ils sont ressuscités collectivement. En bloc. Toutes opinions, tous âges, toutes races, tous rangs confondus. C'est cela une nation.

Nous voyons généralement de la naïveté dans cette attitude. Nous avons sans doute tort. Cette communion est importante pour un peuple. Elle signifie confraternité et réconciliation dans les moments difficiles.

Les Anglo-Saxons ont un mot pour résumer leur croyance en certaines valeurs communes, nécessaires pour adhérer à la vie de la nation et à ses contraintes. Ce sont les *fundamentals*. C'est le patrimoine à défendre. Nous pourrions, chez nous, parler de consensus indispensable sur l'essentiel.

Reste un élément important pour prévenir l'agressivité collective et ses conséquences : l'équilibre.

Une société et ses dirigeants ont le devoir d'assurer la stabilité interne sous peine de favoriser des frustrations explosives dont ils seraient complices. Or le déséquilibre peut survenir dans de nombreux domaines. Il peut être social : une société générant des laissés-pour-compte joue avec le feu. Au stade du Heysel, à Bruxelles, le déchaînement de l'instinct primitif n'était-il pas l'expression des frustrations d'une partie de la jeunesse britannique sans espoir ?

Le déséquilibre peut être causé par un afflux massif de population extérieure. Il remue la mythologie de l'autre, c'est-à-dire une forme de jalousie forcément destructrice. La crise libanaise a éclaté ainsi, avec l'arrivée des Palestiniens déstabilisant l'équilibre ethnique. Ils ne furent que le catalyseur de la guerre, mais leur présence, pour certains traumatisante, a brisé la longue habitude de cohabitation.

Dans nos sociétés occidentales, l'immigration pose le même problème. Il serait suicidaire de ne pas canaliser cet afflux. Il ne s'agit pas de racisme mais de sociologie. Il y a, d'une part, devoir d'intégrer les immigrés et, d'autre part, devoir d'évaluer le seuil dangereux à ne pas dépasser. Cet équilibre est largement fonction de nos capacités économiques d'assimiler la main-d'œuvre étrangère. D'autres facteurs interviennent qui ont permis à certains de mieux s'intégrer que d'autres. Je pense notamment aux habitudes de vie. La possibilité de coexister est d'autant plus grande que les modes de vie initiaux sont proches. L'immigration actuelle conduit, contrairement à celle d'hier, à de véritables ghettos : il semble pratiquement impossible de concilier les habitudes, les traditions, les rites des uns et des autres. Tant que la population d'accueil est largement majoritaire ou qu'elle ne se trouve pas en concurrence avec les nouveaux arrivants, le phénomène est toléré. S'il y avait rupture de cet « équilibre », ou plutôt de cette répartition, il y aurait affrontement. Nos dirigeants ont le devoir d'y veiller.

Tous ces problèmes posés nous concernent directement. Personne n'est à l'abri. Personne ne détient la réponse universelle. Elle se trouve sans doute dans la combinaison des mesures préventives individuelles et des garde-fous collectifs à mettre en place pour que nous ne soyons pas des Marwan. Pour que nous n'ayons aucune raison de l'être. Jamais.

La civilisation n'est pas l'affaire d'une minorité ni d'une élite. On ne la délègue pas à quelques milliers de juges, de policiers et aux hommes d'Etat. C'est notre affaire. C'est notre histoire. Un combat de tous et de tout instant.

Je crois que Marwan a voulu nous dire cela avec son regard de reproches, avec ses yeux qui en avaient trop vu pour savoir encore pleurer.

NOTES DU CHAPITRE 17

1. *De la horde à l'Etat*, Eugène Enriquez, citant Freud, Ed. Gallimard.
2. Idem. Cet ouvrage nous a inspiré un certain nombre de réflexions.
3. *Le Monde*, 10 et 11-11-74.
4. Jacques Boetsch, *L'Express*, 1971.
5. AFP, 2-4-71.
6. *L'Homme et le sacré*, Roger Caillois, Ed. Gallimard, auquel se réfère ici le Professeur Azouri.
7. *La violence et le sacré*, R. Girard, Ed. Gallimard.
8. Antenne 2, *Le Magazine*, 13-2-86, sur les guérillas dans le monde.
9. TF1, *7 sur 7* du 3-5-86.
10. TF1, *L'Avenir du futur* consacré à la violence, 1986.
11. *Psychologie des foules*, Gustave Le Bon, Ed. PUF. Plusieurs fois repris dans ce chapitre.
12. Mgr Lustiger, interview à *Paris-Match*, 21-2-86.
13. *Le Monde*, 17-11-83.
14. Idem, 28-1-86.
15. Lettre publiée dans *le Nouvel Observateur*, 31-1-86. Vidal a été condamné à la prison à vie.
16. AFP, 14-6-85.
17. *Le Monde*, 28-1-86.
18. Entretien avec l'auteur. Janvier 1985.
19. Sondage réalisé par l'institut *Infométrie*, à Paris et banlieue en janvier 1986.
20. D'après une communication du Professeur Edouard Azouri, déjà cité.

21. La formule est empruntée à Serge July, qui parlait de l'attitude de l'Etat face au terrorisme. *Libération,* 11-7-86.

22. *Psychologie des foules, op. cit.*

23. Conversation avec l'auteur. Roland Jacquard a écrit *Tueurs sans frontières, le dossier secret du terrorisme,* Ed. Albin Michel.

TABLE

Achevé d'imprimer en septembre 1986
sur presse CAMERON
dans les ateliers de la S.E.P.C.
à saint-Amand-Montrond (Cher)

ISBN : 2-7103-0293-4
N° d'Édition : 2327. N° d'Impression : 1674.
Dépôt légal : octobre 1986.
Imprimé en France